스스로
공부하는 게 진짜 실력이다

스스로 공부하는 게 진짜 실력이다

교육,
판의 이동이
시작되었다

고기봉 지음

좋은땅

스탠퍼드대학교 교육대학원 부학장인 폴 김 교수는 『티칭이 아니라 코칭이다』라는 책에서 이렇게 말합니다. "저는 스탠퍼드대학교의 학생 특히 교육대학원생들에게 정말로 잘 가르치고 싶으면 가르치지 말라고 해요. 가르칠수록 학생의 학습 잠재력은 줄어들고, 자기 능력을 내적인 힘에 의해 스스로 향상시킬 수 있는 기회를 없애는 현상밖에 일어나지 않기 때문이지요. 왜냐하면 가르칠 때는 설명을 하거든요. 이건 이거고, 저건 저래서 그런 거고 하면 다 알려 줍니다. 그러면 학생이 생각하거나 질문할 기회가 없어요. 설명해 주는 대로 외우고 암기하고, 시험을 치르는 모델인 거죠. 그렇기 때문에 진정한 교사가 되고 싶으면 교습을 하지 마라. 대신에 질문을 던지거나 문제를 보여 주거나 감동이나 영감을 줄 수 있는 상황을 만들어 스스로 깨우쳐 탐구하고 싶어 하게 하고, 스스로 호기심을 갖게 해야 한다는 겁니다."

학부모와 학생은 가르침을 받으면 받을수록 힘을 잃어 가는 것을 모르는 듯합니다. 나는 오래전부터 가르침을 주어서는 안 된다고 주장해 왔고 그것을 실제로 교육의 현장에서 실현해 왔습니다. 내 말에 귀를 기울인 학부모와 학생은 많은 변화를 경험했습니다. 책 속에는 다양한 학생의 이야기가 소개되고 있습니다. 내가 주장하고 경험한 이야기를 체험하지 못한 학부모와 학생의 공통점은 "이렇게 되면 좋겠지만 그게 가능할까요?"라고 말을 합니다.

빠르게 변화되어 가는 경쟁 사회의 구도에서 생존을 넘어 존재하는 인재가 되는 비결은 가르침에서 벗어나는 것에서 시작됩니다. 고등학교 3학년인 우석찬 군은 내가 하는 컨설팅에 대한 정의를 이렇게 내렸습니다. "교육의 열쇠는 가르침이 아닌 깨우침에 있다고 생각한다. 호기심을 자극해 스스로 문제를 해결하는 방법을 익히도록 해야 한다."라고 말했습니다. 이는 내가 컨설팅한 부분을 몸과 정신으로 체험한 것이라 말에 무게가 있다고 생각합니다.

지금의 학생에게 필요한 것은 다량의 문제집을 풀어내는 것도 아니고 주입된 지식을 저장하는 방식도 아닙니다. 스스로 사고하고 문제집이 아닌 문제를 해결해 나가는 능력이 길러지게 기회를 주어야 합니다. 이 과정을 초등학교 과정부터 경험하게 되면 스스로 배움의 즐거움에 빠지게 됩니다. 초등학교 6학년인 제자 김채은 양은 공부가 재미있다며 하루도 쉬지 않고 공부를 즐겨 합니다. 이 학생은 1년 4개월 만에 현재 고등학교 3학년 영어 독해 과정과 어휘력을 스스로 정복했습니다. 수학은 중학교 전 과정을 자기 주도적으로 개념 공부에 집중하고 있습니다. 인문학도 일반인도 접근하지 못하는 과정에 진입하고 있습니다. 과학이며 한국사 등도 스스로 척척 공부를 매일 하고 있습니다. 제일 중요한 것은 이 과정을 밝으며 해맑은 표정으로 "공부가 재미있어요."라는 말을 연신 한다는 것입니다.

학생이 "공부가 재미없어요."라고 말한다면 이것은 공부를 제대로 경험하지 않았기 때문입니다. 남이 주는 것을 먹는 방식에 공부로는 배움의 즐거움을 경험할 수 없습니다. 주도적으로 생각하고 개념을 익히고 문제를 해결해 나갈 때 공부는 놀이가 될 수 있는 것입니다. 다시 말하자면 100% 학생이 공부의 주체가 되어야 한다는 것입니다.

남의 도움을 받지 않고 스스로 공부하여 얻게 되는 장점은 무엇일까요? 앞서 말한 대로 공부의 맛이 무엇인지를 정확히 경험하게 됩니다. 더 중요한 것을 학습능률의 2배 또는 4배 이상의 효과를 보게 됩니다. 타인의 도움을 받아 공부하면 공부를 많이 하는 것처럼 보일 것입니다. 실질적인 도움은 적습니다. 결국에 학습자인 학생은 육체적·심리적·정신적으로 지치게 됩니다. 하지만 스스로 학습을 하게 되면 공부의 양 조절이 가능해집니다. 더 나아가 자신이 무엇을 알고 모르는지를 알게 되어 자신의 문제를 정확히 진단하고 공부의 양도 조절이 가능해져서 점점 강해지는 자신을 객관적으로 보게 됩니다.

4차 산업혁명의 시대에는 평생 교육의 시대라고 말을 합니다. 이 시대에 제일 필요로 하는 능력은 주도적으로 학습하며 문제를 해결하는 능력입니다. 타인의 지시와 도움을 받아 주입된 지식을 전수받는 방식이 아닌 스스로 문제를 발견하고 해결점을 찾기 위해 학습하는 인재가 필요한 시대입니다. 4자 산업혁명의 시대가 오니 사람들은 이렇게 생각하는 경향성이 보입니다. "이제 평생 교육 시대이니 평생 교육원에서 공부하자."라고 말입니다. 나는 그렇게 생각하지 않습니다. 평생 교육 시대에 꼭 없어져야 하는 것은 평생 교육기관이라고 생각합니다. 오히려 스스로 학습할 힘을 기르게 하는 학습 코치나 컨설턴트가 더 필요한 시대라고 생각합니다. 혼자서 공부하는 원리와 철학을 배우면 공부는 더 수월하게 할 수 있는 시대가 지금입니다. 미래 인재가 되고 싶다면 스스로 학습하는 법을 익히면 간단하게 해결될 수 있습니다.

대한민국의 학부모께서 자녀에게 가치 있는 교육을 하기 위해 온갖 에너지를 다 쏟고 있습니다. 하지만 결과는 미미하다 못해 불만족에 가깝고 학습자인 아이도 즐거워하지 않습니다. 학습자인 자녀는 속히 공부 지옥에서 벗어나고자 하는 생각을 품고 살아갑니다. 가정에서는 하루가 멀다고 '공부'라는 주제로 전쟁을 치르곤 합니다. 이 전쟁으로 인해 학부모와 자녀 사이에 그동안 쌓았던 사랑과 정이 금이 가기 시작합니다. 학부모의 기대에 미치지 못한 자녀는 부모와 자식의 관계가 원수처럼 변합니다. 나는 대한민국의 가정이 웃음이 넘치는 것을 보길 원합니다. 대한민국의 학생들이 꿈꾸는 미래를 힘이 있게 걸어가는 모습을 보기를 소망합니다.

이제 우리는 모두 교육의 늪에서 벗어나야 합니다. 모든 가정이 행복해지고 학부모와 자녀에게 웃음을 되돌려 주어야 합니다. 자녀에게는 자신의 꿈을 실현하기 위한 도약의 기회를 찾아 줘야 합니다. 그 시작을 찾아 주기 위해 나는 글을 쓰기 시작했습니다. 나는 내 생각과 경험을 나누고 싶었고 학부모들에게도 다른 교육의 세계가 있음을 전달해드리고 싶었습니다. 어떤 독자는 이 책을 읽으며 "이게 말이 돼?"라고 말할 수도 있습니다. 그 마음은 충분히 이해됩니다. 결론을 말하자면 가능합니다. 외국에서는 이보다 더 놀라운 사례들이 더 많이 일어나고 있습니다. 나는 대한민국에서 이런 놀라운 일들이 일어나길 바라고 있습니다. 전국 방방곡곡에서 배움의 즐거움에 빠진 학생들의 공부하는 소식이 들려지길 바라는 마음입니다. 대한민국의 학부모와 학생들에게 배움이 어렵지 않다는 것을 새롭게 인식하는 계기가 되었으면 합니다.

이 책 속의 글을 미리 읽은 학부모들께서 내게 말씀해 주시기를 교육에 대해 다시 생각하는 계기가 되었다는 말씀을 해 주었을 때 힘이 되었습니다. 이 책의 내용은 나 혼자 써 내려간 것이 아닙니다. 글을 읽어 주셨던 '목동의 공부하는 아이'(네이버 맘카페)의 회원들의 관심과 응원이 있었기에 가능했습니다. 이 지면을 통해 내 글을 읽고 답글을 달아 주셨던 '목동의 공부하는 아이'의 회원님들께 진심으로 감사를 드립니다.

2021년 8월 15일 고기봉

목차

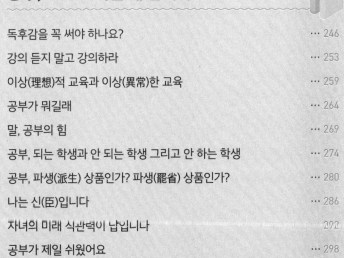

6장　공부, 미래를 향해 가는 길

1장

공부의
시작

하니까 되나? 되니까 하나?

"하면 된다." "되면 한다." 무엇이 선행되어야 할까요? 어른들은 학생들에게 혹은 자녀에게 쉽게 하는 말이 있습니다. "네가 하지 않으니 못하는 거야. 먼저 해 봐, 하는데 안 되는 게 어디 있니?"라고 쉽게 말합니다. 공부한다고 해도 안 되기 때문에 힘들어하는 학생을 수없이 봤습니다. "하면 된다."라고 하지만 해도 안 되기에 포기라는 것을 온몸으로 학습하는 학생이 많습니다. 좌절을 경험한 학생은 "나는 글러 먹었다." "나는 원래 머리가 나빠." "나는 안 될 수밖에 없어." 등 각종 부정적 언어로 자신을 학습시켜 온 환경에서 자란 이들입니다. 아마도 전국에 이런 환경이 90% 이상은 되지 않을까 싶습니다. 이런 좌절의 경험은 청년기와 성인기 이전에 다 겪습니다. 학생 때에 더 나아가서는 소년기 이전인 유년기에 겪기도 합니다.

유년기를 지나 소년기가 다가올 때 즈음이면 공부라는 것은 다 포기를 한 학생들이 우후죽순처럼 나타납니다. 이해하지 않으려는 사람은 이런 학생들의 마음 아픈 소리를 들으려 하지 않습니다. 오히려 이들의 속마음을 듣기 전, 이 여린 학생의 심장에 칼을 꽂습니다. "하지 않으니깐 못하는 거지. 해 봐, 해 봤어? 꼭 공부 못하는 녀석들이 안 해 보고는 안 된다고 핑계만 늘어놓지. 응?"이라는 식으로 말을 합니다. 이런 표현을 자녀나 학생 앞에서 사용했다면 진짜로 그 사람은 몰이해적인 사람입니다. 마치 서울대학교 학생이 공부를 못하는 학생을 이해 못 하는 것과 다르지 않은 것입니다. 서울대학교 출신인 공부의 신으로 알려진 강성태 씨는 이렇게 말합니다. "너희들이 왜 공부를 못하는지 알아? 안 하니까 못하는 거야."라고 말입니다. 이 말은 반만 인정합니다. 나는 이런 생각이 들었습니다. '공부의 신은 공부 못하는 학생의 마음을 전혀 이해하지 못하는구나.' 하고 말입니다. 나는 공부를 포기한 학생을 보며 이들은 공부를 안 하니까 못하는 것이 아니라 무엇을 어떻게 해야 할지 모르는 상황에서 책을 붙잡고 있어야 한다는 것이 더 고통스러우리라 생각을 했습니다.

내 고등학교 시절이 떠오릅니다. 반 친구 중에 진짜 공부를 못하는 녀석이 있었습니다. 반에서 꼴찌보다 한 등수 높음으로 인해 기쁨을 감추지 않았던 녀석이었습니다. 담임선생님께서는 총각이셨습니다. 어떤 학생도 봐주는 게 없이 알뜰하게 학생들이 공부를 잘해야 한다는 신념으로 똘똘 뭉쳤던 분이셨습니다. 결혼도 하지 않았으니 집에 일찍 퇴근하실 이유마저 없는 것처럼 보이셨습니다. 담임선생님은 학교를 마치신 후 퇴근길에 야구머신을 그냥 지나치신 적이 거의 없었습니다. 매일 야구머신 앞에서 허리를 돌리시며 야구 방망이를 휘두르는 모습을 보며 아이들은 이렇게 말했습니다. "아~ 내일은 누가 매 맞을 차례일까?"하고 말입니다. 이 선생님은 공포 자체였습니다. 나는 반 친구들과 무리를 지어 야구 방망이를 휘두르는 담임선생님의 뒷모습에 대고 "내일 또 누굴 패려고 저러실까?"라고 뒷담을 하곤 했습니다. 이때 같은 반의 한 친구가 "아차! 나 내일 죽었다."라고 하면 우리는 그 학생에게 자초지종을 묻곤 했습니다. 지금은 매를 때리는 것은 꿈에도 꿔서는 안 될 일이지만 당시에는 당연했습니다. 말이 체벌이지 이건 잘못 맞으면 다리가 부러질 수 있을 것이라는 생각뿐이었습니다. 담임선생님께서 몽둥이를 들었다 하면 학생들의 허벅지는 시퍼렇게 멍이 들었고 선생님의 얼굴은 벌겋게 달아올라 있었습니다.

이렇게 혼이 나도 다음 날이면 어김없이 웃으면서 등교를 하는 학생들과 그 학생들을 맞아 주시는 담임선생님의 모습에서 끈끈한 정이 생기는 게 신기했습니다. 매질하신 담임선생님께서도 다음날이면 미안한 기색이 전혀 없이 학생들 앞에 당당한 모습으로 나타나셨습니다. 선생님께 맞은 학생들 누구도 선생님을 향해 앙심을 품거나 담임선생님을 욕하지는 않았습니다. 하루는 충격적인 사건이 고등학교 2학년 교실에서 일어났습니다. 내가 기억하는 이 날은 이랬습니다. 반에서 꼴찌의 수준에 이르는 학생이 있었습니다. 이 학생은 담임선생님 훈계를 듣고 있었습니다. 훈계하시던 선생님께서 너무 화가 나셨는지 마대의 긴 봉을 잡고 그 학생의 머리를 향해 후려쳤습니다. 모두 "이젠 우리 모두 죽었다." 하는 생각뿐이었습니다. 긴 봉은 학생의 머리를 맞고 퉁하고 튕겨 나갔고 긴 봉으로 머리를 맞은 학생은 쑥스럽다는 듯 머리를 쓰다듬고 있었습니다. 화가 잔뜩 나신 선생님께서는 호탕하게 웃으시면서 "야~ 들어가 자리에 앉아!"라고 말씀하셨습니다. 수업이 끝난 후 반 친구들은 그 학생에게 다가갔습니다. "아프지 않냐? 우린 오늘 죽는 줄 알았는데 네가 살렸다." 등의 말로 이야기를 나눴습니다.

하루는 담임선생님께서 그 머리를 맞은 학생을 교무실로 불러 약속을 했다고 했습니다. 한 달간 시간을 주고 매일 집에서 공부하라고 했다고 했습니다. 이 학생도 결연한 각오를 하고 공부를 해 보겠다고 했습니다. 이 학생은 학교를 마친 후 친구들과 놀러 갈 생각은 안 하고 무조건 집으로 향했습니다. 선생님과 약속을 지키기 위해 하루도 쉬지 않고 열심히 공부했습니다. 약속한 날짜가 지났고 학교에서 선생님은 모든 학생이 있는 자리에서 그 학생에게 질문했습니다. "공부가 좀 되냐?" 그 학생은 70명의 반 친구들 앞에서 눈물을 뚝뚝 흘리며 "선생님 저는 도저히 공부가 안 돼요. 선생님과 약속을 지키려고 하루도 빠지지 않고 일찍 집에 가서 공부했습니다. 그런데 공부가 전혀 안 돼요. 실력도 늘지 않아요."라고 우는 모습을 보고 나는 충격을 받았습니다. "저 녀석 진짜 공부를 한다고 했구나." 하고 말입니다. 웃기는 것은 이 녀석의 형은 당시에 중앙대학교 국문학과를 수석으로 입학하여 4년 장학생이었습니다. 동생은 중앙대학교 수학과를 수석으로 입학하여 4년 장학금을 받고 있었습니다. 이렇게 보면 유전자 문제는 아닌 게 분명했습니다. 나는 그날 선생님도 포기한 학생을 목격한 것입니다. 선생님도 그 학생의 진실한 눈물 앞에 다시는 공부를 하라는 말은 하지 않겠다고 말씀하셨습니다.

지금의 나는 당시를 되돌아보면 '공부, 하면 된다.'라는 말은 틀린 말이라고 생각합니다. 공부는 되어야 할 수 있습니다. 될 수 있도록 길을 제시해 주어야 합니다. 될 수 있는 길도 알려 주지 않고 하라는 것은 죽음의 길로 학습자를 몰아세우는 것입니다. 지금 내가 바라보는 대한민국의 교육이 그렇다고 봅니다. 교육부 장관이 바뀌면 될까요? 대통령께서 "교육의 질을 향상하게 하겠습니다."라고 말하면 될까요? 근본적인 해결책을 주지 않고 미련한 방식으로 "하면 된다. 안 하니깐 안 되는 것이다."라고 우긴다고 됩니까? 공교육 공부는 하면 된다고 보지 않습니다. 해도 안 되는 게 공교육 공부입니다. 공부가 되도록 하는 게 선행되어야 합니다. 이 사실이 전제되지 않은 상태에서 학생들을 책망하는 것은 학생들에게 큰 죄를 짓는 것임을 기억해야 합니다. 나는 공부가 되는 원리를 알고 난 후 학생들이 고통스러워하는 문제를 해결하려고 나서고 있습니다. 내가 한 일은 아주 적은 숫자이지만 배움의 자유를 누리는 학생들을 보면 보람을 느끼고 있습니다. 꼭 기억하셔야 합니다. 공부는 '하면 되는 게 아니라 되게 한 후에 하게 해야 한다.'라는 사실을 말입니다.

배움의 적

고등학교 2학년 학생을 만난 지 두 달이 되었습니다. 첫 만남은 영어의 수준도 중학교 수준을 넘지 못했고 수학도 고등학교 2학년 것을 하고 있었을 뿐 등급은 4등급이었습니다. 점검해 보니 중학교 수학도 제대로 알지 못하는 상황에서 고등학교 2학년 수학을 풀어내려고 하니 안 되는 게 당연했습니다. 나는 모두 갈아엎었습니다. 공부를 제대로 하려면 갈아엎어야 가능합니다. 이 학생은 나를 만나기 전에는 영어와 수학의 과목별로 월 백만 원씩 내고 학원에 다니고 있었습니다. 학생은 내 친구의 권유로 내게 왔습니다. 문제는 백만 원짜리 학원을 끊지 않고 내게 컨설팅을 받으러 왔다는 것입니다. 내게 컨설팅을 받기로 하면 모든 것은 다 끊어야 한다고 말했음에도 불구하고 끊지 않았습니다. 중간고사가 다가오자 그 백만 원짜리 학원에만 집중하는 모습이 보였습니다. 내가 컨설팅해 주는 것은 기본을 다진 후 가니 마음이 조급했던 것입니다. 학생의 공부방식은 당장 급한 불을 끄고 보자는 식이었습니다. 시험을 앞둔 2주간은 학생에게서 만나지 말자는 연락이 왔습니다. 이유는 시험공부를 해야 한다는 것이었습니다. 나는 "아직 도 깨닫지 못하고 있구나." 하는 생각에 웃음이 나왔습니다. 학생은 중간고사를 치르는 백만 원짜리 학원을 끊었다고 말해 주었습니다. 이유를 물었더니 "선생님이 컨설팅해 주는 게 더 도움이 되었습니다. 학원에서 공부하는 것은 도움이 되지 않았습니다."라고 말을 해 주었습니다. 내가 딱 2주 컨설팅을 한 결과입니다. 나는 학생에게 강도 높게 갈 것이니 준비하라고 말했습니다. 그 후 3주간 강도 높게 진행을 했습니다.

학생이 이렇게 말을 합니다. "이제 공부를 어떻게 하는지 알겠습니다." 나는 압니다. 이 학생은 아직 멀었다는 것을 말입니다. 이제 공부의 맛을 알았다는 것입니다. 단지 공부가 무엇인지를 조금 맛을 본 상태에 불과합니다. 조금 맛을 본 후에 "다 알겠습니다." 1등급이라고 찍을 기세였지만 나는 자만하지 말라고 말해 주었습니다. 학생들은 조금 풀리면 다 아는 것처럼 까불거립니다. 나는 학생에게 델포이 신전의 입구 기둥에 쓰인 이야기와 소크라테스가 사람들과 대화한 이야기를 해 주었습니다. 학문한다는 것은 내가 잘났다고 생각하는 순간 그 사람은 더 배움을 갈망하지 않게 됩니다. 마치 배부른 사람이 산해진미에도 손이 가질 않는 것과 같다고 보시면 됩니다. 누군가가 내게 "사람들이 왜 학문을 하는 것을 포기할까요?"라고 묻는다면 그것은 자신을 모르기 때문에 그렇습니다. 자신을 모른다는 것은 자신은 다 안다고 착각하는 것입니다. 또 하나는 자신이 무엇을 모르는지 인지를 못하고 있기 때문입니다. 자신을 안다고 생각하는 것과 자신의 무지를 깨닫지 못하는 것은 인생에서 가장 비참한 시간을 보내는 것입니다. 두 가지가 생기게 되는 것의 원인은 자각이 없기 때문입니다. 스스로 깨닫지 못하는 이유는 학문이라는 것을 스스로 해 본 적이 없기 때문입니다. 배움이라는 고통의 터널을 지난 적이 없으므로 알아 가는 것을 우습게 여기는 것입니다. 학생들은 교사나 학원 강사 또는 교수에게 가르침을 얻습니다. 이는 손쉬운 방식입니다. 이 방식을 따르게 되면 고민하지 않아도 됩니다.

특히, 초·중·고등학생들은 스스로 하는 것에 익숙해져 있는 것이 아니라 선생에게 의존된 것이 99%일 것입니다. 이를 확신하고 말하는 이유는 이렇습니다. 학생들을 컨설팅하다 보면 학생들이 이런 말을 합니다. "이거 아직 학교에서 안 배웠는데요?" 나는 학생들이 깨우치길 바라는 마음에 말을 해 줍니다. "학문이란, 교사에게 배우는 것이 아니라 스스로 깨우쳐 나가는 것이란다. 너는 할 수 있다." 이렇게 말을 한 후 며칠 지나지 않아 학생은 내게 말을 합니다. "배우지 않았는데도 공부가 재밌어요." 공부에 재미가 생겨나야 진짜 실력으로 나타나는 것입니다. 대개 학생들은 자신의 학년 과정을 배웁니다. 강남권의 학생들은 비참하리만큼 교육에서 사육을 당하는 학생들이 많은 것으로 알고 있습니다. 그들은 배우는 게 아니라 동물처럼 교육이라는 매개체로 인해 사육당하는 것이라는 표현이 맞을 것입니다. 중학생이면서 고등학교 과정을 다 마친 학생들도 있다고 들었습니다. 이들은 강남권에서 공부했음에도 불구하고 다른 나라에서는 흔하게 받는 노벨상 수상자가 우리나라에 없는 이유는 무엇일까요?

배움은 자신이 스스로 질문하고 하나씩 깨우쳐 나가며 유레카를 외치는 과정이 많아지는 것입니다. 이런 배움은 가볍지 않습니다. 자신이 알게 된 지식을 소중하게 여기게 됩니다. 이 지식을 통해 또 다른 선물을 받기도 합니다. 이는 사람들이 그렇게 받고 싶어 하는 지혜입니다. 공부하는 것은 지혜를 얻고자 함임을 학문이라는 깊이에 들어가면서 깨닫게 되는 것입니다. 배움의 가장 큰 적은 무엇일까요? 자만함입니다. 자신이 다 알고 있다고 생각하는 자만심에 빠지게 되면 이때부터 배움의 열망은 서서히 사라지게 됩니다. 더는 배울 것이 없다고 생각하게 되는 것입니다. 선행을 한 학생들에게서 나타나는 모습은 학교에서는 잠을 자고 학원에서는 공부하는 것입니다. 초등학생이 고등학교 수학을 공부하면서 정작 자신이 배우는 과정은 모르는 경우가 있기도 합니다. 이런 학생들은 현재 배우는 교과 과정도 겸해서 공부해 주어야 합니다. 이런 겸손한 마음을 품고 공부를 해야 합니다. 배움에서 가장 중요한 것은 겸허함이라고 생각하기 때문입니다. 이 마음은 학문을 접하는 자에게 평생 필요한 것입니다. 배움은 끝이 없고 그 즐거움도 계속되기 때문입니다.

암기는 독약 기억은 명약

대부분은 자녀들이나 학생들에게 독약을 먹이며 아이의 두뇌에 좋은 줄 생각을 하는 경향이 있습니다. 그중의 하나가 암기를 하라는 것입니다. 가르침을 주는 교사나 학원 강사들이 생각 없이 툭 던지는 말이 있습니다. "외워라. 많이 외울수록 도움이 된다." 과연 그럴까요? 아이들의 뇌와 마음은 암기라는 말에 서서히 황폐해지어 가는 것을 알고는 있는지 궁금합니다. 아니 모르니까 오랜 세월 동안 변함없이 암기해야 한다고 강조점을 두는 것이 아닌가 하는 생각이 듭니다. 암기가과연 아이들에게 도움이 될까요? 어른들에게 묻고 싶습니다. "무엇이든 암기를 하고 계시나요? 요즘처럼 스마트한 시대에는 전화번호마저 암기하는 것이 어렵지 않나요?" 그런데 아이들은 학생이라는 이유만으로 암기를 강요당하고 있습니다. 암기의 '암(暗)'자는 한자로 풀어내면 이렇게 됩니다. 일(日-날 일) + 음(音-소리 음)입니다. 날이 새면 짐승의 소리가 들려 사람의 마음이 어두워지고 어리석어진다는 의미가 내포되어 있습니다. 곧 '암'자의 음과 뜻은 '어리석은 암, 어두운 암' 이렇게 됩니다. 이 말은 '암기는 하면 할수록 어리석어지고 마음이 어두워지게 된다.'라는 의미로 해석을 할 수 있습니다. 아이들에게 독약을 주며 좋은 것이니 계속하라고 강요하는 것은 유익한 것이 아닙니다. 힘이 없는 아이들은 윗사람들의 지시에 기계적으로 암기를 합니다. 언제 끝날지도 모르는 영어 단어며 수학 공식이며 과학 공식과 한국사나 사회책에 수록된 정보들을 암기합니다. 이 모습을 비웃기라도 하듯 인공지능(AI)은 우리가 살아가는 세상에 밀접하게 다가왔습니다. 갑자기 인공지능(AI) 이야기를 하는 이유는 인간이 암기라는 도구로 정보를 외울 시간에 인공지능(AI)은 인류가 그동안 만들고 세운 정보를 입력해 놓고 딥 러닝이 되는 수준에 이르고 있습니다. 이는 인공지능(AI)만큼 암기 잘하는 것은 없다는 말입니다.

아이들이 소량의 정보를 암기라는 학습 방법으로 입력하며 노력할 때에 인공지능(AI)은 인간을 뛰어넘는 정보를 입수하고 있습니다. 이는 인간이 인공지능(AI)과 경쟁에서 인공지능(AI)을 이길 수 없다는 의미입니다.

우리는 다른 방식으로 정보를 입수해야 합니다. 이것은 다름 아닌 기억입니다. 기억은 놀랍게도 자연스럽게 떠오르게 하는 힘이 있습니다. 억지로 암기를 하지 않아도 순간 떠올라야 합니다. 이는 직관력과도 연결될 수 있습니다. 창의적인 힘도 생기게 됩니다. 인공지능(AI)은 직관력도 창의력도 없습니다. 인공지능(AI)은 많은 자료를 수집하지만 스스로 정보를 만들어 내지는 못하기 때문입니다. 인간만이 출생부터 성장하는 과정을 통해 정보를 융합하고 새롭게 생성해 냅니다.

기억의 '억(億)'을 한자로 풀면 이렇게 됩니다. 인(亻-사람인 변)+음(音 -소리 음)+심(心-마음 심)입니다. '억'자의 음과 뜻은 '편안할 억, 억억' '사람이 소리를 마음에 심으면 편안해진다.'가 됩니다. 기억은 하면 할 수록 편안해지고 효과는 억 배의 효과로 나타납니다. 아이들에게 무엇 을 주어야 할까요? 암기일까요? 기억일까요? 아이에게 암기를 강요하 는 것은 서서히 아이의 두뇌를 죽이는 효과를 가져오게 됩니다. 학원 이든 학교든 학부모들께서 아이에게 "왜 암기를 못 하니?"라는 말을 하 면 할수록 아이의 마음과 뇌에 독약을 뿌려 주는 꼴이 되는 것입니다. 오히려 아이들에게 명약을 매일 제공해 주어야 합니다. 기억은 명약 중의 명약입니다. 명약은 자녀에게 배움의 자유를 경험하게 하며 독약 은 아이가 죽어 가는 모습을 날마다 바라보며 학부모의 마음도 타들어 가게 됩니다. 명약을 날마다 복용하는 아이들의 밝은 모습을 보는 학 부모들과 가정은 웃음꽃이 날마다 피어오르는 것을 경험하게 되는 것 입니다.

어떻게 하면 기억이 잘 날까요? 유치원생들에게 알려 주는 쉬운 예 를 들어 보겠습니다. 유치원 아이에게 묻습니다. "집 앞에 슈퍼마켓이 있지?" 아이는 대답합니다. "예, 있어요." 다시 질문합니다. "그 슈퍼마 켓의 이름이 뭐니?" 아이는 손쉽게 그 슈퍼마켓의 이름을 댑니다. 다 시 아이에게 묻습니다. "어떻게 생각이 났지?" 아이는 곰곰이 생각한 후 말을 하거나 바로 답을 줍니다. "그냥 자주 갔어요."라고 말하는 아 이에게 내 견해를 말해 줍니다. "그래, 바로 그거야. 자주 보면 기억이 나게 되어 있어. 기억하는 것도 마찬가지야. 억지로 외우는 게 아니라 자주 보면 기억이 나는 거야." 공부는 억지로 암기하려고 노력하지 않아도 됩니다. 지속해서 노출을 시키면 저절로 떠오르게 되어 있습니다. 이렇게 머릿속에 새겨진 것은 지워지지 않게 됩니다. 여기서 중요한 것은 소위 말하는 깜지에 쓰지 않습니다. 이것은 스스로 읽으면 머릿속의 지식이 자연스럽게 떠오르게 됩니다. 아이들이 이런 말을 합니다. "영어 단어를 외우지 않고 기억을 했는데요. 등굣길에 하늘에서 별이 쏟아지듯 새로운 단어가 막 떠올라요."라고 말합니다. 기억은 이렇게 배움의 즐거움을 느끼게 합니다.

혁신을 넘은 교육 혁명

일본은 4차 산업혁명의 시대에 맞게 교육 개편을 시행하고 있습니다. 그 대안으로 프랑스에서 1808년도부터 시행한 바칼로레아 방식으로 전환한다고 합니다. 프랑스는 4차 산업혁명을 대비하여 바칼로레아보다 더 앞선 변화를 시도하는 움직임이 있기도 합니다. 프랑스는 더 진일보한 교육을 찾아 나섰다고 보시면 됩니다.

대한민국의 교육정책은 4차 산업혁명의 시대에 맞게 대비하는 것이 아닌 오직 대학입학에 맞춰져 있습니다. 이는 3차 산업혁명 시대까지는 가능한 교육 시스템으로 보시면 됩니다. 대한민국의 교육은 3차 산업혁명의 시대에도 조금 뒤떨어지는 교육 시스템이라고 생각합니다. 4차 산업혁명의 시대가 내일로 다가온 지금 대한민국의 교육 정책은 '수시냐 정시냐'를 두고 논의를 하고 있을 때가 아닙니다. '교육을 책임지는 사람들은 대체 무슨 생각을 하는 것일까?' 하는 생각이 가끔 듭니다. 다가오는 교육의 흐름을 이해하지 못하는 학부모들은 오로지 학원에 모든 것을 걸고 자녀들의 점수만을 높이는 데 모든 에너지를 쏟아

붓는 듯합니다.

2008년 홍콩에 찾아온 미래학자 앨빈 토플러에게 한국 기자들이 "한국 학생들에게 한마디 해 주십시오."라는 말에 앨빈 토플러는 "한국에서 이해하기 힘든 것은 교육이 정반대로 가고 있다는 것입니다. 한국 학생들은 하루 15시간 이상을 학교와 학원에서 자신들이 살아갈 미래에는 필요하지 않을 지식을 배우기 위해 그리고 존재하지 않을 직업을 위해 허비하고 있습니다."라는 말을 했다는 것입니다.

미래사회에는 활용 가치가 없는 것을 위해 끊임없이 공부하고 헌신하는 것을 보며 어린 시절에 읽었던 『꽃들에게 희망을』이라는 책의 내용이 떠오릅니다. 아무런 목적도 없이 정상을 향해 가는 애벌레들처럼 지금의 아이들이 그렇게 살아가고 있는 듯합니다. 긴 시간을 공부라는 굴레에 빠져 혹사당하는 대한민국의 학생들을 보고 있노라면 마음이 아려 옵니다.

현재 공교육에서 가장 위험한 것은 학생들이 자력으로 공부하는 인재가 되도록 이끌지 않는다는 것입니다. 다가오는 시대에는 스스로 공부도 해야 하고 문제(문제집의 문제가 아닙니다.)도 알아서 찾아 해결하는 능력을 기른 이들이 살아가기에 유리한 세상이 오는 것은 분명합니다.

나는 생각합니다. 학교에서도 학원에서도 학생들이 스스로 할 수 있도록 하는 쪽으로 방향을 전환하는 것이 살아남을 수 있는 길이라고 봅니다. 학교나 학원도 지속해서 살아남으려면 학생들이 주도적으로 학습할 수 있도록 변화를 주어야 합니다. 대한민국은 지금이라도 교육에 변화를 주어야 하는데 나라의 입장에서는 그렇게 하고 싶지 않은 듯합니다. 변화라고 하면 겉섬데기만 바꾸는 모습이 역력합니다. 본질을 바꿔야 합니다. 대한민국에 일본처럼 바칼로레아를 도입한다고 한들 또 하나의 공부 방법론을 가져온 것에 불과하다는 생각을 지울 수 없습니다.

공부는 양은 냄비에 라면 끓여 먹는 게 아니라고 봅니다. 공부는 시간에 비례해서 실력으로 나타나게 되어 있습니다. 순간 성적이 늘었다고 실력이 늘어난 것은 아닙니다. 이는 수많은 학생을 통해 본 것을 말하는 것입니다. 나라가 바뀌지 않으면 민(民)인 학부모들이 변화하면 됩니다. 그 시작은 학부모 교육 모임을 하는 것에서 시작되어야 한다고 봅니다. 자녀를 학교에 보낸 후 또는 학원에 보낸 후 어머니들께서 커피숍에서 이야기를 나누는 것을 종종 봅니다. 이때 삼삼오오 모여 책을 읽으면서 자녀들의 미래와 학부모들인 자신들의 미래를 준비하는 모임을 하는 것도 좋으리라 생각합니다. 변화하는 시대에 학부모가 공부하지 않으면 자녀의 미래도 불투명해집니다. 공부하는 학부모만이 자녀의 미래를 예측할 수 있고 무엇을 어떻게 어디로 가야 할지를 알게 됩니다. 무조건 자녀를 학원에 맡기기만 하는 행동은 위험합니다. 나는 학부모들에게 미래 교육세미나를 하면서 생각 바꾸기를 바라는 마음이 강했습니다. 어머니들은 강의를 들을 때는 공감하지만 시간이 지나면 다시 현실로 돌아갑니다. 세미나를 듣고 변화한 사례는 지속해서 공부한 학부모들뿐입니다. 배움을 멈추지 않는 학부모는 새로운 세상을 예측하며 다양한 관점으로 학문적 접근을 합니다.

개인적으로 몇 권의 책을 추천해 드리고자 합니다. 『학교에 배움이 있습니까?』, 『수상한 학교』, 『학교의 배신』, 『바보 만들기』 등을 중심으로 읽어 보시면 교육에 대해 다른 견해가 생겨나지 않을까 하는 마음이 듭니다.

길을 묻지 말고 지도를 사라

'아는 길도 물어 가라'는 말이 있습니다. 당시에는 지도가 없어서 그랬는지는 모르겠습니다. 길을 걷다 보면 아는 것 같기도 하고 길을 잘못 들어선 것 같기도 할 때가 종종 있었습니다. 지금은 시대가 달라져 스마트 기기의 애플리케이션을 실행하면 어렵지 않게 목표지까지 갈 수 있습니다. 기술의 발달로 인해 사람들의 생활은 지속해서 편리한 쪽으로 변화되어 가고 있습니다. 모든 것들이 쉬운 쪽으로 가는 것 같지만 아직 되지 않는 부분이 있습니다. 이는 교육입니다.

인간이 이 땅에 존재하는 한 영원히 무너지지 않으리라고 보는 것이 인간의 배움이 아닐까 싶습니다. 어떤 형태의 교육이든 전 세계의 부모들이 교육을 1순위에 두는 것은 예나 지금이나 같은 현상이라 봅니다. 특히, 지도자 가정은 일반적인 가정보다 더 심하게 자녀 교육에 집중합니다. 남들과 다른 가치 있는 교육을 하게 되면 일상생활에서 어떻게 작용하는지를 알기 때문입니다.

한 방송사에서 이집트의 피라미드 내부에서 귀족 교육과 일반교육에 대한 지침에 관한 내용이 나왔다는 방송을 내보냈습니다. 지금도 동서양을 막론하고 귀족들은 자신의 자녀들에게 남다르게 가치 있는 교육을 심어 주는 시도들을 아낌없이 진행하고 있습니다. 한 번 귀족을 영원한 귀족으로 자리 잡기 위해 선택한 것이 교육인 것입니다. 일반인들은 모르는 가치가 전혀 다른 교육을 잡을 수 있는 보물 지도를 주었다고 생각합니다.

여기서 보물 지도라는 것은 겉으로 보이는 황금을 숨겨 둔 지도를 말하는 것이 아닙니다. 자녀들이 세상을 이겨 갈 힘을 기를 수 있는 지도를 말하는 것입니다. 그럼 그 지도를 받지 못한 일반가정의 자녀들은 어떻게 살아가게 될까요? 오로지 수치상으로 나타나는 점수로 서로 간 격투를 합니다. 일반가정의 자녀는 교육에 대한 지도(map)를 받은 바 없으니 계속해서 길을 묻게 됩니다. '어디가 길입니까?' '이곳으로 가야 할까요?' '어디를 가야 좋은 선생님을 만날 수 있을까요?'

소개를 받아 찾아가거나 혹은 길을 찾았다고 기쁨으로 찾아간 곳에서 문전박대를 당하기도 합니다. '당신의 자녀는 이곳에 들어올 자격이 없습니다.' 이유는 간단합니다. 기준에 미치지 못하다는 것입니다. 이 말을 듣는 학부모의 입장은 억장이 무너집니다. '이제 어디로 가야 합니까?' '이제 누구를 찾아 나서야 합니까?' '길을 알려 주십시오'라고 하늘을 향해 읊조려 보기도 하고 땅을 바라보며 보석 같은 눈물이 땅에 스미는 것을 보며 그냥 주저앉고 싶어집니다.

교육의 길을 물으러 간 곳에서마저 거절을 당하면 이제 모든 것이 끝난 것처럼 보입니다. 더는 길이 없는 것으로 생각을 합니다. 일반교육에서도 이런 사투가 벌어지는데 부자가 자신들의 자녀교육 철학을 공개할까요? 절대 하지 않습니다. 이 비밀의 문은 일반교육을 하는 부모가 찾아 나서야 합니다. 교육의 보물 지도를 찾지 못하게 되면 학년이 올라갈수록 길을 물어야 합니다. 초등학교 때에도 물어야 하고 중학교와 고등학교를 넘어 지속해서 대학을 가서도 취업을 해서도 물어야 합니다. "어디로 가야 합니까?" 교육의 보물 지도를 찾지 못하면 교육 방법만으로는 의미가 없습니다.

일반교육을 받는 자녀를 둔 학부모는 자신의 자녀가 다른 자녀보다 더 나은 점수를 얻었기 때문에 위로를 받습니다. 이는 곧 자신의 자녀가 귀족 대열에 들어간 줄 착각하게 만듭니다. 이것은 일반교육에 조금 나은 위치에 있는 것에 불과합니다. 학부모께서는 교육의 숨겨진 의도를 알아야 합니다.

"세계 최고의 부를 누렸던 록펠러가 설립한 록펠러 재단이 주체가 되어
1903년에 창립된 일반교육위원회의 취지문은 다음과 같이 말한다.
일반교육위원회의 설립 목적은 돈의 힘을 활용하고자 하는 것이다.
우리의 목적은 많은 사람들이 생각하는 것처럼
미국의 교육수준을 높이기 위한 것이 아니다.
교육의 방향을 우리가 원하는 대로 바꾸고자 하는 것이다.
우리의 목표는 학교를 통해 사람들을 규칙에 순응하도록,
지배자에게 복종하도록 길들이고 가르치는 것이다.
우리의 목표는 학교를 통해 사람들을 규칙에 순응하도록,

지배자에게 복종하도록 길들이고 가르치는 것이다.

우리가 추구하는 바는 예나 지금이나 같다.

관리감독과 지시에 따라 생산적으로 일하는 시민을 양산하는 것이다.

권위를 의심하는 태도, 교실에서 가르치는 것 이상을

알고 싶어 하는 태도를 꺾어 버려야 한다.

'진정한 교육'은 엘리트 지배계급의 자녀들에게만 제공한다.

나머지 학생들은 그저 하루하루를 즐기는 일 외에는

아무런 꿈도 꾸지 못하는, 숙련된 일꾼으로 만들어야 한다.

그런 교육이 그들에게는 훨씬 도움이 된다."

로버트 기요사키가 쓴 『부자들의 음모』에 수록된 내용입니다. 귀족들과 부자들은 보물 지도를 따로 가진 것입니다. 이 보물 지도는 종이로 만들어져 전수되기보다는 정신에서 정신으로 전수됩니다. 자기주도적 훈련을 통해 교육 보물 지도가 몸에 뇌에 새겨지는 것입니다. 스스로 경험하지 못한 교육과 주도적으로 귀족들이 품고 있는 지도(map)를 체험하지 못하면 교육에 대한 보물 지도는 일반교육을 받는 이들의 자녀에게 전수될 수 없습니다.

지금의 시대는 길을 묻는 법을 배운 것은 의미가 없다고 생각합니다. 앞으로는 길을 물으면 인공지능(AI)이 더 친절하게 설명해 줄 것이기 때문입니다. 수동적 태도로 공부를 하며 길을 물었던 이들은 인공지능(AI)에 밀려나게 될 날이 머지않았습니다. 인공지능(AI)이 아무리 뛰어나도 교육의 보물 지도를 몸과 뇌에 새겨 놓은 사람들의 것은 빼앗을 수 없을 것입니다. 이들은 온몸으로 경험을 했고 그 몸의 온 세포가 다 기억하고 있기 때문입니다. 귀족들은 지도를 온몸에 새겨 그들의 자녀들에게도 온몸에 새기는 법을 알려 줍니다. 우리의 일반적인 학부모도 이런 깊이 있는 교육을 찾아 나서야 합니다.

공부의 역기능

부천 오정구 원종동에 세워진 스공진컨설팅센터에서 있었던 일입니다. 이 센터의 대표와 함께 교육 혁명을 꿈꾸며 비전을 나누고 있습니다. 이 센터 대표를 알게 된 것은 그 이전이었지만 교육 기술을 전수한 후에는 더 깊게 생각을 나누며 지내고 있습니다. 부천 오정구 원종동의 이 센터의 대표께서는 내게 한 달에 한 번씩은 자신들의 학생들과 나를 만나게 했습니다. 나는 학생들을 만나 컨설팅을 하기도 하고 이야기를 나누기도 합니다. 여기서 중요한 것은 이야기를 나눈다는 것입니다. 일방적 지시가 아닌 학생들의 이야기를 듣기도 하고 내 생각을 말하기도 하는 시간을 갖는 것입니다.

웃음 짓게 하는 이야기는 이 센터의 대표께서 이렇게 말씀하십니다. "우리 센터 아이들이 대표님을 엄청나게 좋아합니다."라고요. 나는 그냥 감사하는 표현으로 웃으며 답합니다. 하루는 이 센터의 고등학생 남자아이가 이런 이야기를 해 주었습니다. "스공진컨설팅센터에서 공부를 하기 전에는 체육 점수가 언제나 100점을 받곤 했습니다. 그런데 공부를 시작하면서 공부가 더 좋아졌고 운동은 점점 싫어지고 있습니다. 이 일로 인해서 오늘 체육 선생님에게 혼이 났습니다."

나는 웃음이 나오는 것을 참으며 공부할 때 주의 사항 문구를 만들어야겠다고 말했습니다. "공부가 재미있어 운동의 능력이 저하될 수 있으니 운동능력이 뛰어난 학생들은 스스로 공부하려고 시도할 때 주의해야 합니다."라고 말입니다. 학생과 나는 둘이 깔깔거리며 웃었습니다. 이 학생은 100% 내가 컨설팅하지 않았습니다. 부천 오정구 원종동에 있는 스공진컨설팅센터의 대표께서 컨설팅한 학생입니다. 2018년 12월에 컨설팅을 받았습니다.

당시에는 중학교 3학년 졸업을 앞둔 시기였다고 합니다. 중학교 성적은 60~70점대를 받는 학생이었다고 합니다. 공부를 잘하는 편이 아니었고 운동하는 것에는 많은 시간과 에너지를 쏟았다고 합니다. 부천 오정구 원종동 스공진컨설팅센터에 다닌 후로 조금씩 달라지는 것이 있었다고 하며 공부 실력이 향상되어 학교에서 영어와 수학을 공부하는 데 어려움이 없다고 합니다. 나는 부천 오정구 원종동 스공진컨설팅센터 대표께 이야기했습니다. 학교 기준에 맞추면 진짜 실력이 아니라고 말입니다. 부천에서의 실력으로는 전국모의고사 시험을 보면 본 실력이 나온다고 말입니다.

1년이 지난 후부터는 고등학교 3학년 수능 영어 독해 문제집도 척척 풀어댄다고 했습니다. 시중에 나와 있는 유명 출판사 교재들을 다 풀어내며 영어도 수학도 쉽다고 말을 들었습니다. 근간에는 국어에 대한 어려움을 느끼는 학생에게 몇 가지 컨설팅을 하며 인문학 공부를 쉬지 말라고 해 주었더니 몇 주 지나지 않아 만날 기회가 있었는데 학생은 내게 이렇게 이야기를 해 주었습니다. "이젠 국어도 쉬워요."라고 말하는 것입니다. 100% 자기 주도적으로 공부를 하다가 운동이 싫어지고 공부가 재미있어진다는 학생의 이야기는 처음 접했습니다. 스스로 공부를 하면 좋은 역기능에 빠질 수 있습니다.

부천 오정구 원종동 스공진컨설팅센터의 대표께서는 내가 말한 대로 학생의 학습에 개입하지 않습니다. 순수 100% 학생이 하게 합니다. 이런 과정을 통해서만 강한 자들이 나오게 되는 것임을 나는 수십 번 말을 했습니다. 처음엔 부천 오정구 원종동에서 스공진컨설팅센터를 설립한 대표께서는 불안한 마음에 하루가 멀게 내게 전화를 하셨습니다. 나는 "신뢰하고 기다리면 학생들은 일어납니다. 스스로 일어서는 자는 뜁니다. 스스로 서지 못하면 그 학생은 아무것도 해낼 수 없는 무기력한 사람으로 전락할 수 있습니다. 점수에 속지 마십시오."라고 말해 주었습니다. 부천 오정구 원종동의 스공진컨설팅센터 대표께서는 자신이 알려 주고 싶어 입이 근질근질하고 몸을 어찌할 바를 몰랐다고 후일담을 말씀해 주셨습니다. 그러면서 이건 진짜 경험하지 않으면 이해가 되지 않는 신비한 것이라는 말을 해 주었습니다.

학생이 공부를 잘하게 하려면 공부하는 원리와 철학을 알려 준 후 기다리는 게 답입니다. 스스로 하도록 기다려야 합니다. 나는 공부를 알려 주지 않습니다. 처음 만나는 학생들은 내게 이렇게 질문합니다. "이거 맞았나요?" 나는 그 질문을 받기보다는 "너를 믿어 봐라. 넌 할 수 있다." 이 말에 학생들은 조심스럽게 한 발자국씩 나아갑니다. 이 과정에서 틀리는 것도 있고 맞는 것도 있게 되면서 자기 확신이 생기는 것을 자신의 몸 안에서 경험을 합니다. 이는 곧 "내가 할 수 있구나. 나도 혼자서 공부가 되는구나."라는 것을 경험합니다. 이런 과정이 반복되면 학생들의 공부량은 기하급수적으로 늘어납니다. 스스로 공부가 되면 산술적으로 실력이 늘지 않습니다. 이것이 공부의 진짜 비밀입니다.

서울 강남에 사는 학생들만 공부를 잘하는 게 아닙니다. 어느 곳에 살든지 자기 주도적으로 공부하는 법을 알게 되면 공부만큼 쉬운 게 없습니다. 이렇게 훈련된 학생은 공부뿐 아니라 인생을 살아갈 때도 스스로 선택하고 헤쳐나가는 데 힘이 있습니다. 내가 만난 제자 두 아이는 남양주에 살고 있습니다. 이 학생들은 내가 컨설팅한 원리대로 혼자서 자기 주도적으로 공부를 하여 2018년도에 수능 4개 영역을 모두 만점을 맞았습니다. 한 학생은 고려대학교 컴퓨터 공학과에 입학했고 한 학생은 가정 형편에 따라 100% 장학금을 주는 GIST(광주과학기술대학교)에 입학했습니다. 이것이 가능한 것은 자기 주도적인 공부였기 때문에 가능했던 것입니다.

오늘도 많은 학생이 공부에 대해 시달리는 모습을 봅니다. 지금 공부에 시달려 고등학교를 졸업하고 원하는 대학을 가든 원하지 않는 대학에 가든 공통점이 있습니다. 공부를 모두 포기합니다. 그동안 지겹게 해 오던 것을 놓아 버리는 것입니다. 웃기는 것은 대학이라는 곳에 가서 더 큰 학문을 해야 하는데 대학에 입문하면서 공부를 놓는 사례가 많습니다. 아니면 공무원이나 될까 하고 공무원 시험 준비를 하기도 합니다. 아니면 영어 자격시험을 보는 것에 올인하기도 합니다. 대학원에 가는 경우도 생겨납니다. 여력이 되는 학생들은 유학하러 가기도 하지만 주도적으로 해 본 적이 없는 경우는 모두 물거품처럼 되어 버리고 맙니다.

자녀에게 꼭 주어야 할 선물

부모라면 어느 지역에 살든 자녀에게 가장 좋은 선물을 해 주고 싶은 마음은 똑같을 것입니다. 최상의 스마트기기가 나오면 신상이라고 사 주는 부모의 마음에는 "내 아이는 소중하니까?" 하는 마음으로 구매해 줄 것입니다. 모든 부모는 할 수만 있다면 자녀가 더 나은 인생을 살아가고 행복한 삶을 누리기를 바라고 바랍니다. 소수이긴 하지만 몰상식 부모들은 자녀들을 학대하고 죽음으로 몰아가게 하는 예도 있기는 합니다.

대다수 부모는 상식적인 선에서 자녀를 양육합니다. 이해할 수 없는 행동을 하는 부모들도 잘 관찰하면 그만한 이유가 없지는 않아 보입니다. 그만한 이유가 있다는 전제하에 바라봐 주어야 상대방도 숨통이 트이게 됩니다. 누구는 내게 질문할 것입니다. "몰상식한 부모가 어떻게 이해가 되지요? 그런 사람들은 인간도 아닙니다. 사회에서 격리되어야 합니다."라고 하며 격양된 목소리로 말씀하시는 분들이 있을 수 있습니다.

아주 비상식적인 부모를 빼고는 다들 자녀들에게 가장 좋은 것을 선물해 주고자 합니다. 부모가 자녀들에게 가장 좋은 것을 선물할 수 있는 것은 무엇일까요? 스마트기기, 게임기, 신용카드, 고급 장난감 등 자녀의 눈높이에 맞게 해 주려고 하는 것이 대다수의 부모 마음일 것입니다. 나는 자녀에게 진정으로 해 주어야 할 선물은 다름이 아닌 '스승'이라고 말하고 싶습니다. 자녀가 평생을 살아가는 데 도움이 될 수 있는 인생의 철학이나 좌표를 키워갈 수 있는 정신을 심어 줄 스승을 찾아 나서야 합니다.

자녀를 위한 스승은 멀리 있지 않다고 생각합니다. 나만의 기준이 전부는 아니지만 몇 가지만 보게 되면 스승다운 분들을 가까운 곳에서도 찾을 수 있습니다. 첫째, 스승의 길을 걷는 자들은 책을 놓지 않는 자입니다. 이들은 매일 책을 읽고 자신의 삶을 되돌아보거나 자신의 내면의 세계를 들여다보면 늘 자신의 부족한 부분으로 인해 목말라 하는 자입니다. 학원을 찾아 나설 때 꼭 물어야 할 것이 있습니다.

아이가 가르침을 받을 학원이나 공부방의 대표께서 책은 보고 있는지 보고 있다면 한 달에 몇 권 정도를 보는지 물어보면 됩니다. 몇 권은커녕 술잔이나 든다면 그 학원은 가지 않는 게 좋다고 생각합니다. 책은 정신을 살찌우게 합니다. 정신의 밥이 채워진 스승들은 학생들에게도 좋은 영양분을 주게 되어 있습니다. 책을 통해 자신을 돌아보게 되고 책을 통해 능동적으로 대화는 원리를 깨닫게 된 것을 학생에게도 그대로 적용합니다. 학원이나 공부방의 원장이 책을 읽지 않는다면 담당 선생에게도 가볍게 물어보는 방식으로 여쭙는 것은 나쁘지 않으리라 생각합니다.

또 하나는 학원 원장이나 선생의 블로그 주소나 다른 SNS의 활동을 알려 달라고 하는 방식입니다. 이는 학원 원장이나 선생의 신상을 파헤치겠다는 의도가 아니라 어떤 생각을 품고 살아가고 있는지에 대한 것을 알아내기가 쉽기 때문입니다. 내 소중한 자녀를 위한 진정한 스승을 찾으려면 선생들이 어떤 글을 써 놓았는지를 알고 보내는 것도 중요하게 점검 사항이 될 수 있다고 생각합니다. 선생님의 SNS에 아무런 글귀도 없고 관리 흔적이 없다면 평소에 생각을 정리하지 않고 살아가고 있음을 보여 주는 것입니다.

어느 기업에서는 입사 전 직원들의 몇 년 치 SNS를 다 조사한다는 말을 들었습니다. 겉으로 보이는 것이 전부는 아닙니다. 보이는 것에 현혹되면 진정한 스승을 자녀에게 소개해드릴 수 없게 됩니다. 자녀를 위한다면 지금부터 두 가지는 기본적으로 생각해 보시고 접근하시기 바랍니다.

교재를 묻거나 교육 방식을 묻거나 하는 것은 모두 겉만 보는 것입니다. 수박도 겉을 봐서는 속을 알 수 없습니다. 겉면과 속이 같은 토마토와 같은 스승을 찾기란 하늘의 별 따기입니다. 우리의 선조들도 맞수 간에는 지적인 논쟁을 하지만 자신의 자녀는 꼭 논쟁하는 상대방에게 맡기는 경우가 많았습니다. 진정한 스승이 누구인지 알았기 때문입니다. 자녀에게 최고의 선물을 해 주십시오. 이는 황금을 주는 것보다 값진 것입니다.

무지한 자와 지혜로운 자

무지한 자는 지식을 말하고 지혜로운 자는 경험한 지혜를 논합니다. 지금 우리에게 필요한 것은 어려운 말을 섞어가며 말하는 자들의 목소리가 필요한 것이 아니라 누구나 다 이해할 수 있는 언어의 말로 풀어내는 지혜로운 자의 말이 필요한 것은 아닐까요?

'학(學)'을 내세우는 사람들의 약점은 이렇지 않을까 싶습니다. 자신들이 배우고 아는 바를 말할 뿐 자신이 깨닫게 지혜는 전수하지 못합니다. 이유는 간단합니다. 아는 바가 곧 지혜인 줄 착각하고 지식을 지혜로 숙성시키지 않은 결과에 대한 증거물일 수 있습니다. 대한민국 교육의 약점은 지혜로운 스승을 찾기가 하늘의 별 따기라는 것입니다. 지금은 지혜로운 스승이 필요한 시기입니다.

사람들은 지혜로운 스승의 목소리를 목말라합니다. 지혜로운 스승의 목소리는 달콤하지 않습니다. 쓴소리인 경우도 있습니다. 이들의 소리는 들으면 들을수록 세상이 밝게 보이기도 합니다. 무지한 자의 소리는 들으면 들을수록 마음이 불편해지다 못해 불안해집니다. 어두워집니다. 방향을 잃어버릴 수도 있게 됩니다. 지혜로운 자는 상대방에게 관심을 두고 살아갑니다. 무지한 자는 상대방보다는 포식자처럼 상대를 자신의 먹이로 생각을 합니다.

피를 흘리는 경쟁의 시대에도 지혜로운 스승들과 함께 하는 자들은 살아남는 길을 압니다. 지혜로운 자를 따르는 자는 삶의 의욕이 넘쳐납니다. 가정에 평화가 넘쳐나게 되어 있습니다. 지혜로운 스승은 상대의 마음을 헤아립니다. 상대를 위하는 척하며 피를 뽑아 먹지 않습니다. 진심으로 상대를 위하는 말을 하고 행동도 그렇게 합니다. 지금은 무지한 자들의 소리와 몸짓을 조심해야 합니다. 이들은 아는 척하고 배운 척하며 현란한 언어로 상대가 이해하지 못하는 전문용어를 써가며 학부모에게 말하는 것이 있습니다. 자녀 교육에 철학이 있거나 기준점이 있는 학부모는 누구의 말에도 흔들리지 않지만 그렇지 않은 학부모는 바람의 방향에 따라 흔들리게 됩니다. 물결이 출렁이는 대로 움직이게 되어 있습니다.

지금은 무지한 자를 경계해야 합니다. 무지한 자는 지혜가 없는 자들입니다. 학부모는 학원가를 방문하실 때에 꼭 점검하셔야 할 것이 있습니다. 학원 관계자께서 학부모와 학생의 관점에서 쉬운 용어를 써가며 이야기를 하는지 아니면 이곳저곳에서 들었던 말이라 단어는 아는 듯한데 익숙한 용어가 아니면 그 학원은 조금 미뤄 두시는 것도 나쁘지 않을 듯합니다. 현란한 말솜씨보다는 진실한 이야기를 하는 곳을 찾아 나서기 바랍니다.

자녀 공부에 관해 이야기하시는 분의 교육철학이 무엇인지를 물어

보서야 합니다. 지혜가 있는지 없는지를 아는 것은 학생을 향한 철학을 한마디로 설명할 수 있으면 그곳은 가도 좋다고 생각합니다. 자녀를 위해서도 지혜로운 스승을 찾아야 합니다. 지금은 더욱더 그렇습니다. 학부모들께서 하시는 말씀은 "어느 학원이 잘 가르치나요?"입니다. 나는 잘 가르치는 학원보다 어느 학원의 선생께서 지혜로우신 분이신가를 찾아 나서는 게 더 옳다고 생각합니다. 무지한 자들에게 자녀를 맡기게 되면 자신도 눈이 멀었기에 수많은 학생으로 수렁으로 이끌고 갈 수 있기 때문입니다.

지금 이 시대에는 많이 아는 자가 필요한 것이 아닙니다. 세상을 뚫어 보는 지혜로운 자가 필요합니다. 이런 스승을 찾아 나서길 바랍니다. 학부모께서는 지혜로운 스승을 찾아 나서야 합니다. 지혜로운 자를 찾기란 하늘의 별 따기지만 어느 하늘엔가 있을 것입니다. 지혜로운 스승을 분별하는 눈을 만드는 것은 학부모의 몫입니다. 학부모께서 지혜로운 스승을 볼 수 있는 눈을 가져야 합니다. 그때야 비로소 보입니다.

세월을 보낸 후에 "내가 잘못 선택했구나." 하고 깨닫게 되면 늦는 것입니다. 지혜로운 학부모는 절대 무지한 자에게 자녀를 맡기지 않습니다. 여기서 무지한 자는 다시 말씀드리지만 배운 것은 많은데 배울 게 없는 자들입니다. 이들은 많이 배웠으므로 인해 더는 배우려 하지 않는 자를 의미합니다. 학부모는 귀를 열고 마음을 열고 찾아 나서야 합니다. 자녀의 미래는 학부모의 잘못된 선택으로 인해 생채기를 안고 살아갈 수 있기도 하고 지혜로운 선택으로 말미암아 지혜로운 스승을 만날 수 있습니다.

지금은 어느 때보다 지혜를 갖고 살아야 합니다. 지혜는 지혜 학원이 개설된다고 가능하지 않습니다. 학교에서도 불가능할 수 있습니다. 지혜는 얻고 싶다면 지혜를 찾아 나선 스승을 만나야 합니다. 지혜로운 스승은 배움을 멈추지 않는 자들입니다. 자신이 얼마나 무지한지를 깨닫고 스스로 공부를 멈추지 않는 자들입니다. 나는 이들이 누구인지 모릅니다. 내가 알았다면 나는 내 인생을 걸고 그 스승에게 내 인생을 맡겼을 것입니다. 아쉽게도 내 짧은 생애에도 나는 아직 그런 스승을 만난 적이 없습니다. 언제 만나 뵐 수 있을까요? 매일 독서를 하지만 아직 묘연하기만 합니다.

질문의 힘을 아십니까?

질문하는 즐거움을 아십니까? 나는 질문하는 즐거움을 많이 경험했고 지금도 질문하기를 즐겨 합니다. 누구든 질문을 받게 되면 생각이라는 것이 작동하게 되어 있습니다. 나는 학생들에게 질문할 때에 그들이 답변을 못 할 질문은 하지 않습니다. 이를 열린 질문이라고 해 두겠습니다. 언제나 답을 말할 수 있는 정확히 표현하자면 순수 자기 생각을 말할 수 있는 질문을 합니다. 질문에 답을 말할 때 질문자의 의도에 맞는 답을 말하는 것을 가능한 거부 합니다. 질문자의 의도에 맞는 답을 말하게 되면 학생은 수동적인 사고체계가 형성될 확률이 높아집니다.

작금의 학생들은 이야기나 말을 할 때 옆에서 누구도 말을 하지 않았음에도 불구하고 옆 사람을 의식합니다. 자기 생각이 중요한 것이 아니라 옆 사람이 자기 생각을 어떻게 해석할까를 더 두려워합니다. 우리의 교육은 자기 생각을 말하는 법을 알려 주기보다는 정답이 말하는 교육을 받았기 때문입니다. 아직도 정답을 말하지 못하면 무식한 자로 취급하는 상황이 그대로 전개됩니다. "그것도 모르냐? 너는 틀렸다."라는 식으로 낙인을 찍어 버립니다. 교육은 정답 맞히기가 아닙니다. 이것은 공교육의 실체를 아는 것에서 시작되는 것입니다.

우리의 학부모께서도 스스로 질문을 던져야 합니다.

"내가 지금 내 자녀를 위해 학원, 공부방, 과외 기타 등등에 집중하는 이유가 뭐지?" "아이들의 행복인가? 내가 기쁨을 얻기 위함인가?"

"그럼 지금 내가 내 자녀가 각종 교육 시설에 다니기 전보다 행복해졌나?"

"나와 우리 아이는 이대로 가면 더 행복해질 수 있을까?"

"지금 내 아이는 자신이 배우는 과정을 재미있다고 할까? 아니면 힘들다고 할까? 힘들다고 한다면 어떻게 하는 게 더 나은 삶일까?"

"나를 위한 것일까? 아이를 위한 것일까?"라는 식으로 지속해서 스스로 질문을 해야 합니다.

대한민국에서는 질문할 때에도 질문을 받을 때도 자유로움이 없습니다. 질문을 주고받는 자 모두 경직됩니다. 내가 보는 견해는 질문자는 자신의 질문이 수준이 낮거나 엉뚱한 질문을 했다고 핀잔을 들을까 두려워하는 것으로 생각합니다. 질문을 받는 자들은 자신이 모르는 질문을 받으면 난처할까 봐 그럴 경우도 있을 것입니다. 앞서 질문자가 생각하듯이 질문다운 질문을 못 한 것으로 인해 가소로움을 느낄 수 있을 것입니다. 나는 이 두 가지의 경우를 많이 봤습니다. 나는 어떤 질문이든 이야기를 할 수 있도록 기회를 주어야 한다고 생각합니다.

나는 수업 시간이건 토론 시간이건 우리나라의 학생들이 정해진 답을 요구하는 것을 찾느라 머리를 쓰는 것을 보면 "저들이 문제 맞히는 기계인가?" 하는 생각이 듭니다. 성인이 된 분들은 아실 것입니다. 아니 어린아이라도 알 것입니다. 살아가는 것이 배운 대로 되지 않는다는 것을 말입니다. 삶은 교과서에서 배운 대로 풀어지지 않습니다. 지금 배우는 것들은 주로 죽은 질문을 하는 경우가 많습니다. 죽은 질문은 정답만 요구하는 질문입니다. 지금 자녀들에게 필요한 것은 살아 있는 질문을 하는 법을 가르쳐 주어야 합니다. 나는 학생들이 배움의 현장에서 질문하는 것을 보면 도대체 대화하는 법은 익혔나 하는 생각이 들곤 합니다.

바른 질문법은 상대를 향해 자신감을 상승하게 만들고 서로 간에 관계를 건강하게 만들 수 있다고 보기 때문입니다. 여기서 말하는 바른 질문법은 정해진 답이 없어야 한다는 것입니다. 질문이건 답변이건 정해진 답이 있는 질문과 답은 건강한 것이 아닙니다. 이는 사고의 확장이 일어나지 않게 되기 때문입니다. 앞서 언급한 대로 죽은 질문이고 답입니다. 바른 질문은 건강한 정신과 육체에서 나옵니다. 질문이 건강하면 답도 에너지 넘치는 답이 도출됩니다. 상대가 이해하지도 못하고 말도 안 되게 어려운 질문을 던지는 경우와 말을 꼬아 상대방을 골탕 먹이기 식으로 질문하는 이들은 정신적으로 건강하지 못한 것입니다. 이렇게 유희하는 자들은 질문하면서 "너 같은 애들은 이런 질문을 이해 못 할 거야!"라며 무지한 자(아는 것은 많지만 지혜가 없는 자)의 모습을 보이며 가르치는 자들입니다. 이런 이들은 꼭 피해야 합니다. 이런 자들은 사람들의 정신을 갉아먹기 때문입니다.

질문으로 인해 한 사람의 인생이 바뀐다면 그 말이 믿어지십니까? 나는 질문 하나로 수많은 학생이나 어른들의 인생이 바뀌는 것을 경험했습니다. 그 비밀은 질문에서 찾을 수 있습니다. 누군가가 건강한 질문, 바른 질문을 받게 되면 사람의 두뇌와 육체는 자신감이 상승하게 됩니다. 이런 자신감으로 인해 행복한 인생을 살아가게 됩니다. 누구든 행복할 권리가 있지만 모두 이 권리를 누리는 것은 아닙니다. 어떤 위기나 기회가 오든 계속해서 질문해야 합니다. 이런 과정을 통해 인생이 어떻게 변화되는지 보게 될 것입니다.

오래전의 일입니다. 한 학생이 내게 상담을 요청했습니다. 학생에게 무슨 사연이 있었는지 나는 모릅니다. 이 학생은 자신은 머리가 나쁘다고 말을 했습니다. 나는 장난기가 발동했습니다(당시에는 그랬습니다. 나는 결혼하지 않은 청년 시절이었으니까요). 내게 온 학생은 자신감도 없어 보이고 어깨는 축 처져 있었습니다. 나는 학생에게 질문을 던졌습니다. "그럼 내가 증명해 줄까? 네가 얼마나 머리가 좋은지?"라고 말했습니다. 학생은 나에게 되물었습니다. "진짜로요? 그게 가능해요?" 나는 그 학생을 화이트보드가 있는 공간으로 데리고 갔습니다. 나는 단순한 질문을 던졌습니다. 정해진 답이 없는 질문을 던졌습니다. 나는 이 학생에게 한마디의 가르침도 주지 않았습니다. 계속해서 질문만 했습니다. 2시간이 넘게 질문을 했고 학생은 계속해서 자신이 생각하는 답을 말했습니다.

여기서 주의해야 할 것은 정해진 답이 아닌 학생이 생각하는 답을 말하게 했다는 것이 중요합니다. 곧 학생의 생각을 끌어내는 게 중요한 것입니다. 어떻게 가르치지 않고 2시간 이상을 말할 수 있을까요? 그것은 질문에 정답을 요구하는 것을 지워 버리면 가능합니다. 나는 이 학생과 긴 시간 질문하고 학생이 말하는 해답을 듣는 중 학생은 손뼉을 치며 내게 이렇게 말했습니다. "이제 조금 알 것 같습니다." 나는 조금씩 깨달아 가는 학생에게 이렇게 질문했습니다. "이 화이트보드에 쓴 내용이 내가 너를 가르친 거니?"라고 말했습니다. 학생은 내게 답하기를 "아니요?"라고 말하면서 "아~ 이제 알았습니다. 감사합니다."라고 말하고 그날 함께 웃으며 헤어졌습니다.

　당시에 4년이라는 세월이 지난 후 들려온 소리는 그 학생이 고려대학교에 입학했다는 것이었습니다. 당시 그 중학생 아이는 성적도 낮았고 자신감도 없이 무기력하게 살아가고 있었던 때였습니다. 질문만으로도 사람을 살릴 수 있음을 경험한 것입니다. 질문을 잘 던지면 상대방은 살아납니다. 정답을 요구하는 질문을 하게 되면 쌍방 간에 죽게 되어 있습니다. 그렇다고 무턱대고 질문을 시도하는 것은 서로 간에 관계를 악화시킬 수 있습니다. 나는 학생을 만나면 관계에 중심을 둡니다. 지혜를 나눔에는 인격적 만남이 선행되어야 하기 때문입니다. 사람이 무엇을 나누든 서로 간 인격적 공유가 일어나야 그때부터 배움과 질문이 시작된다고 보기 때문입니다.

공부하지 말고 공부하게 해 주세요

전 세계의 국가들이 공부에 열을 올리고 있습니다. 가난한 국가든 부자 국가든 인재양성에 모든 것을 투자하는 듯해 보입니다. 특히, 재정과 사회적 지위가 높은 사람들과 소수의 상류계층의 경우는 일반 사람들이 받을 수 없는 고난도의 교육은 기본이고 더 나아가 귀족훈련이라고 하면 이상하게 들릴지 모르겠지만 그들은 그들만의 교육을 따로 받습니다. 이를 두고 일명, '귀족교육' 또는 '부자교육'이라고도 합니다. 그래서일까요? 나는 내 자녀에게 공교육은 공부하든 말든 크게 비중을 두지 않습니다. 오로지 귀족교육에 모든 에너지를 쏟고 있습니다.

일반교육이든 귀족교육이든 자녀에게 교육을 통해 더 나은 미래를 안겨 주고 싶은 것은 모든 부모의 꿈일 것입니다. 부모의 마음은 모두 "너는 나보다 더 행복한 미래를 살아가기를 바란다. 나도 예전에 공부했기 때문에 남들과 다른 것을 누리며 살아가는 것이다. 내가 너를 밀어줄 테니 힘들어도 버티어 봐라."라고 하지 않을까요? 가난한 가정에서는 어떨까요? "내가 가난하게 사는 이유는 내가 못 배워 그런 것이니 너는 이 가난에서 벗어나기를 바란다. 한국에서 성공하려면 공부를 해야 한다. 공부만이 너의 신분을 바꿀 수 있다. 내가 너를 위해 기꺼이 희생을 감수할 수 있다. 너는 열심히 공부만 해라." 귀족교육을 모르는 부모들은 약간의 재정적 여유가 있든 없든 같은 일반교육의 틀에서 뛴다는 것입니다. 일반교육의 틀에서만 뛰게 되면 신분의 변화를 주기가 힘들게 됩니다.

신분 세탁에서 가장 빠르게 상승할 수 있는 것은 공부라고 생각하는 것은 대한민국뿐 아니라 다른 나라 사람들도 모두 다 아는 사실일 것입니다. 누구는 내게 "신분 상승하는데 공부를 해야 한다고요? 이 지겨운 공부를 평생 하라고요?" 사실 공부는 지겹지 않았습니다. 공부의 이치를 깨닫지 못했을 때도 공부는 재미있었습니다. 공부의 이치를 몰랐는데 어떻게 그 재미를 알았을까요? 공부는 알아 가는 즐거움을 주기 때문입니다. 아이가 어렸을 때를 기억해 보시면 쉽게 이해가 될 것입니다. 아이는 자라면서 재미있던 공부가 어느 순간 재미없는 공부로 바뀐 것입니다. 그렇게 재미있던 공부가 재미없다는 것으로 교체된 이후부터 아이는 공부에 담을 쌓기 시작한 것입니다. 자녀의 공부가 지겨워지도록 하는 일조를 한 분은 첫 번째로 학부모입니다.

학부모들께 책임을 전가하며 "당신들이 나쁩니다."라고 말씀드리는 게 아닙니다. 아이가 재미있어하는 공부를 재미없는 공부가 되도록 유도했다는 사실을 알려드리는 것입니다. 아이가 처음 공부를 접했을 당시에는 공부를 재미있어했을 것입니다. 공부를 싫어한 아이는 없습니다. 장애를 갖고 태어난 아이도 처음에는 공부를 재미있어합니다. 곰곰이 떠올려 보시기 바랍니다. 자녀가 유치원에 들어가기 전의 모습을 말입니다. 아장아장 걸으며 말을 하기 시작할 때에 얼마나 많은 질문을 쏟아 내었습니까? 당시의 아이는 그 많은 질문을 쏟아 내어도 지치지 않았을 것입니다. 아이는 엄마를 졸졸 따라다니며 궁금한 것을 계속 물었을 것입니다. 계속 질문을 받는 엄마는 아이에게 답을 주느라 정신이 없었을 것입니다. 이때 아이는 공부의 맛에 빠져 지냈던 것입니다. 엄청난 분량의 책을 즐겨 읽었으며 모든 것을 관찰하며 탐구했을 것입니다. 어린 시절부터 공부의 즐거움이 무엇인지를 알았을 것입니다.

당시에는 아이는 "공부가 이렇게 재미있을 수 있을까?"라는 표현은 하지 않았겠지만 알아 가는 즐거움에 빠져 시간 가는 줄 몰랐을 것입니다. 지금처럼 지치기는커녕 알고자 하는 지적 갈증에 계속 목말랐을 것입니다. 눈에 보이는 세상은 모든 것이 호기심 덩어리였을 것이며 질문에 질문을 낳는 신비가 있었을 것입니다. 질문하면 할수록 행복했을 것입니다. 알쏭달쏭 즐겁기만 했을 것입니다. 어느 날부터 먹구름이 드리우기 시작했을 것입니다. 호기심도 지적 갈증도 질문하는 것도 서서히 사라져 가기 시작했을 것입니다. 아이들이 궁금해하지 않는 것은 계속해서 외워야 할 것이 많아지고 시험을 치러야 한다는 부담감이 생겨나면서 시작되었을 것입니다. 아이가 질문하면 생각할 기회를 주기보다 바로 답을 주었기 때문일 것입니다. 처음에는 아이는 답이 바로 나와 행복했었을 것입니다. 고민하지 않아도 해결이 되었으니 말입니다.

시간이 지나면서 아이의 맑은 눈빛은 서서히 힘을 잃어 갔을 것입니다. 늘 질문했던 예쁜 입술도 호기심으로 가득 찬 생각 주머니는 더는 이상 작동하려 하지 않았습니다. 가족들끼리 이야기를 하는 부분도 말수가 줄어듭니다. 가족 간에 이야기하려고 하면 "너 숙제했니? 공부했어?"라는 식의 말을 듣고 마음이 닫힙니다. 기승전결이 모두 공부 이야기입니다. 아이는 그렇게 자라고 성장했습니다. 학교에 들어가니 유치원 때보다 더 조용히 있어야 했습니다. 학교 교실에서 질문했다가 우스운 꼴을 당한 반 친구의 모습을 보며 '저렇게 하면 반 친구들의 비웃음을 사는구나.' 하면서 서서히 공부하는 즐거움이 사라졌을 것입니다. 초등학교에서는 유치원 때보다 더 강했습니다. 선생님의 말씀에 귀를 기울이지 않으면 혼이 날 것만 같습니다. 어린 나이였지만 유치원에서 대략 배워 익힌 것이 있었기 때문에 학교생활에는 어렵지 않게 적응을 했습니다. 무조건 가만히 들으면 된다는 것쯤 눈치로 알아낼 수 있었습니다. 몰라도 질문하기보다는 침묵하면 중간은 간다는 말의 의미는 경험을 통해 깨닫게 되었습니다.

학생들이 공부를 서서히 놓게 된 것은 유치원 때부터일 것입니다. 초등학교 때 아니면 중학교, 고등학교 학생마다 다 차이는 있겠지만 학생들은 공부할 이유를 찾지 못했습니다. 공부한 선생님께서 오셔서 강의하시면 학생인 자신들은 잘 들으며 '저 강의는 알찬 강의네' '이번 강의는 재미가 없네.' 별의별 상상을 하며 지겨운 강의를 수없이 들었을 것입니다. 교장 선생님께서 각 교실의 풍경을 바라보시며 "열심히 잘하고 있군." 하고 생각하실지 모르는 일입니다. 학교에서나 외부 교육 시설에서 공부를 제일 열심히 하는 이들은 학생들이 아닌 가르치는 분들이라는 것은 다 아는 사실입니다.

유명한 교사 그늘에서 배우면 배울수록 학생들은 점점 공부하는 힘을 잃어 가게 되어 있습니다. 가르침을 주는 교사는 학교에만 계시지 않습니다. 학원에는 강사가 계십니다. 학원에서 종사하시는 분들은 학교 교사께서 가르치는 것은 아무것도 아닌 것처럼 느껴지게 했습니다. 학원의 강사는 학교 교사보다 더 열심히 공부하십니다. 학교 교사나 외부 강사가 열심히 공부하면 할수록 학생들이 공부할 기회는 점점 사라져 가게 되어 있습니다. 우리의 학부모께서는 이 사실을 기억해야 합니다. 이 사실을 간과한 후에 "잘 지도하시는 선생님을 찾습니다." "좋은 학교 배정받아야 하는데……."

여기에 한 단계 더 나아가 어머니들이 움직입니다. "어느 학원이 유명해요? 어느 강사가 잘 가르쳐요? 요즘 뜨는 강사가 누구일까요?" 이 말은 본질을 놓치고 하는 질문인 경우라고 보시면 됩니다. 진짜 잘 가르치는 교사는 학생의 지적 호기심을 자극하는 교사입니다. 이들의 명칭은 중요하지 않습니다. 교사, 강사, 코치, 컨설턴트든 중요하지 않습니다. 이들은 학생이 스스로 공부하도록 유도하여 유치원 때의 기억을 되살리게 하는 분들입니다. 이들은 학생들에게 스스로 공부하게 합니다. 이들은 학생이 스스로 공부의 성취감을 느끼도록 모든 에너지를 쏟습니다.

이들이 학교 교사이든 학원 강사이든 학생이 스스로 공부할 수 있도록 한다면 진짜 고수입니다. "에이, 말이 되는 소리를 하세요. 그런 게 어디 있어요. 가르침을 주지 않는데 학생이 스스로 공부를 한다고요?"
"'세상에 이런 일이'라는 TV 프로에 나올 만한 이야기네요."라고 할지도 모르겠지만 사실에 근거하여 드리는 말입니다. 교사가 칠판에 서서 강의하는 풍경은 이렇습니다. 학생은 열심히 공부하는 교사를 평가하거나 구경하는 꼴이 되고 마는 것입니다. 이런 환경에서 공부한 학생은 들으면 들을수록 자주성이 떨어지게 되며 새로운 것에 대해 도전을 두려워하는 인간으로 변화되고 맙니다. 우리는 다시 아이들에게 질문하는 법을 익히도록 해야 하고 생각하는 법을 찾아 줘야 합니다. 우리의 아이들이 스스로 문제 해결하는 능력을 기를 수 있도록 해 주어야 합니다.

어떻게 하면 아이들이 다시 배움의 열정을 되찾을 수 있을까요? 그것은 기다림입니다. 끊임없는 기다림입니다. 기다림에는 신뢰가 바탕이 되어 있어야 합니다. 상대를 믿지 못하면서 변화되기를 바라는 것은 말이 되지 않습니다. 나는 수없이 많은 사람이 변화되는 것을 목격했습니다. 내 삶에서 행복했던 시간은 사람들이 건강한 면으로 바뀌는 것을 보는 기쁨이 있었기 때문입니다. 이에 보너스로 학생을 깊이 만나게 되면서 학생이 주도적인 모습으로 바뀌는 것을 셀 수 없이 많이 목격했습니다. 사람은 누구든 좋은 면으로 바뀔 수 있습니다. 그 시작은 "공부하지 말고 공부하게 해 주면 가능합니다."

2장

공부의 즐거움에
빠지다

영원히 1등 하는 법

스티브 잡스 하면 떠오르는 명문장이 있습니다. "다르게 생각하라 (Think Different)." 이 말이 한국에 알려졌을 때 한국 사람들은 이 한마디의 말을 듣고 질문하기 시작했습니다. 아니 질문이라기보다 방법론을 물었다는 것이 정확한 표현일 것입니다. 마치 이 시대의 아이들이 "선생님, 이 문제 안 풀려요. 어떻게 해요. 알려 주세요." 하는 것과 똑같은 방식이었습니다.

한국의 공교육의 현장에 있는 학생들에게 "다르게 생각하라(Think Different)."라는 말을 하면 어떻게 반응할까요? 아마도 교사에게 여쭈어보려고 하겠지요. "선생님 어떡해요? 다르게 생각한다는 게 뭐에요?"라고 질문하지 않을까요? 내가 너무 비약적으로 생각하고 있는 것일까요? 학생들이 질문하는 것은 "방법론이 뭐에요."라고 묻는 것입니다. 질문 앞에 가르치는 자는 아주 친절하게 예시를 들어 설명해 주시지 않을까요? 교사의 친절한 안내를 들은 학생들은 머릿속에 암기하든지 아니면 종이에 기록하든 다르게 생각하라는 정의를 머릿속에 넣으려고 노력할 것입니다. 이런 학생들은 이미 다르게 생각한다는 것을 놓치게 되는 것입니다.

지금 우리 교육의 난제는 학생들이 스스로 생각하는 힘을 잃어 가고 있는 것은 아닐까요? 무엇이든 스스로 생각하고 글로 표현하는 것도 누구의 도움을 받기보다는 두려움이 없이 자신이 해결해야 합니다. 혼자서는 못한다는 두려움을 거둬내어야 합니다. 학생들이 기억해야 할 것은 남들이 만들어 놓은 기준점을 지워 버려야 한다고 생각합니다. 기준점을 따라 생각하고 쓰는 것도 말로 표현하는 것도 타인의 기준점에 맞추게 되면 그 학생은 다르게 생각한다는 것이 무엇인지를 경험할 수 없게 되는 것입니다. 혹시 학부모께서는 우리 아이가 기준점을 벗어나면 큰일이 나는 것처럼 생각하고 있지 않나요? 자녀들이 기준점의 틀에 머물러 있는 것에 만족하고 있지 않나요?

내게 온 학생들을 컨설팅하다 보면 웃기는 일들이 종종 있습니다. 나는 학생들이 스스로 할 수 있도록 컨설팅을 합니다. 내가 컨설팅할 수 있는 대상은 한글을 뗀 유치원 7세부터 시작할 수 있습니다. 7세 아이가 무엇을 할 수 있을까? 영어는 제대로 할까? 하겠지만 아주 즐겁게 빠져듭니다. 이때 가르침을 주면 즐거움에 빠질 기회를 빼앗는 것입니다. 스스로 할 수 있도록 힘을 부여하면 아이들의 내면에서 스스로 할 수 있다는 자신감이 솟구쳐 오릅니다. 이것은 컨설턴트인 내가 "넌 할 수 있어."라고 말을 한다고 되는 게 아닙니다. 스스로가 맡겨진 과제들을 척척 해낼 때 가능해지는 것입니다.

처음에 내게 온 학생의 특징은 이렇습니다. 자신이 스스로 과제를 해결한 후 내게 던지는 공통적인 질문이 있습니다. "이거 맞아요?" 학생들은 정답을 묻는 데 익숙해져 있으므로 자신이 한 것이 맞는지 틀리는지 온 신경을 쓰는 게 눈에 보입니다. 이 말은 "이것은 틀렸네. 이것은 아닌데?" 이렇게 말이라도 할까 두려워하는 몸짓이 보입니다. 혹여 가르치는 자가 틀렸다고 말하게 되면 그 학생은 학습 의욕이 바닥으로 상실될 수 있습니다. 부정적인 말을 들은 학생은 교사가 특별한 말을 하지 않았음에도 스스로 이렇게 생각하게 됩니다. '나는 머리가 나빠' '나는 할 수 없어' '나는 왜 이렇게 못하는 게 많지?' 이렇게 말입니다. 더 나아가면 '나도 잘하고 싶다' '나도 사랑받고 싶다' '나도 인정받고 싶다'라고 생각합니다.

나는 학생이 틀렸어도 "이것은 틀렸어."라고 말하지 않습니다. 그 말은 "너는 이것도 모르니?"라고 들릴 수 있기 때문입니다. 오히려 "맞았을까? 너는 답이 무엇이라고 생각해? 너 자신을 믿고 계속해 봐. 너 자신을 믿어 봐."라고 말하고 기다립니다. 내가 컨설팅하는 것을 흉내 낸 후 "에이, 안 되네."라고 말씀하시면 전체 그림을 안 보고 말씀하시는 것입니다.

나는 학생이 틀려도 정답을 말해 주지 않습니다. 오히려 "조금 더 생각하면 되지 않을까? 이렇게 나오게 된 이유는 뭐니? 나에게 설명해 줄래?"라고 질문하며 학생이 스스로 문제를 찾아가도록 합니다. 이것은 학생이 무엇을 아는지 모르는지 분석해서 공부하는 방식이라고 보시면 될 듯싶습니다. 일종의 메타인지라고 생각하시면 됩니다. 메타인지 학습센터를 가맹하여 공부방을 운영하시는 분께서 내게 메타인지 교재를 보여 준 적이 있습니다. 나는 메타인지 교재를 보고 내가 하는 방식을 교재로 만들어 활용하는 곳도 있다는 것을 알았습니다. 메타인지를 기술적으로만 접근한 것이 조금 아쉬웠습니다. 메타인지는 틀이 중요한 것이 아닙니다. 학생이 스스로 메타인지가 되도록 하는 것이 우선되어야 합니다. 이는 교재가 없이 어느 상황에서도 문제를 풀어 갈 수 있는 능력을 키워 줘야 한다고 생각합니다. 틀이 아예 없는 것은 문제가 되겠지만 틀에 얽매이는 교육은 치명적인 문제가 발생할 수 있습니다. 누구를 가르치든 중요한 것은 철학이 있어야 한다고 생각합니다. 교육적 철학이 없이 그냥 가르치는 것은 아이들을 그릇된 방향으로 이끌 수 있지 않을까 싶습니다. 학부모께서 학교를 선택할 때에도 유명하고 시설이 좋은 곳을 선호하지 않습니까? 학원도 마찬가지겠지요. 이때 제일 비중을 두는 것이 얼마나 성적을 잘 올려 주느냐에 따라 좋은 교사이냐 아니냐를 가름하겠지요? 나는 한 가지 더 봐야 한다고 생각을 합니다. 학생이 스스로 생각하는 힘을 줄 수 있는 교육철학이 바탕이 되어 있느냐를 분별해야 한다고 보는 견해입니다.

자녀가 교육을 받은 후 집에 와서는 "엄마, 선생님이 잘 가르쳐 주세요, 선생님이 엄청 쉽게 설명해 줘서 이해가 잘 돼요." 하는 곳이 좋은 곳일 수 있습니다. 최상급은 학생이 혼자서 생각하도록 기다려 주고 스스로 찾아갈 수 있도록 하는 스승과 같은 교사가 있는 곳이 진짜가 아닐까요? 일반적인 학생은 문제에 직면해서 질문하여 풀어낼 생각을 하는 것이 아니라 답을 먼저 묻지 않습니까? "답이 뭐죠?" 어느 경우는 질문이라는 말은 하지만 사실적인 것은 답을 묻는 경우가 더 많지 않을까요? 답을 찾아내는 데 힘을 쓰는 것은 길을 묻는 것 같지만 목적지까지 인도해 달라고 교사에게 조르는 것과 다를 바가 없습니다. 이는 철학을 묻는 것이 아니라 방법론을 묻는 것입니다. "다르게 생각하라." 스티브 잡스에 의해 유명해진 말입니다. "도대체 어떻게 다르게 생각하라는 거야?" "다르게 생각한다는 게 뭐야?" "다르게 생각하는 것에 대한 매뉴얼은 없나?" "매뉴얼이 있어야 다르게 생각하든 말든 할 것 아니야."

스티브 잡스의 '다르게 생각하라'라는 말의 의미를 공교육에 의해 잘 길들여진 아이들이 알기는 할까요? 우리나라는 스스로 생각하는 법보다는 전달된 지식을 머릿속에 암기하는 훈련은 잘되어 있습니다. 암기된 것을 자신의 말로 표현하는 것은 힘들어하지만 머릿속에 있는 것을 그대로 말하라고 하면 어렵지 않게 발표를 잘합니다. 감사한 것은 모든 사람이 다르게 생각한다는 것이 무엇인지 인지를 못 하고 살아가고 있지는 않다는 것입니다.

나는 배우고자 하는 욕구가 강한 탓에 수많은 세미나를 참석했습니다. 이때 신기한 것을 목격했습니다. 세미나를 주관하는 협회에서 외국에서 좋은 교육 도구를 가지고 와 한국에 있는 사람들에게 강사 훈련을 시킵니다. 강사는 열정적으로 이렇게 저렇게 해야 한다고 강의를 했습니다. 그렇게 시간이 흘렀는데 제대로 실행하는 사람들은 거의 없었습니다. 나중에 세미나를 주최한 협회에서 깨닫게 된 것은 매뉴얼을 주어야 함을 알았다고 했습니다. 세미나를 주최한 협회는 매뉴얼 과정을 따로 신설하여 사람들에게 알려 주었습니다. 참석자들은 매뉴얼 과정에 참석하여 하나씩 받아 적기에 바빴습니다.

사람들은 어른이 되어도 혼자서 무엇인가를 해결할 힘이 없다는 것을 목격했습니다. 나는 이렇게 된 원인을 교육에 있다고 봅니다. 교육이라는 것을 통해 학생을 지적으로 사육하고 있는 것이 가장 큰 요인이라고 봅니다. 혼자서 완벽하게 생각하는 훈련이 되지 않은 학생은 "다르게 생각하라"라는 말의 깊은 의미를 모르니 다르게 생각하라는 방법론에 관한 책을 하나 더 사서 보는 웃지 못할 광경이 연출되는 것입니다.

나는 학생들에게 본질을 말해 줍니다. 유치원 7살 아이에게도 본질을 말해 줍니다. 누구든 본질을 기반으로 문제를 풀어 가게 합니다. 이 부분이 해결되지 않은 학생들은 계속 정답을 묻습니다. "어떻게 해야 해요?"라는 질문은 상대에게 답을 얻지 못합니다. 진정으로 답을 얻고 싶다면 스스로 자신에게 물어야 합니다. "어떻게 해야 하지?" 여기서부터 '다르게 생각하라'가 시작되는 것입니다. 자녀가 영원히 1등을 이기고자 한다면 다르게 생각하는 법을 익히면 됩니다. 영원히 추격자가 없게 따돌리는 길은 다른 길을 만드는 것에서 시작되는 것입니다.

프레임을 없애야 삽니다

고속도로를 타고 가며 듣는 라디오는 귀에 쏙 들어옵니다. 어느 날은 혼자서 깔깔대며 웃게 만들고 어느 날은 눈물이 핑 돌게 만들기도 합니다. 라디오에서 들려주는 퀴즈 맞히기는 은근 재미가 있습니다. 하루는 한 라디오 방송에서 퀴즈 비슷한 이야기를 해 주었습니다.

"한 절에서 큰 스님께서 마당을 쓸고 있던 동자승에게 다가서서 동자승이 서 있는 곳을 중심으로 원을 그려 놓은 후 한마디 말을 남기고 마을로 내려갔다고 합니다.

그 한마디는 이랬답니다. "너는 이 동그란 원에서 벗어나도 절을 떠나야 하고 동그라미 안에 있어도 절을 떠나야 한다. 내가 돌아올 때까지 이 해답을 풀어내지 못하면 절에서 쫓겨날 줄 알아라."라는 말을 남기고 마을로 가셨다고 합니다. 이 동자승은 큰 스님의 알 수 없는 이 질문에 답을 해결하고자 곰곰이 생각했다고 합니다. 해가 지기 전 큰 스님께서는 절로 돌아오셨고 이 동자승은 절을 떠나지 않게 되었다고 합니다. 라디오에서는 "청취자 여러분은 이 동자승이 어떻게 했기 때문에 절을 떠나지 않았을까요?"라는 문제가 나옴과 동시에 나도 모르게 라디오의 진행자가 하는 말을 가로채어 정답을 말했고 그 후 진행자의 답이 라디오를 통해 전달되었습니다. 정답은 큰 스님이 그려놓은 동그란 선을 지워버린 것입니다. 별거 아닌데 뿌듯했습니다. 나는 이 문제를 학생들에게 내곤 합니다. 아직 한 번에 맞춘 학생은 못 만났습니다. 이 문제를 내는 것은 다르게 생각해 보라는 것입니다.

나는 대한민국 서울의 마포구 아현동에서 출생했습니다. 조상들부터 내 때까지 5대째 서울에서 살았습니다. 5살 때까지는 아버지의 번창하는 사업으로 인해 동네의 아이들에게 먹을 것을 많이 사주었습니다. 이후 아버지의 사업 실패로 인해 내 어린 시절은 고난의 연속이었습니다. 가부장적 사고를 갖고 계신 아버지는 늘 예의를 중요하게 여겼고 아버지는 자녀들에게 절대복종을 요구했습니다. 이런 환경에서 자란 내가 생각의 프레임을 깬다는 것이 쉽지 않았습니다. 거의 불가능한 수준이었습니다. 군인 출신의 아버지는 언제나 확실한 틀이 있었습니다. 나는 7살 때부터 이불을 정리하여 장롱에 넣을 때 각을 잡는 법을 배웠습니다. 7살 나이부터 원산폭격이라는 얼차려를 받으며 어린 시절을 보냈습니다. 오죽했으면 9살 나이에는 원산폭격이 너무 싱거워 잠을 잤습니다.

이런 말도 안 되는 환경에서 자란 내가 틀을 깨고 나온다는 것은 불가능 그 자체였습니다. 이런 내게 틀을 깨도록 하는 사건이 있었습니다. 초등학교 6학년 수업 시간에 선생님께서 내게 질문을 했고 나는 정답을 말했습니다. 하지만 선생님은 어린 나를 학생들 앞에서 놀림감으로 활용하셨습니다. 나는 심한 모멸감을 느꼈습니다. 이때 선생님과 다른 학생들은 박장대소하며 웃었습니다. 나는 이때 심한 수치심을 느꼈습니다. 나는 그날 이후부터 "선생님의 가르침을 받아야만 배울 수 있는가?"라고 생각하기 시작했습니다. 교수의 강의를 들을 때까지도 "꼭 저 강의를 들어야 하나?" "가르침을 받지 않는 배움은 불가능한가?" 이 질문은 계속되었습니다. 20대 중반까지만 해도 답을 찾지 못했습니다.

나는 이스라엘 여행길에서 히브리대학교에 재학 중인 학생과 몇 마디의 이야기를 나눈 후 답을 찾았습니다. 그것은 질문이었습니다. 질문이 열쇠라고 생각하기 시작했습니다. 나는 질문은 만능열쇠와 같은 것이라고 생각을 했습니다. 질문만 있으면 안 열리는 것이 없다고 생각했습니다. 지금도 질문하는 자는 무엇이든 열 수 있다고 보는 견해입니다. 한국에 돌아온 후 나는 책 속에서 소크라테스의 산파술에 관한 글을 읽으며 심장이 멎는 듯했습니다. 나는 내가 만나는 학생들에게 질문을 쏟아 내기 시작했습니다.

이때부터 가르침이라는 것은 자제하기 시작했습니다. 지속해서 질문에 집중했습니다. 질문을 받은 학생들은 익숙지 않은 교육 방법에 당황했고 나는 그들의 생각을 이해시키는 게 급선무라 생각하고 한국의 교육적 상황을 이해시킨 후 다시 질문하였습니다. 내 말을 귀담아들은 학생들은 거침없이 자기 생각들을 토해내었습니다. 나는 이때 학생들에게 말했습니다. "정답은 없다고 생각하라. 해답만 있을 뿐이다." 이 말에 힘을 얻은 학생들은 말도 안 되는 생각을 쏟아 내기도 했습니다. 나는 학생들의 생각을 묵사발 내지 않고 계속 질문하고 쌍방 간에도 질문하도록 유도했습니다.

　학생들은 스스로 학습되었습니다. 마치 이스라엘의 학생들이 강의실에 들어서서 교수님들의 강의 시간에 서로 질문을 주고받다 시간이 흐름과 동시에 학생 간 질문하고 토론한다는 이야기가 재현될 때도 있었습니다. 이것이 한국에 잘 알려진 '하브루타' 교육방식이라는 것도 한국에 하브루타라는 책이 출간된 후 알게 되었습니다. 나는 당시에 질문이란 참으로 재미있다는 생각에 빠져들었습니다. 나는 지금도 계속해서 질문을 멈추지 않고 있습니다. 질문할 때에는 모든 것을 열어 놓고 생각하도록 합니다. 허무맹랑한 이야기도 "그것도 가능하겠다."라는 전제하에 시작합니다. 학생들 간 안 된다거나 불가능하다는 말은 아예 입 밖에도 내지 않도록 신신당부를 합니다. 상대방을 향해 신신당부합니다. "되지도 않을 것을 왜 시도하냐?"는 핀잔은 주는 것도 하지 말라고 말하곤 했습니다. 나는 무조건 시도해 보라고 권합니다. 혹여 안 되면 이렇게 하면 안 되는 것을 배우게 된다고 말해 줍니다.

　근간에 알게 된 것은 이렇게 하는 방식이 '문샷 씽킹(Moonshot Thinking) 사고'도 담겨 있다는 것을 알게 되었습니다. 더 나아가 '디자인적 사고'와도 접목이 된다는 것을 알고 너무 행복했습니다. 나는 이것을 통해 또 하나의 팀 프로젝트를 시행한 적이 있습니다. 목회자 부부를 포함해서 8명을 신청받은 후 M. T. P(Moonshot Thinking Project)라는 이류으로 프로그램을 진행했습니다. 이것은 20세 이상의 성인들에게 다르게 생각하고 더 나아가 미래사회에 창직(創職)을 어떻게 시도할 것인가를 주제로 공부하며 세상을 바꿔 가는 프로젝트였습니다.

　몇 달 전에 처음 시작한 이 프로젝트는 3개월간 매주 4시간씩 실행을 했습니다. 이 프로젝트에 참여한 성인들은 목회자들이었습니다. 나도 이런 과정을 처음 시도해 본 것인데 너무 좋았다는 호평을 받았습니다. 아쉬움은 3개월이라는 제한적 시간으로 인해 내가 기획한 것을 제시만 했을 뿐 결과물을 완벽하게 만들지는 못했습니다. 이 프로젝트를 통해 얻은 것은 몇몇 분들의 사고체계 전환과 실질적 생활에 변화가 일어났습니다. 자기 삶의 현장에서 변화가 일어난 이야기와 더 진일보한 행동을 보여 자신의 조직을 바꾼 사례도 몇 건 나왔습니다. 나는 이런 허무맹랑해 보이는 것도 시도하는 엉뚱한 면이 있습니다. 내 3P 바인더에는 아이디어 노트가 있습니다.

　이곳에는 내가 운영 중인 나무미래자유인문학교의 학생들과 시행할 플랫폼에 관한 프로젝트가 담겨 있습니다. 나는 나무미래자유인문학교에 학생들이 입학할 때에 입학원서만 받는 것이 아니라 정보기밀누설을 하지 않겠다는 서약서도 받아 학생들과 함께 프로젝트를 시행할 계획을 하고 있습니다. 나는 학생들에게 졸업함과 동시에 대학을 가는 것은 자유이지만 대학 이전에 창직(創職)하여 세상을 바꾸자고 제안하고 있습니다. 세상을 바꾸는 것은 나이와 성별이 필요하지 않다고 믿기 때문입니다. 오로지 다르게 생각하고 프레임을 깨기만 하면 된다고 보기 때문입니다. 기존의 생각을 틀을 깨면 재미있고 행복한 세상을 만들 수 있다고 보기 때문입니다.

　자녀들의 미래를 위하는 길에서 영어와 수학을 공부하도록 집중하는 학부모들의 모습은 자녀들의 미래에 중요한 자양분이 될 것으로 생각합니다. 자녀들을 위해 한 가지 더한다면 프레임을 깨는 훈련을 시키면 자녀들의 미래가 행복해질 것입니다. 2020년 이후의 미래사회는 틀에 갇힌 사고체계로는 세상을 이겨낼 수 없다고 생각합니다. 틀을 깨는 자들만이 세상에 우뚝 설 수 있다고 생각합니다. 대한민국은 미국의 실리콘밸리를 모방하는 곳이 여러 곳이 있습니다. 하지만 실리콘밸리의 역사를 이해하지 못하면 절대 실리콘밸리와 같은 거대 IT 군단은 만들어 낼 수 없다고 감히 말씀드립니다. 자녀들의 미래를 위해 프레임을 부숴 버려도 됩니다. 학부모께서 먼저 부숴야 자녀들도 프레임에서 쉽게 벗어날 수 있게 됩니다.

제독(除毒)이 먼저입니다

　나는 내가 만나는 학생들에게 제일 먼저 해 주고 싶은 것은 다름이
아닌 제독(除毒)입니다. "아니 제독(除毒)이라니요? 무슨 말씀을 하시
는 것입니까? 우리 아이에게 문제라도 있다는 것입니까?"라고 말씀하
신다면 이렇게 답을 드리고 싶습니다. "예, 말씀하신 대로입니다. 아이
는 지금 심각한 문제에 빠져 있는 경우가 적든 많든 있을 수 있습니다.
자신이 공부를 못한다고 생각하는 경향이 강하고 이로 인해 자신은 못
났고 무능하다고 생각을 하기도 합니다. 자신은 무엇을 해도 안 된다
고 생각을 합니다. 여기서 한 가지 점검을 하고 가고자 합니다. 아이는
성적이 낮은 것을 자신은 공부 자체를 못 하는 무능한 인간이라는 생
각이 자리를 잡게 된다는 것입니다."

　나는 학습에 지치고 자신감을 잃은 아이에게 더 많은 것을 주입하지
않습니다. 오히려 제독(除毒) 과정을 먼저 시행합니다. 제독(除毒)이
되지 않는 아이는 아무리 좋은 것을 주입해도 다시 일어서지를 못하
게 됩니다. 몇 년 전에 중의학을 공부 후 중의학 자격을 갖춘 분을 만

난 적이 있었습니다. 그분에게 내 생각을 말씀드렸습니다. "학생들이 공부하기 전에 필요한 것은 제독(除毒)이라고 생각합니다." 그은 내게 "그게 무슨 말씀인가요?" 하시면서 질문을 하셨습니다. 나는 이렇게 답을 했습니다. "배움으로 마음에 상처를 입은 아이들에게는 내면에 강한 힘이 생기도록 스스로 치유되는 경험이 선행되어야 합니다."

중의학 전공자께서 하시는 말씀이 "옳으신 말씀입니다. 사람들이 가끔 제게 찾아와 보약을 먹고 싶다며 보약을 지어 달라고 말합니다. 저는 그때 그들에게 보약을 지어 주지 않고 먼저 몸을 보강한 후에 보약을 먹으라고 이야기를 해 줍니다. 보약은 몸을 건강하게 한 후에 먹어야 제대로 된 효과가 있습니다."라고 말씀을 하시면서 내게 "잘하고 있는 것입니다."라고 말씀해 주셨습니다. 나는 내 교육철학이 이렇다고 말씀드렸습니다.

배움에 대한 자신감을 잃은 학생들에게 필요한 것은 그들이 잃어버린 자존감을 되찾아 주어야 하는 것이 선행되어야 합니다. 나는 그 시작으로 가장 기초적인 부분을 점검합니다. 성적이 낮건 높건 성적이 오르지 않는 경우는 대다수는 기초가 전혀 안 잡혀 있기 때문이라고 보는 견해입니다. 나는 대전에서 미래 교육세미나 강의를 했습니다. 한 어머니께서 휴식 시간을 통해 내게 자신의 자녀를 데리고 와서 잠시 상담을 했습니다. 이 학생은 고등학교 2학년 이과 여학생으로서 모의고사에서 수학 2등급을 맞는 것은 큰 무리가 없었다고 했습니다. 그런데 아무리 외부의 도움을 받아 공부해도 1등급에 오르지 않는다고 말을 해 주었습니다.

나는 학생에게 아주 기초적인 문제를 제공한 후 풀어 보라고 말했습니다. 난이도는 초등과 중등 수준이었습니다. 역시 기막히게 못 풀어내는 것이었습니다. 이 학생이 내게 솔직하게 말을 해 주었다면 나는 그 자리에서 "너의 약점은 이것이었고, 이제 이렇게 공부하면 너의 약점이 보강될 거야."라고 말해 주었을 것입니다. 이 학생은 기초적인 문제도 풀지 못한다는 것에 자존심이 상했는지 내게 이렇게 말을 했습니다. "제가 오늘은 감기 기운이 있어서 문제가 잘 안 풀리네요." 이 학생은 내가 제시한 초등학생 문제도 풀어내지 못했습니다. 나는 이 학생의 수학 점수가 오르지 않는 이유를 알았지만 도움을 요청하지 않았기에 더는 말하지 않았습니다. 나는 성적이 오르지 않거나 공부로 인해 어려움을 겪는 학생들에게 어려운 문제를 제시하지 않습니다. 그 학생이 전교에서 1등이건 전국 1등이건 내겐 중요하지 않습니다. 내가 선택한 방식은 가장 기초적인 것을 중심으로 묻습니다. 내가 만난 수많은 대한민국의 학생들은 어려운 문제는 잘 풀어내는 경우는 많이 봤습니다. 문제는 기초 중의 기초인 문제는 전혀 손을 못 대는 것이 99%이었습니다. 이는 실질적인 고난도에 이르게 되면 진퇴양난에 빠지게 되는 악재로 작용할 수 있다는 것입니다.

나는 학생의 점수나 등급을 물어봅니다. 또 하나 묻는 것은 외부 교육 시설에 몇 년간 다녔는지를 묻기도 합니다. 그 후 나는 학생에게 어려운 문제를 제시한 후 "너는 이런 문제도 못 푸니? 너 큰일 났다. 이래서는 서울권 대학은 못 간다."라고 말하지 않습니다. 나는 그보다 더 심각한 문제가 어디에서 발생했는지를 스스로 깨닫도록 시도합니다.

자신들의 문제가 엉뚱한 곳에 있음을 알게 된 후 학생들은 스스로 놀랍니다. 자신이 이렇게 쉬운 것도 몰랐다니 하는 표정을 지으며 나를 바라봅니다. 그 쉬운 것들로 인해 자신의 발목을 잡고 있다는 것도 당연히 몰랐음을 컨설팅을 받으면서 깨닫게 됩니다.

잃어버린 자신감은 근본적인 문제를 찾아 주어야 해결됩니다. 근본적인 제독(除毒)을 하지 않는 한 계속해서 그 문제에 잡혀 살아가게 되는 것입니다. 나는 교육의 문제를 다룰 때 누구를 만나든 기초 중의 기초를 묻곤 합니다. 이 과정을 뛰어넘은 사람이 없기에 나는 이 과정에 대한 확신이 생겼습니다. 제독(除毒)을 하려면 실체를 알게 해 주어야 합니다. 자신의 실체를 보게 되면 더는 점수가 오르지 않는 이유를 알게 됩니다. 성적이 낮은 아이들에게 필요한 것은 강력한 학습을 주입해 알려 주는 것이 먼저가 아닙니다. 우선순위는 독을 빼내는 과정이 필요하다고 생각합니다. 사람을 살리려면 사람 안에 있는 독소를 먼저 빼내어야 살아납니다. 독소를 제거하지 않고 아무리 좋은 양약을 넣어 준다고 해서 그 사람이 살아나지는 않는 것입니다. 공부하는 학생에게도 같게 해야 할 것은 독소를 제거하는 것입니다.

처음 내게 온 아이들의 공통적인 특징은 공부를 조금 하다가 묻습니다. "이거 맞아요?" 이런 이야기를 들을 때마다 슬픔이 내 온몸에 스며듭니다. 나는 아이들에게 이렇게 말을 해 줍니다. "틀려도 괜찮아. 너를 믿어 봐. 넌 할 수 있어. 틀리면 다시 하면 되는 거야. 맞히려고 하지 말고 너 스스로가 해낼 수 있다는 것만을 기억해야 해." 내게 온 아이들은 틀리는 것에 대한 두려움이 서서히 사라지는 경험을 하게 합니다. "틀려도 된다." 틀려도 용납이 된다는 것을 웃음으로 지지하며 보여 줍니다.

나는 이런 방식으로도 아이들을 제독(除毒)합니다. 하루는 한 학생이 몹시 피곤해 보이고 집중력도 떨어져 보여 "너는 공부하지 말고 좀 쉬어라."라는 말이 떨어지기가 무섭게 "학원에서는 쉬지 못해요. 계속하라고 말해요. 여기는 좋네요. 힘들면 쉬어도 되고요." 나는 "당연한 거지? 힘든데 어떻게 공부를 하니?" 그러자 "아니에요. 제가 다닌 학원은 공부만 시켜요."라고 말하였습니다. 모든 학원이 그렇지 않겠지만 내게 온 학생들의 이야기를 들으면 마음이 아픕니다. "아이들은 공부하는 기계가 아닌데……." 하고 말입니다.

나는 학생들이 힘들어하면 쉬게 합니다. 말을 많이 하는 학생이면 그 학생의 말을 가능한 한 다 듣습니다. 그래야 학생의 마음을 얻을 수 있습니다. 마음을 얻으면 공부는 일사천리로 진도가 나가게 됩니다. 지금 학생들에게 필요한 것은 제독(除毒)입니다. 그동안 공부에 지친 마음을 읽어 주고 내면에 잃어버린 자신감이 회복되도록 눈을 맞추고 이야기를 경청합니다. 그 아이들 마음에 경험에 박힌 독을 빼 주는 과정인 제독(除毒) 과정을 통해 이 아이들이 회복되기를 바랄 뿐입니다.

학부모들께서는 아이들이 공부를 잘하고 알아 가는 과정을 끝까지 가고 싶은 것을 보고 싶다면 아이의 마음에 독을 제거해 주시면 됩니다. 독을 주는 행위는 아이가 일어나 힘을 내려고 할 때 힘을 빼게 하는 것입니다. 제독(除毒)의 가장 중요한 무기는 사랑입니다. 제발 부탁드립니다. "너를 사랑해, 너를 그냥 사랑해." 이 말을 아이의 귓전에

들리도록 매일 해 주셔야 합니다. 사랑이 채워진 아이는 몸과 마음에
독이 자랄 수 없게 됩니다.

진짜 스승을 찾아서

　진짜와 가짜를 어떻게 구별할 수 있을까요? 좋은 과일과 나쁜 과일을 고르라면 쉽게 고를 수 있어도 진짜 스승과 가짜 스승을 구별하라고 하면 쉽지 않을 듯합니다. 겉으로 볼 때 화려하고 현란한 것에 더 마음이 많이 가게 됩니다. 너도나도 진짜라고 하니 "내가 진짜입니다."라고 말하는 게 우스워진 시대가 되었습니다. 상담 중 마음이 편하지 않은 이야기를 들었습니다. "선생님, 다른 선생님도 선생님처럼 이야기했어요. 그 선생님도 자기 주도적으로 공부를 시킨다고 했어요. 결과적으로 된 것은 아무것도 없습니다." 나는 할 말이 없었습니다. 학부모로서는 그동안 피해를 본 것으로 인해 누가 진짜인지를 알지 못하는 현실적인 말씀을 하신 것이기 때문입니다. 내게 찾아오는 분들은 대개는 소개를 통해 옵니다. 소개는 경험한 학부모의 소개인 경우가 다반사입니다.

　문제는 학부모들께서 소개를 안 한다는 것입니다. 음식점에서 맛있는 음식을 먹으면 사람들은 생각나는 사람들이 있습니다. '다음에는 누구와 꼭 함께 와야지' 하는 마음을 갖습니다. 하지만 자녀교육에 대해서는 그렇지 않은 듯합니다. 내 자녀만 알아야 하는 그 무언가가 있는 듯합니다. 그나마 정보력이 없는 학부모들은 헤맬 수밖에 없습니다. 그동안 시간 낭비와 재정 낭비를 하며 엄청난 수업료를 내가며 진짜는 못 찾아도 가짜 정도는 구별할 분별력은 얻어 내는 듯합니다. 진짜는 "내가 진짜입니다."라는 말을 안 합니다. 진짜는 그냥 기다립니다. 진짜는 자신을 알아보는 사람들이 찾아온다는 것을 알고 있습니다. 그들은 진짜를 보는 눈이 있는 듯합니다.

진짜를 발견한 사람들은 진짜를 소문내지 않고 조용히 움직입니다. 그래서인지 진짜를 발견하게 되면 더 가치 있게 바라보게 됩니다. 가짜는 포장지가 많습니다. 화려합니다. 구매하지 않고서는 견딜 수 없게 만듭니다. 진짜는 그렇지 않습니다. 가짜는 자신을 선택해 달라고 애원합니다. 진짜 스승은 제자를 선택합니다. 진짜 스승은 선택당하지 않습니다. 상대와 이야기를 나눠 봐도 알아챕니다. 상대가 자신을 선택할지를 어느 정도 압니다. 혹여, 선택한 후 계약을 파기해도 진짜는 깨끗하게 비워 냅니다. 진짜 스승은 몰라보는 사람에게 자신을 믿어 달라고 애원하지 않습니다.

진짜와 가짜를 구별하는 것은 어렵지 않습니다. 진짜는 배운 것을 말하지 않습니다. 경험한 것을 제자가 경험하게 합니다. 진짜는 자신이 아는 것을 늘어놓지 않습니다. 진정한 진짜는 여행담을 말하는 자가 아니라 여행을 시키는 자가 진짜입니다. 학생들에게 내 여행담을 설명해 봐야 "우와!"로 끝납니다. 진짜로 중요한 것은 내 여행담이 아넙니다. 그들이 직접 여행에 참여하도록 하는 것입니다. 보는 스포츠는 손에 땀을 쥐게 합니다. 하지만 숨이 차게 하지는 않습니다. 눈으로 보는 스포츠로는 재미의 한계가 있습니다. 직접 체험하게 해야 합니다. 공부도 듣는 공부로서는 한계가 있습니다. 들을 때는 다 아는 것 같지만 막상 혼자 문제 앞에 맞닿으면 막막해집니다.

　진짜 공부를 하게 하는 비결은 간단합니다. 스스로 경험하게 해야 합니다. 진짜는 스스로 하도록 기다립니다. 진짜는 힘들어도 학생이 스스로 일어설 때까지 기다립니다. 가짜는 어깨를 부여잡고 일으켜 세운 후에 "보세요. 섰지요. 이제 걸을 수도 있습니다."라고 하며 사람들에게 눈속임합니다. 부축한 손을 놓는 순간 와르르 무너지는 것을 학부모는 수시로 경험을 했을 것입니다. 그리고 이렇게 외칩니다. "도대체 누가 진짜입니까?" 학부모의 속은 타들어 갑니다. 설명회를 들으러 가도 희망이 아닌 절망의 소식만 듣고 옵니다. 내 아이는 해당이 안 되는 이야기만 듣고 옵니다. 다 진짜 같다는 생각만 듭니다. 오히려 학부모인 자신이 어리석게 보입니다.

　새 학기를 대비하는 시기가 되면 여기저기서 외칩니다. "내가 진짜입니다. 내 것을 구매하세요." "아닙니다. 내가 진짜입니다. 여기에 희망이 있습니다." 나 또한 외치고 싶지만 그렇게 하고 싶지는 않습니다. 이유는 나마저 그렇게 한다면 학부모들은 더 혼란스러울 것이라는 생각만 듭니다. 나는 내가 진짜라고 말하고 싶지 않습니다. 나보다 더 뛰어난 숨은 고수들이 있기 때문입니다. 나는 단지 이렇게 말은 할 수 있습니다. "나는 가짜는 아닙니다." 그것도 아주 작은 목소리로 말입니다.

나는 그동안 나를 아는 학부모들과 제자들에게 엄청 압력을 받아왔습니다. "제발 홍보 좀 하세요. 아이들이 불쌍하지 않으세요?" 나는 "아니다. 찾아올 것이다. 분명히 그들은 내게 올 것이다."라는 도인과 같은 말만 늘어놓았습니다. 말한 대로 신기하게도 찾아왔습니다. 전국에서 찾아왔다면 믿는 사람이 없을 것입니다. 오히려 "이거 완전히 가짜네!"라고 할 것입니다. 나는 이 말은 꼭 해 드리고 싶습니다. "진짜는 학생들을 가르치지 않습니다. 오히려 학생이 스스로 설 수 있도록 힘을 불어넣어 주고 일어서는 원리를 전수해 줍니다." 경험하지 못한 이들은 발끈합니다. "말이 되는 소리를 하세요." 아는 만큼 보이는 것이 아니라 경험한 만큼 세상은 보이는 것입니다.

나는 미국 실리콘밸리에 속한 사람들을 매우 좋아합니다. 이들은 누구의 가르침을 받아 그곳에 머문 사람들이 거의 없습니다. 이들은 모두 혼자 홀로서기를 통해 실리콘밸리에서 자리를 잡아가고 있는 사람들이기 때문입니다. 이들이 대학에서 배운 것은 실리콘밸리에서 유용하게 쓰지 못합니다. 오히려 실리콘밸리에서 새로운 것을 경험합니다. 실리콘밸리는 실패를 두려워하지 않는 사람들에 의해 세워졌고 지금도 그들은 끊임없이 새로운 것을 도전합니다. 끊임없는 실패에도 두려워하지 않습니다. 우리의 아이들은 실패하면 '폭망(폭삭 망했다.)'이라는 망언을 늘어놓는 게 일상이 되었습니다. 아이들이 '폭망'했다는 표현을 하는 것은 시험을 못 봤을 때 주로 사용합니다.

나는 학생들의 지금을 바라보면 저들은 "폭망'했다."라고 감히 말할 수 있습니다. 이유는 간단합니다. 무엇이든 혼자서 해내는 법을 배운

적이 없기 때문입니다. 진짜의 삶을 살아보고 싶다면 혼자서 공부하는 법을 터득해야 합니다. 학부모들께서는 "그런 곳이 있다면 그런 분이 계신다면 당연히 자녀에게 소개해 드리고 싶지요."라는 말씀은 하십니다. 아쉬움은 학부모들께서는 그가 누구인지 모른다는 것입니다. 나부터도 보이는 것에 마음이 가기 때문입니다. 내가 시골의 한 고등학생을 컨설팅한 적이 있습니다. 그 학생은 중상위권 정도 되는 학생이었습니다. 시골에서 무슨 기대를 할 수 있겠습니까? 서울 강남도 목동도 아닌데 말입니다. 나는 그 학생을 만나 공부의 원리를 설명한 후 공부를 경험하도록 컨설팅을 했습니다.

그렇게 시간은 흘렀고 학생은 전교에서 1등을 했습니다. 중학교 때만 해도 꿈도 꾸지 못한 등수였습니다. 이후 학생은 자신이 누구를 만나고 있다는 것을 절대 말하지 않았습니다. '서울에서 엄청나게 비싼 고액 과외를 받고 있어'라는 이런 소문만 무성했다고 합니다. 그 말이 내 귀에까지 들려왔습니다. 나는 웃음만 나왔습니다. 도심지에 어느 정도 하는 학생이라면 시골에서 전교 1등은 찍을 것입니다. 고등학교 2학년 때 전국 모의고사를 치렀습니다. 주요 과목인 영수를 모두다 맞았습니다. 이 학생은 시골 쥐와 같은 실력이 아님을 증명한 것입니다. 이것이 가능했던 것은 자력으로 해냈기 때문입니다. 전교 1등은 강의를 들어 가능하다고 생각합니다. 전국 1등이 되는 비결은 공부의 맛에 미쳐야 가능합니다. 더군다나 시골에서는 더욱더 그렇다고 생각합니다. 진짜 공부를 해야 가능합니다.

나는 늘 말하지만 진짜 공부는 가르침을 받아서는 전수될 수 없습니다. 직접 경험해야 가능합니다. 지금 학부모들께서는 찾아야 합니다. 다른 생각을 말고 오로지 자녀교육에 집중한다면 외관을 보는 것을 포기하고 물어야 합니다. "내 자녀에게 공부를 경험하게 해 줄 수 있습니까?" "내 자녀에게 공부를 가르쳐 주십시오."라는 설명은 너무 흔합니다. 지금은 내 자녀가 공부라는 것을 경험하게 할 진짜를 찾아야 할 때입니다. 진짜를 만나러 가는 길은 험난합니다.

어느 중학생이 내게 온 후 전교 1등을 찍었습니다. 그 학생이 공부하는 것을 어깨 넘어서 훔쳐본 학생도 성적이 급상승했습니다. 어깨 넘어 공부한 학생이 "너 어디 다녀?"라고 물었습니다. 누설하라고 했다고 합니다. 절대 알려 주지 않자 싹싹 빌었다고 합니다. 그래서 알아낸 것은 내가 있는 동네 이름이 전부였다고 합니다. 이 학생은 친구들을 간식으로 설득한 후 6개월간 내 연구소가 있는 동네를 샅샅이 찾아다녔다고 합니다. 그 후 내게 온 학생이 "이곳을 찾느라 6개월을 헤맸습니다. 왜 홍보를 안 합니까?" 처음에는 이 학생의 밑도 끝도 없는 말이 이해가 안 되었습니다. 이 학생은 자신의 엄마를 모시고 온 유일한 학생이었습니다.

진짜는 주변에 있습니다. 가르침을 적게 주고 공부를 경험시켜 주는 분을 찾아 나서야 합니다. 스스로 깨우칠 때까지 기다리기는 쉽지 않습니다. 온몸의 진액이 다 빠져나갑니다. 오히려 설명하면 속이라도 편합니다. 문제는 제자가 경험하는 게 거의 없으므로 말을 줄입니다. 진짜는 공부 시간에 말을 많이 하지 않습니다. 오로지 묵묵히 잘 서기를 기다립니다.

스승은 선택당하지 않습니다

　지식은 살 수 있어도 지혜는 돈을 주고도 얻기가 쉽지 않습니다. 지금은 지식 정보화 시대라고 하시는 분이 있다면 과거에 머문 분입니다. 지식정보 시대에 진입된 지 한참 후인 어느 날 세미나에 참석한 적이 있습니다. 현수막에 걸린 문구는 'ㅇㅇㅇ전산화 교육'이었습니다. 심연 속에서 웃음이 나오는 것을 참아 내느라 고생 좀 했습니다. 지금은 시대의 흐름이 너무 빨라 어디에 시선을 두어야 할지 모를 정도입니다. 현재의 세상은 급변하지 않고 기하급수적으로 돌변하는 중입니다. 이런 시대 변화를 지금의 급변하는 속도를 따라잡으려면 한다면 잡기는커녕 오히려 도태되고 맙니다.

　지금의 시대에 지식을 얻고자 뛴다면 그 지식 열차에서 빨리 뛰어내려야 합니다. 이제 지식은 검색하거나 인공지능(AI)에 물어보면 다 나오기 때문입니다. 현재 우리들의 생활 깊숙한 곳에 인공지능(AI)이 들어와 있습니다. 지금의 인공지능(AI)은 딥러닝이 가능한 수준입니다. 곧 스스로 학습이 되고 인간보다 더 많은 공부를 하고 있습니다.

어떤 이들은 유튜브 채널을 통해 보고 들은 것을 말할 것입니다. "인공지능(AI)은 인간의 창의력 부분은 범접하지 못한다고 합니다." 나는 내가 읽은 것을 말하겠습니다. 인공지능(AI)은 창의력 부분에서도 놀라운 결과물을 내고 있다고 합니다. 의사보다 더 뛰어난 진료를 보는 것은 당연시되고 있습니다. 인천의 길병원에 새로운 의사가 등장한 후 변화가 있다고 합니다. 인천이 서울과 근접한 위치이다 보니 사람들은 서울의 유명한 병원으로 진료를 받으려 이동을 많이 했다고 합니다. 그로 인해 인천의 길병원도 타격을 적지 않게 받은 듯합니다. 길병원으로서는 답답했겠지만 아픈 사람의 처지에서는 정확한 진단을 위해 최첨단 의료시설이 갖춰진 곳으로 가는 게 당연하다고 생각합니다. 인천 길병원에 왓슨이라는 인공지능(AI) 의사가 근무하기 시작하면서 판도는 조금 달라졌습니다. 인간 의사보다 정확한 진단을 내리는 인공지능(AI) 의사 왓슨은 인간 의사보다 더 정밀하게 진료를 본다고 합니다. 어느 의사의 비밀 고백에 의하면 의사의 오진율이 70%라고 하는데 왓슨과 같은 인공지능(AI)은 오차 범위가 거의 없는 듯합니다. 인간 의사가 점점 일자리를 위협받고 있습니다. 아시는 분들은 아시겠지만 약을 제조하는 로봇도 출시되어 실수라고는 전혀 없이 약을 져 준다고 합니다.

나는 몇 년 전까지만 해도 "심리학 분야는 인간의 마음을 다루는 것이기에 인공지능(AI)이 뛰어넘을 수 없을 것이다."라는 강의를 했습니다. 근간에 책을 보며 알게 된 사실은 상담자에게 말하는 것은 다른 누군가에게 발설될까 염려를 한다고 합니다. 하지만 인공지능(AI)은 인간이 아니므로 자신의 이야기를 해도 수치스럽지 않았다는 글을 읽으며 소름이 돋았습니다.

기하급수적으로 변화하는 시대임에도 불구하고 사람들의 다수는 오로지 자신들의 옛 시각으로 대학만 가면 인생 풀린다는 식으로 자녀들에게 공부해라, 너는 나보다 더 행복한 삶을 살아야 하기 위해 국·영·수만 잡으면 된다는 식으로 전진합니다. 부모로서 당연한 것으로 생각합니다. 문제는 그 길이 훗날 "여기가 아닌가?" 하게 되면 이야기는 달라지는 것입니다.

지금은 지식기반 사회를 넘어 지혜를 요구하는 사회가 되었습니다. 이는 대학 졸업장으로 경쟁을 할 수 없는 사회로 해석하시면 쉽습니다. 어느 분은 "그래도 SKY 나와야 하지 않나? in Seoul 하는 게 맞지 않나?" 하는 것은 자유이지만 졸업 후의 미래와 20년 후의 미래를 보고 가야 합니다. 눈앞의 문제만 바라보고 걷는 분들을 보면 해드릴 말이 없습니다. 그것만 믿기 때문입니다.

어느 날 덩치가 산만 한 녀석이 자신의 아버지를 모시고 왔습니다. 아니 정확히 표현하자면 끌고 온 것입니다. 내게 컨설팅받는 한 학생이 "큰일 났어요. 친구에게 연구소 이야기를 했더니 아버지를 모시고 왔어요." 하기에 "그럼, 들어오시면 되잖아."라고 당연하다는 듯 말했습니다. 학생은 "그게 아니라요. 지금 걔네 아버지가요. 연구소 입구에서 아들과 실랑이를 벌이고 있어요. 뭐 이런 곳을 데리고 왔냐고요." 나는 은근 화가 났습니다. "뭐 이런 데라고?"

학생은 또 말합니다. "걔네 아버지 고려대학교 출신이에요. 엄청나게 똑똑하시고 회사도 좋은 데 다니세요." 나는 누가 어떤 위치에 있든 상관하지 않습니다. 나는 그 사람만을 봅니다. 그 사람의 지위나 권력은 내게 중요하지 않기 때문에 나는 개의치 않고 아이와 아빠가 들어오시기를 기다렸습니다. 상담 시간을 잡고 온 것이 아님에도 불구하고 상담을 넘어 미래 교육에 관한 강의를 짧게 해 드렸습니다. 나를 처음 대면한 아빠는 붉으락푸르락 한 얼굴로 나를 대했습니다. '네가 알긴 얼마나 아냐'는 식이었습니다. 나는 마음을 가라앉히고 성실하게 하나씩 알려드렸습니다. 시간이 지남과 함께 아빠의 표정이 누그러지며 내 말에 귀를 기울일 뿐 아니라 동의까지 해 주셨습니다.

나는 길지도 짧지도 않은 강의를 마쳤습니다. 이후 아이의 아빠는 내게 물었습니다. "이제 저의 아이가 어떻게 하면 됩니까?" 어떻게 하면 내 연구소에서 교육 컨설팅을 받을 수 있느냐고 질문을 하셨습니다. 나는 조용히 웃으며 답변을 드렸습니다. 강의하느라 처음의 불편했던 내 마음도 가라앉았기에 말씀드리기가 어렵지 않았습니다. "그냥 가시면 돼요."라는 밑도 끝도 없는 말을 던졌습니다. 아이의 아빠는 무슨 말을 하는지 이해가 안 된다는 표정으로 다시 묻기에 더 자세히 설명해드렸습니다. "아버님 어디를 가시든 상대가 가짜로 보이든 아버님보다 없어 보이든 절대 속마음을 드러내지 마십시오. 오늘 아버님은 아들 앞에서 큰 것을 배운 것입니다. 절대 어디 가서든 자신을 낮추시기 바랍니다. 그러면 다 얻을 수 있습니다. 이제 그냥 돌아가십시오. 스승은 선택당하지 않습니다. 저는 제가 제자를 선택합니다. 아버님의 아이는 기본 자격이 되지만 아버님의 그릇된 행동으로 아이를 제자로 받아들일 수 없습니다." 아이의 아빠는 처음에 의기양양해 들어온 때와 다르게 축 늘어진 어깨로 연구소를 나갔습니다.

스승은 누구에게도 선택당하지 않습니다. 학생이나 학부모는 나를 선택한 것으로 생각할지 모르겠지만 나는 선택당하지 않습니다. 지식은 돈으로 살 수 있습니다. 지혜는 돈으로 구매할 수 없습니다. 돈에 의해 휘둘리는 스승은 제자를 길러낼 수 없으므로 나는 선택당하지 않습니다. 학부모들의 유일한 무기는 교육비일 것입니다. 교육비라면 선생을 조종할 수 있다고 생각할 것입니다. 그래서인지 「SKY 캐슬」이라는 드라마에서 자녀를 어느 대학을 보내주면 성과급을 주겠다는 말을 하는 듯합니다. 없는 사실을 극화한 것도 아닐 것입니다.

내가 제자들에게 선택당하지 않는 이유는 지식은 돈을 지급하면 언제든지 구매할 수 있다고 생각하는 풍조 때문입니다. 이로 인해 제자들은 진짜를 얻지 못합니다. 여기서 진짜라는 것은 지혜입니다. 나는 제자들을 선택한 후 그들에게 몸소 알려 주는 것이 있습니다. 선택된 인생을 살지 않는 지혜를 전수해 줍니다. 그 시작은 스스로 공부를 하면서 깨닫게 됩니다. 대개는 자녀들에게 "공부를 열심히 해라. 성적을 올려라."라는 말과 "넌 좋은 인재가 되어야 한다."라는 의미가 내포된 말들을 쏟아 내지만 자녀들은 거의 다 잔소리로만 들을 것입니다. 학부모가 자녀 교육에 집중하는 것은 '가치 있는 인간이 되어라'라는 의미일 것입니다. 이 말을 조금 과도하게 표현하면 이렇게 됩니다. 자녀를 상품 가치가 높은 인간으로 길러내겠다는 것입니다.

내 자녀가 인간다운 삶을 살아가고 존경을 받으며 세상을 주도적으로 살아가길 원하시고 상품으로 취급받지 않는 사람다운 사람이 되길 바란다면 비결은 간단합니다. 자녀가 어른이 되어 누구에게도 선택당하지 않으면 됩니다. 그런 선택당하지 않는 인생을 살아가는 비결은 선택하는 삶을 살아가는 스승의 가르침을 받으면 됩니다. 이 가르침은 책에 나와 있지 않습니다. 스승은 제자들 스스로가 어떤 존재인지를 깨닫게 합니다. 스스로 자생능력을 키운 학생들은 어른이 되어도 선택당하지 않습니다. 스스로 인생을 개척하는 게 무엇인지를 알기 때문입니다. 스승은 누구에게도 선택당하지 않습니다. 스승이 제자를 선택할 뿐입니다.

적금 타는 날

　부자들은 적금하지 않습니다. 이들은 개인 금고를 사들이어 집에 돈을 넣어 두거나 현물을 쌓아 둡니다. 은행이 언제 파산할지 모른다는 것을 알기 때문입니다. 일반인들에게 적금 타는 날은 기대감이 있는 날이지만 기대감이 상실되는 적금도 있습니다. 어떤 분이 책에서 읽었는지 아니면 자신이 만들어 낸 말인지는 모르겠습니다. 한 학생이 사춘기를 겪고 있다고 하니 이렇게 한마디 툭 던졌습니다. "사춘기는 부모가 적금 타는 날이야." 밑도 끝도 없는 이 말에 나는 되물었습니다. "그게 무슨 말이죠?"

　말을 꺼낸 분이 "아하, 그거요. 사춘기 아이들이 중학교 2학년이 되어 사춘기가 오는 게 아니라 부모가 평소에 한 것에 대한 분노나 울분이 터진다는 의미예요."라고 말해 주었습니다. 나는 "그래요?"라고 답했습니다. 그리고 곰곰이 생각해 보니 일리가 있다는 생각이 들었습니다. 학술적으로 입증되었는지는 모릅니다. 내가 아는 바는 이스라엘의 청소년들은 사춘기 증상이 없다는 것입니다. 대한민국의 아이들은 유독 사춘기를 심하게 앓고 있습니다.

나는 이스라엘의 청소년들은 사춘기를 심하게 앓지 않고 지나는 이유가 무엇일까? 하는 마음에 개인적으로 추적을 했습니다. 결론적으로 얻는 것은 이들에게는 성인식이라는 의식을 통해 사춘기를 극복하게 하는 힘이 있지 않았나 하는 생각에 들어 내가 설립한 나무미래자유인문학교에서도 성인식을 2회씩이나 거행했습니다. 참고로 이스라엘은 12살, 13살의 나이에 성인식을 합니다. 한 가지 더 말하자면 이스라엘의 아이들은 부모와 가르치는 교사와 어떤 상대방이든 간에 서로 대화를 하는 것을 좋아하고 심할 때는 싸울 정도까지 말로 언쟁을 한다고 합니다. 이때에는 부모와 자식의 기준도 없을 정도라고 합니다. 대한민국에서는 상상할 수 없는 일입니다.

대한민국의 부모들은 예나 지금이나 "야~ 네가 뭘 알아. 입 다물고 있어. 쪼그만 게 까불고 있어." 등의 말로 기를 팍팍 죽입니다. 이스라엘에서는 대한민국의 부모들이나 어른들의 태도가 용납이 안 되는 것입니다. 나는 아이가 어렸을 때부터 이런 말을 해 주었습니다. "잘못해도 나를 설득하면 언제든 용서할 수 있어. 말해 볼래?" 아주 어렸을 때는 이 말의 깊은 의미를 모르는 아이는 그냥 울음을 터뜨렸습니다. 지금은 말도 잘 통하고 자기 논리와 주장이 있어 예시를 들어가면 자신이 잘못한 것이 아니라 내가 잘못했기 때문에 일이 생겨났다고까지 역전승을 만들어 놓기도 합니다.

이 아이가 지금은 사춘기를 앓고 있습니다. 어느 날은 침묵으로 일관하며 아무런 말도 하지 않습니다. 시간이 조금 지나면 가족들과 다시 합류하여 이야기를 즐겁게 나누고 자신의 마음이 힘들어지면 다시 조용히 침묵합니다. 아이가 침묵할 때에는 서로 눈치를 보는 게 아니라 가족들은 그 모습 그대로 받아 줍니다. 어느 날 나는 물었습니다. "많이 힘드니?" 아이는 답을 합니다. "아니요. 견딜 만해요."라고 말입니다. 사춘기는 적금을 타는 날이라는 말을 누가 했는지는 모르지만 딱 맞는 말이라는 생각이 다시 떠올랐습니다.

내 기억에 남는 학생들이 있습니다. 이 학생들은 중2병에 걸리기 전의 상태에서 만났습니다. 내가 보기에는 한 여학생은 심하게 사춘기를 앓고 있는 듯해 보였습니다. 영어의 공부 원리를 알려 줘도 몇 개를 정리한 후 나를 빤히 쳐다본 후 그림만 그리고 있었습니다. 수학을 컨설팅해도 '너는 해라, 나는 내 일만 할 것이다'라는 식이었습니다. 나는 적잖게 당황을 했습니다. '이런 황당한 일이 다 있나?' 하는 생각이 들었습니다. 역대 최악의 학생을 만난 것입니다. 단지 이 학생이 마음에 든 것은 내게 눈속임을 하지 않고 대놓고 하고 싶은 것을 다 했다는 것입니다. 눈속임을 써 가며 하는 척하는 학생은 내게도 대안은 없습니다.

시간은 그렇게 흘렀고 한 남학생은 서서히 사춘기에 진입했고 내 존재감 따위는 관심 없는 여학생은 언제나 같게 자신이 하고 싶은 것만 했습니다. 나는 매월 여학생의 어머니에게 그만하는 게 낫지 않냐고 말씀을 드렸습니다. 어머니는 "이미 다 알고 있으니 그냥 함께만 있어 주세요."라고 말했습니다. 이해가 안 되는 말씀 앞에 내게는 참 힘든 시간이 지나고 있었습니다. 두 어머니는 내 미래 교육 강의에서 인문학의 중요성을 알았기에 내게 질문을 해 왔습니다. "선생님, 인문학은 몇 개월 하면 되나요? 인문학 컨설팅을 받고 싶어요."

나는 어머니들에게 적잖게 놀라워하며 역질문을 했습니다. "뭐요? 인문학이 무슨 영어나 수학(한국형 수학)인 줄 아세요. 인문학은 인간의 본질을 묻는 학문인데요. 이걸 몇 개월에 끝낼 수 있냐고 물으시면 저는 드릴 말이 없습니다. 인문학은 사람들의 의식 자체를 바꾸는 학문입니다. 이걸 몇 개월에 끝낼까요? 인문학은 부자들이 자신들의 자녀를 훈련하기 위한 고급 교육입니다. 이것은 아무나 쉽게 접근을 못합니다."라는 말씀을 드렸습니다. 어머니들은 "저희 아이들에게 해 주세요." 나는 "주 1회에 시도해 본 적은 없습니다. 불가능할 수 있습니다. 그래도 하시겠습니까?"라고 말했고 어머니들은 "예~ 그래도 해 주세요."라고 말씀하셨습니다.

두 어머니가 인문학을 컨설팅해 달라는 말에 나는 한 아이는 안 된다고 했습니다. 이유는 너무 심한 사춘기를 앓고 있기 때문이었고 영어와 수학을 전혀 하려는 의지를 안 보여 끊겠다고 선언한 후였기 때문에 그 여학생을 도울 길이 없다고 단정을 지어 놓은 상태였습니다. 이 여학생의 어머니는 포기하지 않고 오히려 "선생님, 마음은 압니다. 우리 아이를 맡은 선생님 중 한 달 이상을 버틴 분은 없었습니다. 모두 한 달이 되기 전에 다 도망을 가셨습니다. 학원에서도 연락이 와서 선생님들과 싸워 한 달을 넘긴 적이 없었습니다. 그런데 선생님처럼 6개월이라는 시간을 묵묵히 지켜낸 것은 처음입니다. 제발 우리 아이를 받아 주세요."

나는 어머니의 말씀을 받아들였습니다. 나는 심하게 사춘기를 앓고 있는 여학생에게 내상을 입었기 때문에 조심스럽게 접근을 했습니다. 이게 웬일입니까? 심한 사춘기를 앓고 있는 아이가 변화하기 시작했습니다. 영어며 수학에는 한 줄도 집중을 안 하던 여학생이 집중력이 서서히 늘어나더니 니코마코스 윤리학과 정치학, 시학을 넘어 플루타르크 영웅전을 깊게 공부하고 있습니다. 나는 인문학 컨설팅을 받는 학생들에게 글을 쓰라고 강요를 하지 않습니다. 글은 억지로 쓰게 하면 마음에서 우러나온 생각이 아니므로 매끄럽지 않게 됩니다. 글은 쓰는 게 아니라 써지는 것입니다. 써지는 것은 글감이 저절로 떠오르는 것을 말하는 것입니다. 어느 날은 날카로운 칼끝과도 같이 주장이 강한 글이 내 SNS로 왔습니다. 이 여학생에게서 온 것입니다. 이 학생은 논술학원을 몇 년간 다니지만 자기 생각을 한 줄 쓰기도 힘들다고 했었습니다. 인문학을 공부하면서 생각이 많아졌고 글을 쓰는 것도 어렵지 않다고 말을 했습니다. 장문의 글을 써 보냈는데 관점도 놀라웠고 논리적인 부분에서도 감탄했습니다. 이 두 학생은 사춘기에 진입하는 시기와 인문학을 공부하는 시기와 맞물렸습니다. 두 학생은 심한 사춘기를 앓고 있음에도 불구하고 묵묵히 잘 이겨 나갔습니다.

이 상황에서 두 어머니와 자녀에 관한 이야기를 나누었고 어머니들이 사춘기 자녀에게 실수하는 부분들을 이야기하며 문제를 잘 풀어 갔습니다. 심하게 사춘기를 앓던 여학생 아이의 어머니께서 이런 말씀도 해 주었습니다. 하루는 가족들 회식을 내가 컨설팅하는 시간에 잡았다고 합니다. 그날은 집안이 폭발하는 줄 알았다고 합니다. "내가 선생님을 만나 인문학 하는 시간에는 어떤 약속도 잡지 말라."라고 말입니다. 아직 사춘기가 안 지났을까요? 지금은 학원에서도 잘 적응하고 다른 과외 선생님과도 서로 잘 풀어간다는 말을 들었습니다. 처음 만나는 강사와는 조금 다투기는 하지만 시간이 지나면서 서서히 서로 융합되어 간다는 이야기를 여학생 아이가 해 주는데 흐뭇했습니다.

참 스승

　어느 시대이든 스승을 목말라하지 않았던 때는 없었습니다. 스승이 있는 자와 없는 자의 차이는 철길처럼 결합할 수 없는 것입니다. 배움을 얻고자 하는 자는 스승을 만나야 합니다. 스승은 가르치지 않아야 합니다. 가르침을 주는 자들은 스승이 아닌 선생이라고 할 수 있습니다. 또는 교사라고 합니다. 스승은 자신의 길을 가는 자일 뿐입니다. 본인에게 맡겨진 인생을 묵묵히 살아가는 자가 스승입니다. 진정한 스승을 만나기란 하늘의 별 따기처럼 어려운 시대를 살아가고 있습니다. 더욱더 힘겨운 것은 누가 스승인지를 볼 수 있는 안목이 없다는 것입니다.

　예나 지금이나 잘 가르치면 인기가 높습니다. 이것도 여기까지입니다. 머지않아 잘 가르치는 로봇이나 인공지능의 출현으로 인해 가르치는 직업군은 약화하거나 사라질 것이라고 말들을 합니다. 인공지능이 소설을 쓰고 기사를 쓰고 작사와 작곡을 한다는 이야기는 벌써 들어 알고 있을 것입니다. 과학기술의 발전으로 인해 인간이 해야 할 영역들이 점점 줄어들고 있습니다. 가르치는 영역도 인공지능으로 인해 위협을 받고 있습니다. 뉴스를 보도하는 아나운서 직업을 선망하는 사람들이 있을 것입니다. 이 직업도 인공지능에 의해 실험을 마쳤습니다. 점점 인간이 생존 영역을 침범당하고 있지만 어떻게 할 도리를 못 찾고 있습니다.

이런 생각을 하면 위험합니다. '할 때까지 해 보자' '갈 데까지 가 보자' 변화를 감지했다면 그것에 맞게 대비하는 것이 현명한 길입니다. 어떻게 하는 것이 가장 지혜로울까요? 가르침을 받는 길에서 벗어나는 것입니다. 수많은 사람이 지식을 갈망하고 있는 듯합니다. 좋은 징조라고 생각합니다. 지식으로 새로운 부를 창출할 수 있다고 인식한 사람들이 많아진 것은 사실입니다. 지식은 새로운 부를 창출할 수 있다고 생각하는 것만큼 보이는 지식은 부를 창출할 수 없습니다. 단지, 부자들의 밑에서 그들이 시키는 일을 조금 높은 위치에서 뒤처리하는 머슴의 삶에 불과한 생을 살다 가는 것에 불과합니다. 앞으로는 가진 자는 더 많은 것을 취하게 될 것이고 없는 자들은 더 빈곤하게 될 것이라는 말을 합니다. 부를 가진 자가 더 많은 부자가 되고 그렇지 못한 자는 그 반대로서의 삶으로 전락한다는 것입니다.

이런 말을 듣게 되면 머릿속이 하얗게 변하지 않습니까? 부자가 대를 이어 부를 누리게 하는 원리는 재산을 물려주는 데 있지 않습니다. 진짜 부자들은 재산을 물려주지 않습니다. 진정한 부자들은 재산은 연기처럼 사라질 수 있다는 것을 알기에 자녀들에게 부를 다루거나 증식시킬 힘을 길러 줍니다. 그것은 생각하는 힘입니다. 생각도 남다르게 생각하는 법을 익혀야 합니다. 모든 사람은 생각하고 살아갑니다. 단지 생각의 결이 다를 뿐입니다. 생각의 결이 어떠냐에 따라 가치가 달라집니다. 생각의 가치는 재산의 가치를 능가합니다. 백만장자로서 살아도 자신의 자녀에게 그 재산을 물려준다고 해도 영원하지는 못한다는 것을 현명한 부자는 알고 있습니다. 현명한 부자들은 이 비밀을 알고 난 후 자녀들에게 생각하는 힘을 키워 주는 데 주력을 했고 지금도 같게 적용하고 있습니다.

생각하는 힘은 어디에서 올까요? 책에서 옵니다. "그럼 책을 많이 읽히면 되겠네요." 반은 맞고 반은 틀릴 수 있습니다. 책도 무슨 책을 어떻게 읽히느냐에 따라 방향이 달라질 수 있습니다. 정보 시대에 넘쳐 나는 것 중의 하나가 책입니다. 책에도 가치가 있습니다. 베스트셀러, 스테디셀러가 좋은 책으로 생각하여 책을 읽히도록 하는 경우가 있습니다. 아쉽게도 지금의 책들은 상품화시켜 출판되는 책들이 많으므로 베스트셀러, 스테디셀러가 좋은 책이 아닐 수 있음을 기억하시기 바랍니다. 단, 책은 생각을 키우는 데 가장 좋은 도구라는 말에는 이견이 없습니다. 학부모들의 약점은 책의 중요성을 깨닫는 순간 독서에 관련된 선생을 찾아 나선다는 것입니다. 마치 통증이 느껴지는 부분만 치료하면 되는 줄 생각하는 것과 다르지 않습니다. 모든 것에는 원인이 있음에도 불구하고 나타난 증상만으로 평가하고 처방하며 해결책을 제시하려고 합니다. 이 모든 것을 한 방에 해결할 수 있는 교사를 찾아 나서는 것입니다. 자녀의 미래를 생각한다면 가르치는 선생을 찾는 것에서 멈춰 서야 합니다.

자녀가 스스로 설 수 있도록 질문하는 스승을 찾아 나서기를 바랍니다. 질문하는 스승을 만나는 것은 복입니다. 더 나아가 자녀가 자신의 삶을 두고 질문하는 법을 터득할 수 있도록 이끄는 스승이라면 나는 아무런 말도 없이 자녀를 맡길 것입니다. 질문하는 스승은 답을 묻지 않습니다. 질문하는 스승은 질문 속에서 질문하는 것입니다. 질문을 깊이 있게 하는 자는 스승의 경지에 이른 자입니다. 꼭 기억하시기 바랍니다. 현자는 가르치지 않았고 가르치지 않습니다.

교사들은 가르치지 않는 것을 직무유기로 생각합니다. 나는 몇 년 전에 모 대학원의 교수님을 만난 적이 있습니다. 교수님께서는 대학원생들에 대한 고충을 털어놓으셨습니다. "대학원생들이 공부를 안 해요. 과제도 안 해 오는 게 다반사입니다." 나는 교수님께 말을 했습니다. "교수님, 가르침을 멈춰 보세요. 그러면 공부할 것입니다." 교수님은 "내가 월급을 받는데 그게 말이 됩니까?" 이는 하나만 알고 하나는 모르는 것입니다. 가르치지 않으므로 인해 스스로 느끼는 두려움이 그 하나이고 또 하나는 어떻게 가르치지 않고 학생 스스로 배움의 경지에 이끌 수 없는 것입니다. 사람은 스스로 무엇인가를 생산해 내어야 안도감을 느끼는 경향이 있습니다. 과학기술도 가만히 있는 인간들에 의해 진보되어 온 것이 아닙니다. 사람은 묵묵히 있으면 불안해합니다. 행동에서 움직임이 없는 것은 일하지 않는 것으로 간주하여 스스로 자책감을 느낍니다. 교사에게 가르침을 하지 말라는 말을 하면 내심 불편할 것입니다. 앞의 대학원 교수님과 같이 "어떻게 놀면서 월급 받아 갑니까?"라고 말하는 이들도 있을 것입니다. 누군가에게 지식을 전달해 주어야만 일을 했다고 생각하고 그런 과정만이 교사로서의 존재감이 있다고 생각할 수 있습니다.

　진정으로 일하는 교사는 학생이 스스로 공부하게 하고 실력이 늘어나도록 하는 것입니다. 학생이 스스로 자신의 무지를 깨닫도록 하는 것이 참 교사이자 스승의 역할입니다. 아주 오랜 옛날에는 이런 스승들이 많았습니다. 배우는 자가 스스로 깨우침을 얻도록 하는 데 비중을 많이 두었습니다. 학동이 깨닫지 못하면 깨우치도록 하는데 많은 기다림의 시간도 마다하지 않고 묵묵히 기다렸습니다. 지금은 어떠합니까? 교사가 기다리지 못합니다. 못하는 학생을 보며 분을 삭이지 못합니다. 학생이 깨우침을 얻기 전까지 감정이 폭발하기도 합니다. 가장 큰 문제는 학부모께서 못 기다립니다. 교육하는 제일의 목적은 사람의 옷을 입고 태어나 자라는 아이를 사람다운 사람으로 만드는 것인데 그것을 원하지 않는 듯합니다. 사람다운 사람이 되면 공부는 스스로 알아서 하게 됩니다. 이런 경우를 나는 저절로 된다고 표현을 합니다.

　가르침을 받는 자가 바뀌지 않는 것은 어른인 학부모와 교사들이 기다리는 인내심이 없기 때문입니다. 학생이 무엇인가 막혀 쩔쩔매면 입이 근질거려 가만히 두질 않습니다. 무엇인가를 해야만 자신의 역할을 하는 줄 생각합니다. 나 또한 이 부분에서 벗어나지 못할 때가 종종 있지만 자중하며 마음을 잡아 둡니다. 학생이 스스로 하도록 하는 것은 가르치는 것보다 몇 배는 더 힘이 듭니다. 학생을 지속해서 학생을 기다려 주고 일과를 마치고 나면 체력이 완전히 고갈됩니다. 오히려 말할 때는 체력이 보충됩니다. 말을 듣는 것과 하는 것 중 어느 것이 쉽게 보이십니까? 말하는 게 더 쉽습니다. 침묵하고 듣고 기다려 주는 것은 고강도의 예술적 감각이 있어야 합니다. 예술적 감각이라는 표현을 한 것은 사람을 사람 되게 하는 것이기 때문입니다. 선생은 순응하는 인간을 제조해 내는 것이라고 한다면 스승은 자율적이며 주체적인 인간으로 길러내어야 하므로 예술적 철학이 있어야 합니다, 사람을 만드는 기술은 없기 때문입니다.

제자나 학생을 길러내는 과정은 스승의 평생의 삶과 인격 그리고 철학이 다 녹아야 하며 기다림은 필수적이어야 합니다. 제자나 학생을 기다리는 언어는 생명을 불어넣는 말이어야 하며 거짓이 없어야 합니다. 기술적인 것은 제한되어 있습니다. 예술적인 것은 제한이 없습니다. 예술이 영원한 것은 틀이 없기 때문입니다. 스승은 학생도 제한하지 않습니다. 제한하는 순간 그 학생은 자라나지 못합니다. 제자나 학생이 넓은 스승의 정신적 뜰에서 마음껏 놀도록 해 주어야 합니다. 그 넓은 공간에서 놀기도 하고 쉬기도 하며 정신적인 안정을 누리며 공부라는 것을 익혀 가는 것입니다. 자녀가 넓은 세상을 만나기를 원하신다면 학부모께서 먼저 참 스승이 되어야 합니다. 참 스승은 가르침을 멈추는 것부터 시작되는 것임을 깨닫는 순간 신비를 경험하시게 될 것입니다. 사람은 조용히 있을 수 없도록 만들어졌습니다. 사람에게 제일 무서운 말은 "가만히 있어라."라는 말입니다.

나는 학생들이 힘들어할 때 한마디 합니다. "쉬어라. 자라." 이 단순한 한 마디에 학생들은 잠시 쉬고 다시 공부에 몰입합니다. 나는 진심으로 학생에게 설명합니다. "지금 힘들어 보이니 진심으로 말한다. 쉬어라." 이 말을 듣고 오랜 휴식을 취하는 학생을 만난 적은 거의 없습니다. 5분을 채 쉬지도 않고 다시 공부합니다. 나는 물었습니다. "쉬지 않고 왜 공부를 하니?"라고 말입니다. 학생들은 "무엇인지는 모르겠습니다. 그런데 공부하고 싶어집니다." 사람은 가만히 있는 것을 불편해하고 더 나아가 불안하게 생각합니다. 이것을 섣불리 활용하면 학생이 먼저 읽어 역이용할 수 있음을 조심하시기를 바랍니다.

스승의 무게

    스승이라는 말의 무게를 알기에 두렵기도 하지만 나는 '스승님'이라는 소리를 무척 좋아합니다. 지금 시대는 학생의 선생을 학생이나 학부모가 선택합니다. 지식시장에서 재화를 통해 선생의 재능과 시간을 매입할 수 있게 되므로 가능해진 것입니다. 학생과 학부모에게 선택된 선생은 이들의 입맛에 맞게 입안의 혀처럼 부드러워져야 생존율이 높습니다. 하지만 이들에게는 스승의 정신도 제자도 없는 것입니다. 이런 상황에서 학생의 변화를 끌어내기는 쉽지 않게 됩니다. 속성으로 점수는 올릴 수 있는 곳은 많습니다. 하지만 학생의 실력과 인격까지 성장시키는 곳은 많지 않습니다. 자녀를 선생께 맡길 때는 스승에게 보내는 마음으로 보내는 게 중요합니다. 예전에는 스승이 제자를 선택했습니다. 아무나 제자가 될 수 없었던 시절이 있었습니다. 지금은 완전히 다른 세상이 되었지만 불변한 것은 있습니다. 스승의 정신은 살아 있다는 것입니다. 4차 산업혁명의 시대에 꼭 필요한 분은 스승입니다.

    스승은 선생과 다르게 제자를 자신의 자식 대하듯 합니다. 이는 온 마음을 다해 제자와 생각을 나눕니다. 스승은 지식 전달자가 아닙니다. 스승은 제자의 인격에 힘이 생성되도록 하는 능력이 있는 자들입니다. 나는 이런 스승의 길을 고집합니다. 누가 무엇이라고 해도 나는 우직하게 이 길을 걸어가고 있습니다. 고등학교 시절 제자들을 아끼는 마음은 한 푼도 없어 보이는 선생님이 계셨습니다. 나는 그분을 볼 때 '진짜 너무하네. 어찌 에누리도 없냐?'라고 생각했습니다. 이 선생님은 제자들이 잘못하면 절대 봐주는 적이 없었기 때문입니다. 반의 1등과 꼴찌를 같게 체벌하셨습니다. 대개 교사들은 성적이 높은 아이들은 약하게 때리거나 가볍게 넘기곤 했습니다. 하지만 이 선생님은 그렇지 않았습니다. 아낌없이 때렸습니다.

어느 날 우리 반의 문제를 일으키는 학생들이 대형 사고를 쳤습니다. 내가 생각할 때에 선생님 눈에는 가시 같아 보이는 녀석들이라고 생각을 했습니다. 이 대형사고로 한 학생이 목숨을 잃었습니다. 선생님은 화가 머리끝까지 나서 이렇게 말씀하셨습니다. "그날 그 자리에 있었던 놈들 다 나와!" 하시면서 엉엉 우셨습니다. 나는 그날 알았습니다. 선생님은 "스승님이셨구나. 선생님은 그냥 선생님이 아니셨구나." 나는 그날 선생님의 속마음을 읽었습니다. 그 문제의 중심에 있는 녀석들을 싫어하는 줄 알았습니다. 미워하는 줄 알았습니다. 아니었습니다. 그날 선생님은 대성통곡하시면서 울었습니다. 나는 충격을 받았습니다. 스승이란 무엇인지를 눈으로 목격했습니다.

나는 이날 이후로 스승의 길을 걷기로 마음을 먹었습니다. 아무나 스승이 될 수 있다면 스승의 가치는 의미가 없을 것입니다. 몇 년 전

내게 와 공부를 하다 나무미래자유인문학교까지 온 학생이 있습니다. 이 학생은 머리가 비상했고 생기발랄했습니다. 보완할 점은 진실함이 빠져 있었습니다. 나와 이 학생은 1년 넘게 심리적 줄다리기를 했습니다. 나는 말로서 혼냈습니다. 이 제자에게 평생 혼낼 것을 다 혼낸 듯합니다. 나는 어떤 학생이든 거의 혼을 내지 않고 기다림이 가능했습니다. 하지만 이 학생은 예외였습니다. 나는 늘 말했습니다. "하기 싫으면 안 하는 건 괜찮아. 그러나 하는 척하는 건 옳지 않아." 학생은 내 진심을 몰랐는지 행동 교정이 일어나지 않았습니다. 오히려 주도면밀하게 학생들 간 다툼을 일으키고 거짓말의 강도는 높아만 갔습니다. 이런 사실들을 학생의 어머니에게 다 말했습니다. 이런 이야기를 듣는 어머니가 기분이 좋을 리는 없었을 것입니다. 학생의 어머니는 내게 말씀해 주시기를 학생의 어린 시절에는 더 심했다고 말해 주었습니다.

내게 온 것도 자녀의 문제를 해결하기 위해 왔다고 말해 주었습니다. 문제는 어머니가 흔들리고 있었습니다. 자식이 변화되기를 바라지만 자식이 상처받는 것은 쉽게 받아들이지 못했을 것입니다. 자녀가 바뀌는 것을 보려면 끝까지 믿고 기다려 주면 바뀌게 됩니다. 나는 모든 사람은 변화될 수 있다는 확신이 있습니다. 이 무모해 보이는 확신은 경험에서 나온 것입니다. 교육 분야에 있는 분 중에는 "뭐 하러 이렇게 쓸데없는 데 에너지를 쏟나, 그냥 성적만 올려 주면 되지?"라고 말하는 분들이 있을 수 있을 것입니다. 나는 스승의 삶을 살고 싶어 그냥 넘어갈 수 없었습니다.

나는 어느 날 아침 등교하여 이 말귀를 알아듣지 못하고 내게 수없이 혼난 제자 아이에게 고백했습니다. "내가 너를 너무 야단만 쳐서 미안하다. 앞으로 서로 잘해 보자."라고 말하는 게 원래의 각본이었습니다. 나는 학생 앞에서 이렇게 말했습니다. "내가 너에게 야단만 쳐서 미안해." 하는 순간 눈물이 콸콸 쏟아졌습니다. 다른 학생들이 들을까 봐 상담실에서 이야기를 나눴습니다. 나는 이 어린 제자 앞에서 엉엉 울었습니다. 제자 아이도 엉엉 울었습니다. 서로 엉엉 울면서 서로 미안해했습니다.

결론은 행동 교정은 일어나지 않았습니다. 나는 결국 그 제자 아이에게 그만 학교를 떠나도 된다고 말을 했습니다. 그 학생의 어머니께서 1년이라는 시간 동안 자식이 변화가 없자 학교에 대한 불신의 마음을 비쳤기 때문이었습니다. 불신하는 부모와 학생은 같이 갈 수 없습니다. 홍보하질 않아 내가 어디에 있는지 아는 사람들도 적습니다. 나는 그래도 행복했고 행복합니다. 나를 알아봐 주고 찾아와 제자가 되길 원하는 이들이 있었기 때문입니다.

대개 직관적으로 나를 알아보시는 학부모만 내게 자녀를 보낸 후 좋은 결과를 얻습니다. 나를 찾아와 준 학부모와 학생은 짧은 시간에 공부하는 철학과 원리를 익힌 후 감사의 인사와 함께 조용히 삶의 현장으로 가셨습니다. 지금도 내게 찾아와 주는 제자들이 있습니다. 어떤 제자는 장교 임관했다고 찾아와 주고 어떤 제자는 대학에 입학했다고 찾아와 주고 대학 졸업 후 취업이 안 된다고 찾아오는 제자를 보기도 했습니다. 대학에 합격한 한 제자는 '선생님께 개인적으로 SNS로 연락을 드려도 되지요?'라는 문구를 감사의 편지 아래에 써놓은 제자도 있습니다. 내가 이렇게 살아가는 것은 스승님에게서 받은 정신 때문입니다. 나는 몇 년 전 고등학교 시절 스승님을 뵙고 다시금 놀랐습니다. 당시에 수업료가 없는 학생에게 장학금을 몰래 지급했다는 것을 함께 동석한 동문을 통해 들었기 때문입니다.

장학금 지급 방식이 재미있었습니다. 어머니들이 학교에 방문하여 자신의 자녀 잘 봐달라고 준 봉투가 있었습니다. 나는 학창 시절에 그 돈 봉투를 받는 선생님을 보고 약간 실망을 하긴 했었습니다. 그 봉투가 어떻게 쓰인 줄 몇 년 전에 알고 "역시 그랬구나." 하는 마음에 나 자신이 부끄러웠습니다. 나는 이 일이 있고 난 후 스승으로 살아간다는 게 무엇인지 더 깊게 깨달았습니다. 지금 스승님은 나를 만나 주질 않습니다. 진짜 뵙고 싶은데, 만나 큰절을 올리고 싶은데 "네가 행복하게 살아가는 소식만 간간이 들어도 행복하다. 바쁜데 뭘 만나려고 해. 괜찮다."라고 말씀하시며 거절을 하십니다. 고급 음식을 대접하고 싶은데 만나주질 않습니다.

스승의 무게를 견딜 수 있는 자만이 스승이 될 수 있는 것임을 새삼 느끼게 됩니다. 스승으로 살아간다는 게 쉽지는 않지만 그래도 이 걸음을 멈추지 않으려 합니다. 스승의 무게를 견디는 자 제자를 얻게 될 것입니다.

"스승의 은혜는 하늘 같아서 우러러볼수록 높아만 지네. 참되거나 바르거나 가르쳐 주신 스승은 마음은 어버이시다. 아~ 고마워라! 스승의 사랑. 아~ 보답하리 스승의 은혜."

공부, 노동인가? 놀이인가? 전편

내게 찾아온 학생들이 공통으로 하는 말이 있습니다. "공부가 재미있어요." 나는 학생들에게 또는 내게 찾아오는 유치원생 아이들에게 말해 줍니다. "그래, 공부는 원래 재미있는 놀이야. 이 놀이를 제대로 배우면 공부만큼 재미있는 게 없어." 공부 맛을 모르는 사람들은 이렇게 말을 합니다. "공부가 재미있다고요?" 배움이 무엇인지를 맛을 본 적이 없는 이들에게는 공부라는 것은 노동이지 재미있는 놀이가 아닐 것입니다. 나는 평생 공부를 할 계획입니다. 공부의 맛을 알고 있는 이상 브레이크가 없는 기차처럼 달리고 싶습니다. 내 공부 분야는 무한대입니다. 한 분야를 뚫으면 다음 분야를 찾아 나섭니다. 마치 광맥을 찾아 나서는 사람과 같이 뛰고 있습니다.

어느 날 이런 생각을 해 본 적이 있습니다. "200살까지 아프지 않고 살고 싶다." 이런 황당한 생각을 한 것은 공부하면 할수록 알고 싶은 게 너무 많아졌고 해 보고 싶은 것도 늘어났기 때문입니다. 내가 운영하는 학교의 학생들에게 주고 싶은 게 있습니다. "너희들이 세상을 놀랍게 해 볼래?"라고 말입니다. 이 꿈은 세상의 인류에게 큰 공헌을 할 프로젝트를 일음일음 쌓아 두고 있습니다. 이는 꿈만이 아닌 사실적으로 가능한 일들입니다. 내가 꾸는 꿈은 공부에 미친 학생들이 와야 가능한 일입니다. 누가 시켜서 공부하는 학생들은 입학하고자 해도 입학 허가를 내주지 않습니다. 나는 공부의 자유를 경험한 학생들을 찾고 있습니다.

공부에 미쳐야 새로운 시도를 겁 없이 할 수 있습니다. 실리콘밸리에 있는 자들은 공부에 미치고 실행에 두려움이 없는 자들입니다. 중국에서도 이런 자들이 수없이 길러지고 있습니다. 대한민국은 공부에 질리고 실행하는 것에 두려움을 느끼는 이들이 늘어나고 있습니다. 오로지 "선생님, 이거 맞아요?"라고 말하며 확인받으려는 겁쟁이들만 양산되는 것은 아닌가 하는 안타까움이 일어납니다.

미래학자인 레이 커즈와일은 현재 60세가 넘어도 신체 나이는 40대라고 합니다. 레이 커즈와일이 40대의 신체를 유지하는 비결은 매일 100알 이상의 영양제를 먹기 때문이라고 합니다. 예전에는 150알을 먹었다고 합니다. 현대 의학의 발달로 100알로 줄어든 것이라고 합니다. 레이 커즈와일이 왜 이런 이해가 되지 않는 행동을 할까요? 미래학자인 이 사람은 2045년의 미래를 예측합니다. 이때가 기하급수적으로 과학이 발달한다고 보고 있는 것입니다. 이 시기가 인간이 영원히 살수 있는 과학기술이 발달하는 시기로 보고 있는 것입니다. 놀라운 것은 커즈와일이 현재까지 예측한 미래는 거의 다 맞았다고 하니 기대감이 생깁니다. 커즈와일은 그냥 영원히 살고 싶은 게 아닙니다. 배우고

자 하는 열정에 사로잡힌 사람입니다. 자신이 발명한 모든 것을 현실 세계에서 구현해 보고 싶어 하는 사람으로 보입니다.

현재 세상을 흔들어 놓는 인물들의 특징은 모두 공부광(狂)입니다. 이들은 우리나라 초·중·고등학생처럼 공부하지 않습니다. 우리나라의 학생들은 미래에 필요하지도 않을 공부를 위해 온 에너지와 재정을 다 쏟아붓는 것에 반해 세상을 뒤흔든 천재들은 우리나라와 같은 식의 공부는 하지 않습니다. 이들이 하는 공부와 우리나라의 학생들이 공부는 결과 질은 완전히 다릅니다. 우리나라의 학생들은 공부를 노동으로 생각한다면 세계의 리더들은 공부를 놀이로 생각합니다. 나 또한 공부는 놀이에 불과합니다.

공부를 놀이로 알게 되는 순간이 오면 그 학생은 세상이 다르게 보이게 되는 것입니다. 아들아이가 초등학교 5학년 때부터 이문열이 평역한 삼국지 10권을 10회독 이상을 읽었습니다. 나는 아이에게 로버트 그린의 『권력의 법칙』을 읽어 보라고 권했습니다. 다 읽고 『니코마코스의 윤리학, 정치학, 시학』으로 넘어가야 하는 시점인데 다시 『권력의 법칙』을 읽어 보겠다고 했습니다. 나는 기꺼이 그렇게 하라고 했습니다. 두 번째로 『권력의 법칙』을 읽는 아이의 눈빛이 빛이 납니다. 이렇게 재미있는 책을 어떻게 알았냐고 하면서 자신에게 소개해 줘서 고맙다는 말을 하는 아이를 보며 흐뭇했습니다. 중학교 1학년 때에는 A. 토크빌이 쓴 『미국의 민주주의』와 플루타르코스가 쓴 『플루타르코스 영웅전』도 읽혔습니다. 중학교 2학년이 된 지금은 톨스토이가 쓴 『이반 일리치의 죽음』을 읽도록 했고 더 나아가 호메로스가 쓴 『오디세이

아』도 읽혔으며 플라톤이 쓴 『메논』도 읽혔습니다. 이렇게 인문학을 공부하게 하는 것은 배움의 즐거움에 빠지도록 하기 위해서였습니다.

나는 공부의 원리와 철학을 깨닫고 많은 학생을 특목고나 SKY 중 하나를 보냈고 그 밖의 학생들을 명문대에 보냈다고 아들아이에게 공부를 강요하지 않았습니다. 아마도 내가 공부의 비밀을 알고 있는 이 상황에서 중학교 2학년 아들아이에게 공부를 강요했다면 지금쯤 아들아이는 고등학교 영어와 수학을 모두 다 끝내고 더 상위의 공부를 하고 있을 것입니다. 아들아이가 우수한 두뇌를 갖고 태어났으니 충분히 욕심도 낼 만했지만 나는 그렇게 하지 않고 있습니다. 나는 내가 사랑하는 자녀에게 노동을 시킬 마음이 없었기 때문에 전혀 공부를 강요하지 않고 있습니다. 기본 공부만 하고 매일 놀 수 있는 시간을 충분히 주고 있습니다.

나는 내가 만나는 학생들에게도 그중에 제자들이 되는 이들에게도 노동을 시키고 싶지 않습니다. 공부는 노동이 아니기 때문입니다. 공부는 놀이가 될 때 평생 할 수 있습니다. 나는 어른들에게 묻고 싶습니다. "모든 일과를 마친 후 공부하십니까?"라는 말입니다. 이 질문 앞에 "예, 공부하고 있습니다."라고 하는 분이 있다면 그는 공부가 놀이인 줄을 아는 게 아닐까 싶습니다. 학부모는 매일 스마트기기와 리모컨만을 붙잡고 살면서 자녀에게 공부하라고 한다면 자녀를 매일 노동의 현장으로 매일 보내는 것입니다.

자녀들에게 공부를 강요하게 되면 나타나는 부작용은 '공부는 재미없는 거야. 나는 빨리 고등학교 졸업 후 공부를 끝내 버릴 거야'라는 부정적 인식을 심어 주게 되어 있습니다. 이렇게 공부가 재미없다는 생각이 뇌리에 박히면 이 학생의 미래는 끝난 것이라고 보시면 딱 맞습니다. 이유는 2020년을 기준으로 2060년까지를 학습사회로 보는 미래학자가 있기 때문입니다. 이제는 평생 교육 시대가 온 것입니다. 변화하는 세상에서 생존을 넘어 존재적 인간으로 살아가는 비결은 공부하는 법을 익히는 것입니다.

놀랍게도 공부하는 재미를 알려 주는 곳은 별로 없어 보입니다. 아직 내 눈에 띄지 않습니다. 공부의 재미를 알려 주려면 경험하게 하는 것이 최고로 좋다고 생각합니다. 모두 사교육 기관에 갇혀 1970년대의 평화시장에서의 노동자들의 삶처럼 살아가는 듯합니다. 아니 닭장에 갇힌 닭들처럼 '공부'라는 노동에 빠져 지내는 학생이 훗날 행복하리라는 것은 말이 되지 않습니다. 나는 지금 행복한 아이가 훗날도 행복할 수 있다고 생각합니다.

학부모께서 자녀에게 공부하라는 이유는 단순합니다. "다 너의 미래를 위한 거야!"라는 말씀은 맞지만 진정 아이를 위한 것인지에 대해서는 생각을 해 봐야 할 때라고 봅니다. 나는 미래 교육 세미나를 10년 넘게 진행해 오고 있습니다. 강의 때마다 꼭 말하는 주제에 현재 교육과 미래 교육에 대한 부분을 다룹니다. 강의를 들으러 오는 분들에게 "여러분, 자녀들의 미래는 현재 받은 교육으로 살아갈 수 없습니다. 미래를 위한 대비를 하십시오. 그 미래는 먼 미래가 아닙니다. 바로 내일입니다."라고 말을 합니다. 이 말을 알아듣는 학부모는 빠르게 변화에 적응하려고 합니다. 이를 위해 나는 계속 미래 교육 프로그램을 개발하고 있습니다. 내가 세운 학교도 공교육 커리큘럼을 따르지 않는 대한민국에 유일한 커리큘럼으로 공부를 하게 합니다.

대학에서도 맛보기 식으로만 접하는 교육을 깊이 있게 공부하게 합니다. 내게 온 한 어머니가 이런 말씀을 하셨습니다. "이게 된다면 유학도 갈 필요도 없는 거 아닌가요?" 나는 "맞습니다. 내가 짜놓은 커리큘럼대로 하면 유학 갈 필요가 없습니다."라고 짧게 말씀을 드렸습니다. 대한민국은 기술 선진국인지는 몰라도 교육 후진국인 것은 확실합니다. 말레이시아는 현재 우리나라의 아이들이 배우는 교육 과정을 폐기한 지 꽤 되었습니다. 말레이시아의 교대 학생들에게 미래 교육에 맞춘 교육을 해 학교에 배정하기로 하고 그렇게 교육 정책을 바꿨습니다.

공부, 노동인가? 놀이인가? 후편

　가깝고도 먼 나라 일본에서도 바칼로레아를 2013년 6월에 도입하기로 하고 2020년이 되면 전국의 교육시스템을 IB(International Baccalaureate)로 전환합니다. 일본이 이렇게 교육의 틀을 완전히 바꾸는 이유는 잃어버린 20년의 원인을 교육에서 찾았기 때문입니다. 바칼로레아를 제대로 도입을 하게 되면 공부만큼 재미있는 게 있을까 싶습니다. 우려되는 부분은 바칼로레아가 한국에 도입이 되면 어떻게 될까? 하는 생각이 듭니다. 최우선으로 바칼로레아 전문 사교육 기관이 성행할 것입니다. 논술과 토론 기술은 기본적으로 알려 줄 것입니다. 이렇게 되면 대한민국은 미래가 희미해질 것입니다. 나는 누구에게도 글쓰기 첨삭을 해 주지 않습니다. 내게 인문학 컨설팅을 받는 제자들에게도 글쓰기 첨삭은 안 해 줍니다. 학생이 쓴 글을 읽어 주고 간단한 내 생각만 말해 줍니다. 나는 절대 글쓰기 지도를 하지 않습니다.

　너무 무책임한 것이 아니냐고 말할 수 있지만 그렇지 않습니다. 내가 무책임한 것이 아닙니다. 학생이 글쓰기 첨삭지도를 받는다면 그

글은 누구의 글이 되는 것일까요? 학생의 글일까요? 첨삭 지도한 선생의 글일까요? 생각해 본 적이 있습니까? 그것은 첨삭하시는 선생의 글이자 생각일 뿐입니다. 학생이 작성한 진정한 글은 스스로 생각하고 알아서 정리해 나가 는 것입니다. 그 속에서 자기 생각이 자라고 커져 나가게 되는 것입니다. 그 과정에서 글쓰기 즐거움을 알게 되고 공부의 맛을 경험하게 되는 것입니다. 더 나아가 도전에 대한 두려움이 사라지게 되는 것입니다. 이런 경험을 계속하는 이들이 공부의 자유를 누리게 되는 것입니다.

나는 아이큐 70의 학생들에게도 글쓰기를 컨설팅한 적이 있습니다. 이 학생들이 자기 생각을 쓰는데 글에 힘이 있었습니다. 글쓰기는 아이큐와 상관이 없다는 것을 증명하는 듯했습니다. 나는 아이큐가 평균 이하의 학생들에게도 인문학을 컨설팅한 적이 있습니다. 인문학은 일반인도 쉽게 접근하지 못하는 학문이라는 생각이 강합니다. 이는 생각에 묶인 것일 뿐입니다. 나는 그런 말의 기준을 따르지 않습니다.

나는 아이큐 50도 채 안 되는 초등학교 6학년 아이에게『소크라테스의 변명』,『니코마코스 윤리학』과『정치학』그리고『시학』을 읽혔습니다. 어느 날은 이 학생이 고민하는 모습에 "고민하지 않아도 돼."라고 하자 이 학생은 "고민하는 게 아니라 생각하는 중이거든요."라고 대답하였습니다. 나는 이 외마디 말에 충격을 받았습니다. 남들은 사소하게 생각할지 모르지만 나는 그렇게 생각하지 않습니다. 이 학생은 많은 생각을 했고 책도 꾸준히 읽어 초등학교에서 독서 상으로 은 장을 3회씩이나 받아왔습니다. 이 학생의 자신감은 공교육의 중학교에 들어

간 지 얼마 되지 않아 무너졌습니다. 이 학생이 울면서 집 안으로 들어오며 던진 외마디 말이 이랬답니다. "나는 장애인이 아니야. 난 장애인이 아니라고." 이 외마디 말로 이 학생은 모든 것을 포기했습니다. 얼마나 힘들었을까요? 공교육의 학교의 현장에서 같은 반 아이들이 던진 그 한 마디씩 던진 비수 같은 말 "야, 장애인. 병신아. 바보야." 이런 말들을 수없이 들었을 이 아이는 바로 내 첫째 아들입니다. 성인이 된 현재는 스스로 할 수 있다는 힘을 잃은 장애인이 되어 거의 뇌를 쓰지 않는 장애인으로 살아가고 있습니다. 이런 일이 생긴 이유가 무엇일까요? 내 첫째 아들은 중학교 가기 전까지만 해도 독서광이었습니다. 하루도 거르지 않고 책만 읽으며 지냈습니다. 이 아이에게는 독서는 노동이 아니라 놀이였습니다. 중학교의 환경은 그렇지 않은 듯합니다. 유연한 생각을 하는 학생들보다 경직된 상태의 아이들이 더 많은 듯합니다. 이 결과로 장애를 안고 태어나 자란 장애 학생들은 학교에서도 놀림감이 되고 맙니다. 주인의식을 갖고 사는 중학생들은 이렇게 하지 않을 것입니다. 스스로 주인이 된 적이 없는 아이들의 잘못된 행동에서 만들어 낸 결과입니다.

내게는 꿈이 있습니다. 태어나면서 발달 장애라는 진단을 받은 아기들의 뇌를 정상 수치로 바꾸는 꿈의 학교를 세우는 프로젝트입니다. 단, 0~5세 아이들만이 가능합니다. 그렇게 된 사례가 미국과 일본에 있으므로 가능합니다. 나는 늦게 이 사실을 알고 엄청 땅을 치고 후회했습니다. 내가 조금 더 공부했더라면 하고 말입니다. 내가 공부의 즐거움을 더 빨리 알았으면 어떻게 되었을까 하는 생각을 자주 합니다.

나는 내게 보내진 첫째 아들을 천재로 길러내었을 것입니다. 나는 이 꿈을 이룰 것입니다. 장애가 있는 아이를 낳아 신촌 세브란스 병원에서 재활 치료를 위해 수시로 출근하는 엄마들에게 희망을 주는 학교를 세울 것입니다. 공부하는 것은 어려움에 부닥쳐 사람들을 돕기 위해 하는 것입니다. "어떻게 하면 사람들에게 기쁨을 줄까? 어떻게 하면 모든 사람이 행복하게 살아갈 수 있을까?" 이것이 공부하는 이유 중의 하나는 될 수 있다고 생각합니다.

나는 매일 학생들만 생각합니다. "어떻게 하면 학생들이 즐겁게 공부할 수 있을까? 공부의 재미에 빠지게 하는 방법은 무엇일까? 오늘은 무슨 질문을 해서 공부의 자유를 경험하게 할까?" 이런 질문들은 내겐 일상이 되어 있습니다. 어떤 분은 내게 또 반문할지 모릅니다. "공부가 재미있다는 말이 이해가 안 됩니다. 그게 말이 돼요?" 혹 그런 분들이 있으시다면 "내게 찾아와 주십시오. 내가 공부가 무엇인지를 경험시켜 드리겠습니다." 내가 하는 말을 잘 들어 보시고 실행하시면 이해가 될 것입니다. 나는 공부를 가르치지 않습니다. 오직 경험시킬 뿐입니다.

내게 상담을 온 학생들과 어머니가 계셨습니다. 내 설명을 다 듣고는 "혹시, 어른도 교육을 받을 수 있나요?"라는 뜻밖의 질문을 던졌습니다. 나는 "어른들은 안 합니다." 잘라 말했습니다. 이 어머니 말씀은 이랬습니다. "저의 남편이 중학교밖에 졸업을 못 했습니다. 돈은 많이 벌었지만 배움에 대한 갈증을 느끼는 남편을 돕고 싶습니다. 제발 받아 주세요."라는 말씀에 나는 50대 중반 되시는 어른을 내가 운영하는 나무미래자유인문학교의 학생들 틈에 자리를 내주었습니다. 처음에는 서로 어색했습니다. 하루하루 지나며 50대 중반의 아저씨가 이렇게 말을 합니다. "진짜 공부가 무엇인지를 알았습니다. 정말 감사합니다. 공부가 이렇게 재미있는 줄 이제 알았습니다." 공부를 오랫동안 하지 않았던 중년의 어른이 하루 6시간씩을 책상에 앉아 공부하시는데 힘들다고 하지도 않고 지겹다고 하지도 않고 영어와 인문학을 공부하면서 "왜 아이들이 이 재미있는 공부를 안 할까요?" 내게 물으셨습니다.

나는 말했습니다. "아이들은 공부를 놀이가 아닌 노동으로 받아들였기 때문입니다. 공부의 맛을 모르고 우격다짐으로 하므로 공부가 노동인 줄 아는 것입니다." 나는 이 중년의 아저씨에게 말해 주었습니다. "서울 강남에 사는 중학교 아이들의 꿈이 무엇인지 아세요? 다음 날 아침 학교가 사라지는 것이랍니다." 학교가 사라지면 자신들은 공부라는 틀에서 자유를 얻을 수 있다고 생각하는 것이지요. 공부는 어렵지도 않고 지겨운 것도 아니고 혐오스러운 것은 더욱더 아닙니다. 공부는 세상에서 제일 재미있는 놀이를 하는 것입니다. 이런 공부를 지겹게 인식시키는 교육계가 문제입니다.

"진짜 공부가 재미있다고요? 그게 말이 된다고요?" 이런 생각이 떠오른다면 곰곰이 생각해 보시기 바랍니다. 자녀들에게 공부하라고 하는 이유가 무엇인지 스스로 물어보시기 바랍니다. "해야 하니까? 안 하면 훗날 고생하니까? 더 나은 너의 미래를 위해서?" 이런 말들이 자녀들의 마음을 움직일 수 있다고 생각하시나요? 오히려 잔소리로만 들리지 않을까요?

그럼 다시 스스로 질문해 보시기 바랍니다. "나는 내 자녀가 공부하는 이유를 알고 공부하도록 하고 있는가?" 무엇이든 이유를 알면 쉽게 갑니다. 나는 이유라는 말을 이렇게 정의를 내립니다. 이유는 삶의 목적입니다. 목적을 풀어 쓰자면 '존재 이유'라고 표현할 수 있습니다. 공부에도 목적이 있습니다. 앞에서 말씀드린 것처럼 공부는 성공하기 위해 하는 것이 아닙니다. 성공을 위해 사는 사람들은 자신의 삶을 노동자로 전락시킨 것이나 다름이 없습니다. 우리는 이 땅에 태어난 목적이 노동하기 위해 태어난 것이 아닙니다. 노동은 신성하기는 하지만 그 신성함은 잘 먹고 잘살기 위해 뛰는 것에는 신성함이 없습니다.

우리는 두 가지의 길을 걷습니다. 한 가지는 목적적이고 다른 것은 목표적인 것입니다. 이는 전혀 다른 정의를 하고 있습니다. 대개는 목적과 목표를 혼동하여 사용하는 것을 봅니다. 목표는 제한적이고 한시적입니다. 시간과 함께 달성하면 허탈감을 안겨 줍니다. 목적은 한시적이지 않습니다. 시간의 제약을 받지 않고 행복감은 계속 유지됩니다.

밥 솅크는 "목표는 언제나 측정 가능하고, 주어진 기간 안에 성취할 수 있으며, 일단 성취된 다음에는 새로운 목표로 대체될 수 있다. 주어진 시간 안에 여러 개의 목표를 가질 수도 있다. 반면에 목적은 측정할 수 없고, 평생토록 완전하게 달성될 수 없으며, 살아가면서 재정의되고 재 진술될 수 있을 뿐이다. 다른 것으로 대체되는 것이 아니다."

자녀에게 어떤 길을 선택하도록 돕고 싶습니까? 『꽃들에게 희망을』이라는 책에 나오는 애벌레들처럼 밑도 끝도 없이 막연하게 기둥을 쌓아 가는 인생을 살아가도록 하시겠습니까? 아니면 주어진 인생의 시간을 가장 행복한 존재로 살아가게 하고 싶으십니까? 내가 행복한 이유는 "알아 가는 즐거움 때문이고 이 즐거움을 또 다른 이들도 경험할 수 있도록 하기 때문입니다." 나는 늘 말하지만 내가 살아가는 이유는 '당신입니다.'라는 말을 좋아합니다. 내 앞에 있는 당신이 행복해지는 것이 내가 살아가는 이유입니다. 자녀들이 자신의 삶을 한마디로 정의를 내릴 수 있다면 그 자녀는 삶이 행복하지 않을 수 없게 되는 것입니다. 삶이 힘든 것은 좌표가 없기 때문입니다. 좌표는 목표가 아닌 목적입니다.

누군가 내게 공부하는 이유를 묻는다면 답은 딱 하나입니다. "재미있어서 합니다." 학생들은 이렇게 항변할지 모릅니다. "공부를 재미로 한다고요? 거짓말하지 마세요." 나는 공부의 맛을 알았기 때문에 공부합니다. 나는 내가 만난 수많은 제자에게 이 비밀을 전수해 주고 있습니다. 학생들이 공부를 지겨워하는 것은 스스로 공부를 해 본 적이 없기 때문입니다. 그럼 수많은 교사는 이것을 모르지 않을 텐데 왜 선택하지 않을까요? 아무것도 가르치지 않으니 쉬운 줄 알지만 사실 더 어렵습니다. 어느 정도 어려운지 궁금해하시니 이렇게 표현을 해 보겠습니다. "머리카락 다 빠질 정도로 힘듭니다." 기다려야 하기 때문입니다. 학생이 공부의 맛에 빠지도록 침묵해야 하기 때문입니다. 가르치는 것보다 두세 배는 더 힘듭니다.

사람은 공부의 맛을 알면 알수록 견딜 수 없이 행복해집니다. 공부라는 행위를 했기 때문에 행복해지는 것이 아니라 자신의 무식과 무지를 깨닫게 되므로 밀려오는 기쁨을 감출 수 없게 되는 것입니다. 이로 인해 지혜가 새록새록 쌓아져 즐거워지는 것입니다. 나는 이것을 공부

놀이로 정의를 하고 싶습니다. 사람은 자신이 누구인지를 알아 가게 될 때 희열을 맛보게 됩니다. 자신이라는 존재를 알지 못할수록 사람은 방황하게 됩니다. 이때부터 공부는 놀이가 아니라 노동이 되는 것입니다.

공부라는 매개물로 인해 자신의 존재를 깨닫게 되고 유레카를 외치며 행복을 얻게 되는 것입니다. 이것을 많이 경험한 아이들일수록 배움은 유희가 되는 것입니다. 지식을 습득하는 과정은 환희입니다. 이 즐거움의 과정이 고통의 시간이 되는 것은 공부를 노동의 관점에서 실행했기 때문입니다. 즐겁게 노동을 선택하는 사람은 드뭅니다. 노동은 지시자가 있고 지시를 받는 노동자가 있습니다. 노동으로서의 공부를 하는 자들은 공부가 재미있을 리가 없습니다. 학생이 스스로 생각하지 않고 남의 생각을 그대로 듣고 정리하는 방식의 공부는 진정한 공부라 할 수 없습니다.

수동적인 공부는 놀이가 아니라 노동이 되는 것입니다. 노동은 주로 힘이 약한 자들의 몫입니다. 권력을 잡은 자들은 노동하지 않고 인생을 놀이처럼 즐기며 살아갑니다. 그의 자녀에게도 인생을 즐기며 살아가는 법을 전수해 줍니다. 나는 내 아이에게 사람을 다루는 법을 전수 중입니다. 대개 공부하는 학생들은 권력자 밑에서 일할 기회만을 위해 공부하고 있습니다. 진짜 공부는 타인 아래 들어가 일하는 사람이 되기 위해 하는 것이 아닙니다. 엠제이 드마코의 말에 귀를 기울이시기 바랍니다. "대기업에 취업했다고, 공무원이 되었다고 당신의 인생이 성공했다고 착각하지 마라. 그래봤자 일주일에 5일을 노예처럼 일하고 노예처럼 일하기 위해 2일을 쉰다." 남의 회사에 들어가 일하려는 공부는 지금의 공교육 공부라는 사실은 꼭 기억하시길 바랍니다.

리더의 자녀는 공교육 공부에 집중하지 않습니다. 그들의 자녀는 사람들을 다루는 법을 배웁니다. 리더의 자녀는 공부를 노동하듯 하지 않습니다. 그들에게 공부란 놀이입니다. 놀이는 아무리 놀아도 지치고 지겹지 않습니다. 자녀에게 노동을 시키겠습니까? 놀이를 시키겠습니까? 지금 노동하듯 공부하는 자녀는 훗날 어른이 되어도 노동자로 사는 삶을 살아갑니다. 육체노동자이든 사무직 노동자이든 모두 같은 노동자입니다. 리더들의 자녀들은 다른 교육을 받습니다. 그것은 생각하는 공부입니다. 기억하시기 바랍니다.

3장

공부의 길을
묻다

정답에만 길들여지는 아이들

　인생에 정답이 있을까요? 인생에 비법서가 있다면 모든 이들이 그 비법을 사려고 전 재산을 바칠 것입니다. 없는 게 다행이 아닐까 싶습니다. 보물 지도와 같은 비법이 있다면 사람들은 스스로 답을 찾기보다는 정답지를 찾는 데 인생을 허비할 테니 말입니다. 내가 만난 학생들이 공통으로 묻는 것이 있습니다. 학생들과 질문을 주고받으면 얼마나 재미있고 즐거울까요? 하지만 학생들은 질문은 하지 않고 정답만 묻습니다. 질문하는 유형도 정답을 알고자 하는 단답형 질문 정도입니다. 나는 학생들의 말속에서 안타까움을 느낍니다. "누가 저들을 저렇게 만들어 놓았을까?" 하는 마음에 무슨 말을 해야 할지 모를 정도입니다. 나는 내가 만나는 학생들이 사고의 확장이 일어나도록 하는 과정을 거칩니다. 답을 물음이 아닌 질문다운 질문을 하도록 말입니다. 내게 질문이라고 하는 학생들의 공통적인 것은 "이거 맞아요?"를 연신 뿜어내는 것입니다.

　그럼 왜 학생들은 모두 앵무새처럼 이런 의미 없는 질문들을 쏟아

널까요? 내가 보는 견해는 자신이 풀어낸 문제에 대한 확신이 없는 것이 첫째이고 자신이 실패할 것에 대한 두려움을 미리 피해 가려는 것이 두 번째라는 생각이 듭니다. 심하면 자신의 인생이 망하는 것처럼 생각하는 학생들도 있습니다. 문제를 틀리게 되면 "에이~ 망할~ 망했다." 문제 하나 틀렸다고 자신 앞에 주어진 일들이 망하지 않습니다. 오히려 인생이 망하게 되는 경우는 지금의 공교육에 몰입될수록 인생이 망할 확률이 99%입니다. 나는 미래 교육 세미나에서 다루는 또 다른 주제는 공교육이 어디에서 시작되었는지 수시전형의 실체에 대해 공교육과 부자교육의 차이를 강의합니다.

나는 학생들의 의식이 전환되도록 이야기를 조금씩 하며 생각을 나눕니다. 교육은 일반교육이라 할 수 있는 공교육과 소수의 지도자 자녀들이 받는 부자교육으로 나눠진다고 학생들에게 말해 주곤 합니다. 어떤 학생이 이런 말을 하였습니다. "그럼 공교육은 천민 교육이네요?" "그래 그 표현이 좋구나. 맞아, 공교육은 천민 교육이지."라고 말해 주었습니다. 예전에는 2차 산업혁명 시대에 통했던 천민 교육만을 잘만 받아도 중간은 갔습니다. 대기업의 취업도 가능했고 나름 중산층이라는 소리를 듣고 살아갈 수 있었습니다.

이제 머지않아 공교육의 특수를 누린 중산층의 몰락을 예고하고 있습니다. 서울대학교 유기윤 교수팀은 미래의 계급을 이렇게 나눴습니다. 1계급은 플랫폼 등 기술을 소유한 기업 0.001%, 2계급은 인기 정치인, 연예인 같은 스타 0.002%, 3계급은 사회 전반의 일자리를 대체할 인공지능, 프레키아트 계급은 나머지 99.997% 단순 노동자로 나눴습니다. 이 계급 구조는 인공지능으로 인해 더욱더 빨라지고 있습니다. 인공지능으로 인해 중산층의 몰락을 예고하고 있습니다. 사무직 노동자들의 일자리가 대거 사라질 것이라고 보고 있습니다.

이제 자녀들을 인공지능에 밀리지 않는 교육을 하게 해야 합니다. 이는 정답에 수긍하지 않으며 생각하는 인간이 되도록 교육할 때만 가능합니다. 책을 읽어도 생각을 키우기 위함이 아닌 독후감 쓰기 위해 읽는 것은 도움이 되지 않습니다. 내게 인문학 컨설팅을 받는 학생들에게 글 쓰는 원리는 알려 줘도 책을 읽고 요약정리는 하라는 지시는 하지 않습니다. 책을 읽은 것은 생각하기 위함이지 글쓰기 위함이 아니기 때문입니다. 더 나아가 첨삭지도도 안 합니다. 학생의 생각 자체를 존중하려 하기 때문입니다.

그런데도 학부모들께서는 공교육인 모든 것을 쏟아붓고 있는 모습입니다. 미래사회에는 주입된 교육을 받아먹어 성적을 올린 자들이 필요한 시대는 지난 지 오래입니다. 우리나라의 학부모들께서 선망하는 SKY 졸업을 해 봐야 자괴감만 더 들게 만든 곳이 되고 말았습니다. 몇 년 전이었습니다. 서울대학교 법대를 졸업한 한 여학생이 TV에 출연하여 울면서 말을 했습니다. "내 인생에서 제일 후회되는 것이 서울대학교 법대를 간 것입니다. 부모님 말씀대로 공부하면 출세한다고 해서 시키는 대로 열심히 공부했습니다. 그런데 저는 지금 취업도 못 하고 있습니다." 이게 현실입니다.

여기서 핵심은 서울대학교 법대생이 취업이 안 되었다는 게 아닙니다. 부모가 시키는 대로 했는데 미래가 없다는 것입니다. 지금 자녀에게 부모가 바라보는 이상향대로 교육한다면 미래가 있기보다는 없다고 보는 게 더 맞을 것입니다. 이유는 부모들은 다가오는 미래에 대해 인지하지 못하고 과거를 기준으로 해서 "SKY 가니까 대기업에 들어가더라."라는 식으로 보시는 분들이 아직 많기 때문입니다. 지금은 어느 대학을 가느냐의 문제에 집중해서는 자녀의 미래뿐 아니라 부모의 미래도 암울해질 수 있습니다.

지금은 자녀가 스스로 문제를 해결할 능력을 갖추었느냐 그렇지 않으냐에 따라 인생이 달라집니다. 대한민국 대다수 학생은 시키는 것은 잘합니다. 학생들만 그렇지 않습니다. 어른들도 마찬가지입니다. 이렇게 길러진 인재들이 갈 곳은 점점 사라지는 정도가 아니라 아예 없어지고 있습니다. 기업들도 말 잘 듣는 사람을 뽑는 게 아니라 스스로 생각하고 주도적으로 일을 만들어 내는 사람들을 선호합니다. 미래사회는 누구의 지시받는 사람을 원하지 않습니다.

미래사회에서는 사람의 지시를 받는 게 아니라 인공지능(AI) 관리자에게 지시를 받는 세상이 온다고 합니다. 인공지능(AI)이 사람을 지시하는 세상에서 우리의 자녀들이 살아가게 된다니 암울하게 생각될 수 있습니다. 스스로 생각하는 법을 익힌 자녀는 예외입니다. 현재는 가정에서 인공지능(AI)에 신기해하며 지시하지만 멀지 않은 날에 인공지능(AI)이 인간에게 지시하는 날이 오면 인간들에게는 재앙의 날이 되는 것입니다. 인공지능(AI)은 사람을 편파적으로 가리지 않습니다. 이는 인공지능(AI)이 사람보다 더 잘 해낸다는 것입니다. 인공지능(AI)은 쉬지도 않을 뿐 아니라 화를 내지도 않습니다. 간식 달라고 하지 않습니다. 임금 인상 요구도 하지 않습니다. 기업주로서는 최고의 파트너가 되는 것입니다.

나는 교육을 20년 넘게 연구를 해 왔습니다. 그것도 지금의 현재 공교육 시스템을 익히기 위한 것이 아닌 미래에 대한 교육에 관한 것을 말입니다. 감사하게도 미국의 하버드 대학과 스탠퍼드 대학, 올린 공대, 프랑스의 에콜 42 직업학교 등에서 내가 주장하고 실행하는 교육 원리와 철학을 시도하고 있습니다. 어찌 보면 내가 먼저 시도했다는 것 자체로 자부심이 있습니다. 이 대학들의 공통적 특징은 가르치지 않습니다. 교수들의 역할은 코치에 불과합니다. 수업의 주체는 학생들입니다. 이들은 서로 토론을 하고 협업을 하며 문제를 해결해 나갑니다. 교수가 주체가 되는 대한민국 교육과는 판이합니다. 세계 교육의 추세는 지금 가르치는 일이 없이 학생들이 스스로 공부하게 하고 있습니다. 내가 거론한 대학들은 지식을 배우는 것이 아니라 배우는 방법을 경험하도록 하고 있습니다. 미래 사회에는 스스로 배우는 방법을 익혀야 하는 것은 자명해졌습니다.

지금도 대한민국의 교육은 지식만을 주입하는 온 에너지를 다 쏟고 있습니다. 학생들과 학부모도 그렇게 하는 게 옳은 줄 생각합니다. 부모 세대가 공부하여 출세를 경험한 경우라면 더욱더 변화를 감지 못합니다. 자녀가 살아갈 미래인 2025년 후는 더 확연히 달라질 것입니다. 내가 2025년에 시간을 둔 것은 피부로 와 닿는 시기를 말씀드리는 것입니다. 현재 모든 학부모는 자녀가 대학에만 갔으면 하는 바람이 있습니다. 그 바람은 이제 머지않아 허망해지게 될 것입니다. 지금 세상의 변화 속도는 가르치는 자의 기준에 맞춰 따랐다가는 퇴보되는 삶을 맞게 될 것입니다.

나는 내가 만나는 학생들에게 수시로 전달합니다. "무조건 스스로 시도해라. 넘어져도 틀려도 두려워하지 마라."라고 말한 후 질문 방식으로 길을 제시합니다. 무조건 알아서 하라고는 안 합니다. 지금의 교육은 스스로 두려움이 없이 시도하고 넘어져도 다시 일어나는 투지를 갖춘 학생들이 되도록 길러내어야 합니다. 나는 투지가 있는 학생이 좋습니다. 그런 학생을 기뻐합니다. 실패를 두려워하지 않는 학생은 희망이 있습니다. 점수가 높은 학생이 미래가 있는 것이 아니라 스스로 공부하는 법을 터득한 후 투지를 품고 매일 자기와 싸우는 학생에게 미래가 있는 것입니다.

이런 학생은 훗날 어른이 되어도 자신만의 세상을 만들어 갈 수 있습니다. 나는 새롭게 만나게 되는 학생들에게 꼭 전달하는 게 있습니다. "넌 무엇이든 스스로 해내어야 한다. 해낼 수 있다. 틀려도 된다. 틀려야 한다. 맞추는 연습하지 마라. 인생은 맞추는 게 아니다."라고 말해 줍니다. 어떤 학생은 내게 이렇게 말을 합니다. "선생님에게 온 것은 가르쳐 달라고 해서 왔는데 왜 안 가르쳐 주세요?"라고 말입니다. 나는 담담하게 "그래? 그럼 학원으로 가라. 그곳은 친절하게 가르쳐 준다."라고 말을 해 줍니다.

나는 늘 말하지만 친절하게 배우는 것보다 불편하게 배우는 것이 학생의 미래에 더 유익하다고 주장합니다. 이제 그런 세상이 왔습니다. 스스로 공부하는 법과 문제를 해결하는 능력을 길러낸 학생들과 남에게 의존하여 문제를 해결한 학생들과 차이는 하늘과 땅 차이입니다. 오로지 성적에만 마음을 두는 학부모들이 있습니다. 하지만 성적보다 중요한 것은 자신은 할 수 있다는 자신감입니다. 이런 자신감은 성적에서 오지 않습니다. 스스로 질문하고 답을 찾아내고 문제를 해결한 경험이 많은 학생의 내면에서 만들어집니다.

자녀가 질문하는지 정답을 묻는지 점검해 보시기 바랍니다. 세상에는 정답이 없습니다. 앞으로 다가오는 세상은 더욱더 그렇습니다. 전세계는 세상에 없는 것을 만들어 내는 창의적인 인재를 요구합니다. 다른 사람과 협업하는 사람을 찾습니다. 문제 앞에서 두려움이 없이 뚫고 가는 강한 자를 원합니다. 나는 학원들이 미래를 대비하는 차원에서 이런 교육적 철학을 세워 미래를 대비하는 것도 학부모들에게도 학원에도 유익이 된다고 생각합니다.

지금 우리 아이는
공부하고 있을까요?

아이에게 공부하라고 말하며 문제집을 아이 앞에 가져다 둡니다. 더 황당한 것은 아이는 당연하다는 듯 문제집을 풀고 있습니다. 밤늦은 시간까지 문제집만을 붙잡고 씨름하는 아이도 있습니다. 나는 묻고 싶습니다. "공부는 언제 하나요?" 이 물음에 "이게 공부 아닌가요?"라고 내게 되묻는다면 다시 질문하고 싶습니다. "문제 풀이가 공부라고요?" 문제 풀이는 절대 공부가 아닙니다. 문제 풀이는 공부한 후에 점검하는 과정에 불과합니다. 공부하지 않은 상태에서 문제집을 푸는 것은 사고하지 않고 문제에 도전하는 것입니다. 아이가 공부를 좋아하게 하려면 우선 공부만 하도록 해야 합니다. 무슨 일이든 공부하지 않고 시도하면 즐겁지 않은 것입니다. 공부하지 않고 문제 풀이를 시도한다는 것은 생각이 전혀 정립되지 않은 상태에서 문제에 도전하는 것입니다. 주변에 개념 없이 사는 사람을 보면 "왜 저러고 살지?"라는 생각이 떠오릅니다. 공부도 마찬가지입니다. 나는 개념을 세우지 않고 공부를 한다고 하면서 문제집만 푸는 아이를 보면 의아한 생각만 듭니다.

묻고 싶습니다. "자녀가 공부하는 이유에 대한 개념이 세워져 있습니까?" 공부하는 이유는 생각하는 힘을 키우기 위함입니다. 이런 기본 기준도 없이 "공부해라." "공부해야지."라는 것은 시간과 체력만 낭비하는 것입니다. 높은 점수를 받기 위해 공부하는 것은 올바른 배움이 아님을 기억하셔야 합니다. 좋은 점수를 받았다고 생각이 깊어지는 것이 아니기 때문입니다. 생각이 깊어지는 공부가 선행되면 무엇이든 쉽게 할 수 있습니다. 이때에는 무엇을 선택해야 할지 어디로 가야 할지는 문제가 되지 않습니다. 공부라는 것을 제대로 해 본 적이 없는 우리나라의 학생들은 선택적 장애만 있는 것이 아니라 문제해결 능력도 턱없이 부족합니다. 이와 반대로 지능 지수는 세계의 1위이고 뛰어난 지능을 가지고 있지만 정작 활용하는 정도는 미미합니다. 이것은 공부하지 않은 결과에 불과합니다. 아이에게 공부만 하게 해야 합니다.

나는 학생을 만나면 공부만 하게 합니다. 공부 없이는 어떤 문제도 해결이 되지 않기 때문입니다. 무엇이 공부일까요? 고사성어에 '독서백편의자현(讀書百遍義自見)'이라는 말이 있습니다. 현시대에 이 말의 의미를 아는 사람이 어딘가에는 있을 것입니다. 나는 아직 만나본 적이 없어 정확히는 모르겠습니다. 내가 아는 것은 이 말의 의미는 사실이라는 것입니다. 누군가가 나를 향해 "그것을 당신이 어떻게 압니까?"라고 묻는다면 이렇게 말할 수 있습니다. 나는 경험을 했기 때문에 알 수 있습니다. 나는 고사성어대로 실행한 결과로 배움과 공부의 맛이 무엇인지를 온몸으로 깨우치게 되었습니다. '독서백편의자현(讀書百遍義自見)' 이 말이 고리타분한 말로 들린다면 아직 공부가 무엇인지 전혀 모르는 것입니다. 내게 공부는 경험하는 것입니다. 경험을 중심으로 공부를 하게 되면 정보를 소유하고 있는 차원이 아닌 정보가 온몸에 붙게 되는 것을 알게 됩니다. "정보 시대에 어떻게 그것이 가능합니까?"라고 묻는다면 나는 이렇게 말하고 싶습니다. "정보 시대이기 때문에 더욱 그렇게 해야 합니다." 정보 시대가 아니라면 그렇게 하지 않아도 될 수 있을 것입니다. '독서백편의자현(讀書百遍義自見)'은 미래지식에 꼭 필요한 공부 원리와 철학이 모두 담겨 있습니다.

아이가 '독서백편의자현(讀書百遍義自見)'의 원리대로 공부하게 한다면 어떤 일이 일어날까요? 과연 도전할 학생이 있기는 할까요? 아이들은 일반적으로 한 권의 책을 10회 읽는 것도 힘들어합니다. 읽는 것도 눈으로 대충 읽어냅니다. 이렇게 읽는 것은 100번이 아니라 1,000번을 읽어도 속뜻을 깨달을 수 없습니다. 일반적으로 10회를 읽으라고 하면 10회 읽기를 수박 겉핥기식으로 읽는 경우가 있습니다. 이것은 공부가 무엇인지 전혀 이해 못 하는 것입니다. 내게 온 고등학교 2학년 학생이 있었습니다. 이 학생은 암기과목이 잘 안 된다고 내게 말했습니다. 나는 강력한 공부 도구인 마인드맵 하나면 가능하다고 말했습니다. 나는 학생에게 마인드맵의 철학과 원리를 설명한 후 쉽게 공부하는 법을 깨우쳐 주었습니다. 문제는 우려했던 면이 나타나기 시작했습니다. 이 고등학교 2학년 학생은 마인드맵을 제대로 하지 못하는 것이었습니다. 고등학생 중에 처음이었습니다.

마인드맵을 알려 주면 학생의 생각하는 능력이 어느 정도인지 고스란히 드러납니다. 책을 많이 읽었거나 읽고 있는 학생은 입체적 사고가 쉽게 되는 것을 볼 수 있습니다. 이 고등학생은 놀랍게도 전혀 생각이라는 것을 하지 못하는 것이었습니다. 나는 계속 질문을 하며 스스로 답을 찾아가도록 했습니다. 그런데도 교과서의 핵심을 찾아내지 못하는 것이 계속 보였습니다. 학생은 시험을 치르고 왔습니다. 결과적으로 암기과목 성적은 바닥을 쳤습니다. 나는 학생에게 그 이유를 물었습니다. 학생은 내게 말했습니다. "선생님이 말씀하신 대로 했는데 안 되었습니다." 이런 경우에는 난감합니다. 나는 학생에게 다시 질문했습니다. "어떤 식으로 했는데?"라고 말입니다. 이 질문은 내 생각이 제대로 전달되었는지 알고 싶었기 때문에 한 것입니다. 이 학생은 내 말을 듣기는 하되 자신의 습관대로 공부하는 학생이었습니다. 학생은 "그냥 무작정 읽었습니다."라고 답을 했습니다. 나는 학생의 답에 "무조건 읽었다는 게 무슨 뜻이지. 의미를 생각하지 않고 읽었다는 거냐?"라고 조금 더 구체적으로 물었습니다. 학생은 충격적인 말을 해 주었습니다. "예, 그냥 읽으라고 해서 아무 생각 없이 읽었습니다."라고 말을 해 주었습니다. 나는 할 말을 잃었습니다. 아이들이 이렇게 공부하는 예도 있습니다.

또 다른 고등학교 2학년 학생과 고등학교 3학년 학생이 기억이 납니다. 이 두 학생은 위의 학생과는 조금 다른 양상을 띠고 있었습니다. 마인드맵은 잘하는데 생각 없이 하는 것은 비슷했습니다. 마인드맵까지 잘하고 우격다짐으로 외우는 것이었습니다. 나는 다시 물었습니다. "그걸 외우는 이유가 뭐니?" 하고 물었습니다. 학생은 당연하다는 듯 "이번 시험에 나온대요."라고 대답을 했습니다. 나는 다시 질문했습니다. "그러니까 외우는 이유가 뭐냐고?" 하며 조금 더 생각하도록 질문을 다시 했습니다. 학생은 내가 질문하는 의도를 전혀 이해하지 못하고 있었기에 나는 바로 외우지 않고 공부하는 원리를 설명해 주었습니다. 한 고등학교 2학년 학생이 내게 이런 말을 했습니다. "선생님, 우리 학교에 와서 공부를 가르쳐 주세요. 선생님 말씀을 들으니깐 갑자기 외우지 않았는데 내용이 다 이해가 돼요."라고 말해 주었습니다. 나는 고등학교 2학년 학생에게 이렇게 질문했습니다. "내가 가르쳤니? 아니잖아? 공부는 네가 한 것이잖아."라고 말했습니다. 학생은 내게 이렇게 말했습니다. "그런데 선생님은 내가 무엇이 문제인지 정확히 짚어 주셨잖아요."라고 말을 했습니다. 나는 학생에게 말해 주었습니다. "공부는 어려운 게 아니야. 본질을 알면 쉬운 거야. 알겠니?"라고 말입니다. 공부는 본질을 알기 전까지는 어렵고 힘든 것입니다. 공부가 무엇인지 알게 되면 실타래 풀리듯 술술 풀리는 게 공부입니다. 본질을 모르고 무작정 외우는 거나 문제집만 쌓아 놓고 푸는 것은 공부하는 것이 아닙니다.

"칡을 씹어 먹어 본 적이 있습니까?" 어른 중에는 있을 것입니다. 나는 어렸을 때 칡을 씹어 봤습니다. 처음의 쓴맛 때문에 뱉어 버리고 싶을 정도였지만 계속 씹어 보라는 말을 듣고 씹었습니다. 입안을 감싸는 단맛에 미소가 절로 지어졌습니다. 공부도 마찬가지입니다. 처음에는 힘들고 입맛도 쓰고 하고 싶지 않은 마음이 생기지 않을 수 있습니다. 이 과정을 제대로 밟고 견디는 자는 시간이 지날수록 배움의 단맛을 알게 됩니다. 내게도 책을 처음 접했을 때 이해가 안 되는 부분이 많아 힘겨웠던 적이 있었습니다. 이때부터였을까요? 책을 읽고 읽으며 속뜻을 알아내기 위해 고민하고 생각하며 읽어 낸 책 목록들이 늘어났습니다. 나는 이때부터 적극적으로 책의 소리를 듣기 시작했습니다. 이 과정은 외우는 것이 아닙니다. 모르면 주변 지식을 찾아가며 공부하기에 이르면서 배움의 즐거움에 빠지기 시작했습니다. 책의 내용이 이해가 안 되는 것은 배경지식이 약해서 그런 것입니다. 나는 횡렬 공부로 다양한 학문을 뚫어 버렸습니다. 대부분은 잘못된 방법으로 공부를 하므로 어려운 것입니다. 이것이 악화가 양화를 구축한다는 말처럼 본말이 전도된 방식으로 공부를 하는 것이 정석으로 되어 있습니다. 공부에도 바른 공부가 있습니다. 건강한 자세가 건강한 몸을 만들듯 바른 공부가 공부의 재미를 붙이게 하고 깊게 공부하게 합니다. 제대로 된 공부를 하게 되면 공부에 1시간도 할애하지 하지 못한 학생도 기본 7시간에서 10시간 넘게 공부를 하는 것은 놀랄 만한 일이 아닙니다. 바른 공부를 하게 되면 시간 가는 줄 모르고 공부에 빠지게 되어 있습니다. 지금 아이가 공부하고 있는지 아이의 마음을 살펴보시기 바랍니다.

선물

　세상에 선물이 아닌 것이 있을까요? 내가 잘나서 살아가는 것 같지만 훗날 뒤돌아보면 모든 것은 선물이었음을 깨닫게 되는 순간이 오지 않을까요? 지금 이렇게 글을 쓸 수 있다는 것조차도 훗날 선물이었음을 알게 되는 때가 올 것이라는 생각을 합니다. 나에게 있어서 큰 선물 중의 하나는 글쓰기와 책 읽는 삶이 있다는 것입니다. 나의 작은 생각을 함께 읽어 주시는 분들과 감사하다는 표현을 아낌없이 해 주시는 분들의 한 마디도 내게는 값진 선물이 아닐 수 없습니다.

　나는 분명 행복한 사람입니다. 이 행복의 가치는 과거를 통해 돌아보면 더욱 빛이 납니다. 나의 지나온 세월의 흔적을 떠올려 보면 지금이라는 것이 너무 소중한 것임을 새삼 느끼게 됩니다. 지금의 순간이 선물임을 깨닫게 되는 것은 과거가 있기 때문일 것입니다. 지난 과거가 고통과 아픔의 시간이었을지라도 그 순간은 또한 내게 값진 선물들로 조각된 날이었습니다. 나는 지금 지나는 순간들의 조각들을 기억하며 내게 가장 행복한 시간이었을 것이라고 말할 때가 올 것으로 생각합니다.

나는 가끔 미리 생각하지 않아도 될 것을 생각하곤 합니다. 내 임종 직전 나의 삶을 돌아보며 "그래 행복했었어? 그동안 잘해 왔어."라는 한마디 말을 남기며 몇 분 남지 않는 시간을 내 앞에서 나를 바라봐 주는 자식들과 손자들에게 말해 주고 싶은 것이 있습니다. "매일 주어지는 선물을 흘려보내지 말고 마음껏 누리렴. 너의 하루하루는 인생에서 가장 값진 선물이란다."라고 말해 주고 싶습니다. 모든 사람에게 선물은 항상 주어집니다. 하루도 거르지 않게 매일 내려옵니다. 내가 내게 주어진 이 선물을 기쁨으로 받아들이지 않고 불만과 불평만 늘어놓는다면 나는 순간마다 선물을 잃어버리게 되는 것이라고 봅니다.

선물은 언제나 내 곁을 떠나지 않았습니다. 어려운 환경에도 선물은 늘 내 옆에 있었습니다. 그 선물은 지금도 내게 주어져 있습니다. 내가 불만과 불평을 늘어놓는다고 해서 그 선물이 나를 떠난 적은 한 번도 없었습니다. 그 선물은 언제나 나를 묵묵히 바라보고 있었습니다. 내가 잘나지 못하다고 할 때도 내게 한 번도 핀잔을 준 적이 없습니다. 오로지 묵묵히 내게 매일 같게 나를 기다려 주었습니다.

자신을 소중하게 여기는 사람들은 선물 또한 귀하게 여기게 됩니다. 자신의 삶을 우습게 여기는 사람은 선물도 내버려 두며 살아갑니다. 각자 자신을 바라보며 내게는 어떤 선물이 있는지 생각해 보시기 바랍니다. 나는 내게 주어진 자식들도 선물이라고 생각합니다. 이 선물이 내게 왔을 때 내 심장은 멈출 수 없이 흥분되었습니다. 문제는 이 선물을 관리하는 매뉴얼은 받지 않았다고 생각하며 자신의 원하는 대로 디자인을 하려 한다는 것입니다. 내게 온 선물은 내 마음대로 기획해서 만들어 내라는 레고와 같은 제품이 아닙니다.

　내게 온 선물인 자식은 상품이 아닙니다. 남들보다 더 우수하게 길러내려고 해서는 아름다운 선물의 가치가 훼손될 수 있습니다. 내게 주어진 시간과 사건들 곧 나 자체를 사랑해 주는 것이 선물이듯 내게 온 자식도 또한 그 자체로 바라봐 주는 것이 선물을 소중하게 보살피는 것입니다. 선물은 아름답게 포장한다고 해서 그 가치가 빛나는 것이 아닙니다. 사람들은 눈이 멀어 보이는 포장지에만 관심이 많습니다. 나 또한 눈이 멀어 포장지에만 관심을 가질 뻔했습니다. 지금 나는 선물 자체가 얼마나 소중한지를 알기에 선물 자체에 가치를 두고 살아가고 있습니다.

　나는 남들의 시선은 중요하게 생각하지 않습니다. 내 앞에 선물로 다가온 자녀가 어떻게 하면 행복할 수 있을까? 오직 이 생각뿐입니다. 내 마음과 정신 속에 "내가 살아가는 이유는 당신입니다."라는 답은 자녀에게도 통용이 됩니다. "내가 살아가는 이유는 자녀가 행복해지는 것을 보는 것이다." 이를 위해 나는 "너의 행복을 위해 너를 강하게 키워낼 것이고 각종 교육기관에 보낼 것이고 교육이라는 교육은 모두 할 것이고 네가 남들 보다 뒤지지 않게 하려고 모든 정보력을 동원하여 너를 누구보다 앞서가게 할 것이다."라는 생각은 추호도 없습니다. 이런 전제 조건이 따른다면 이것은 선물에 대한 가치를 잘못 이해하는 것입니다.

　내게 자식으로 와 준 선물은 그 자체로 행복해야 합니다. 무엇을 이뤄내어 행복한 것이 아니라 그 자체로 행복을 누릴 수 있어야 합니다.

기억하십니까? 갓 태어난 아이가 눈을 뜨고 부모 앞에 첫눈을 대하던 날을 말입니다. 아이가 방글방글 웃으며 바라본 때를 말입니다. 그때가 가장 선물의 가치가 높았던 때였음을 말입니다. 지금의 선물로 온 자녀의 얼굴을 바라보시기 바랍니다. 세상이라는 세파에 찌들어 자신의 앞에 주어진 선물들의 조각을 누리기보다 앞으로 험난한 세상을 어떻게 이겨내야 할까 하는 근심의 무게 속에 살아가고 있지 않은지 살펴보시기 바랍니다.

삶 자체가 선물이듯 자녀에게도 부모가 경험한 선물의 가치를 알려 주어야 합니다. 부모가 행복한 순간이 무엇이었는지를 자녀에게도 전달해 주어야 합니다. 선물은 포장지가 중요한 게 아님을 전해 줘야 합니다. 내게 컨설팅을 받은 학생에게서 SNS 메시지가 왔습니다. "선생님, 저 시간을 낭비한 것 같아요. 더 열심히 살아야겠다는 생각을 했습니다. 그동안 왜 깨닫지 못했는지 아쉽네요. 선생님 제가 무슨 책을 읽으면 좋을지 알려 주세요. 그때 선생님께서 저와 나눴던 이야기가 새록새록 생각이 나요."라고 말입니다. 나는 이 학생과 많은 이야기를 나눴습니다.

내게는 이 과정도 선물이었습니다. 내 생각을 이야기하고 학생은 자기 생각을 말하며 하나씩 자신만의 세계를 구축해 가는 것도 이 학생에게는 너무 소중한 선물인 것을 깨달은 듯합니다. 어느 날은 오랜 시간까지 목동에 머물며 한 학생을 컨설팅했습니다. 자신은 아무것도 아는 게 없다고 생각하고 컨설팅해 달라고 하는 겸손의 극치를 달리는 학생이 있었습니다. 우리는 첫 만남부터 짧은 이야기를 나누었습니다. 아니 학생이 내게 말을 걸어와 주었습니다. 나는 이런 생각이 문득 들었습니다. '참 귀한 학생이구나.' 자신의 마음을 열어 보이는 것만큼 귀한 사람은 없습니다. 이는 쉬운 과정이 아니기 때문입니다. 나는 이 날 강행군을 한 날이지만 지친 기색 없이 하나씩 자신에게 맡겨진 것들을 세워 가는 학생을 보며 "나는 이 학생에게 멋진 선물이 되고 싶다."라는 생각이 들었습니다.

나는 누구에게든 선물이 되고 싶습니다. 내가 나를 사랑하고 내게 주어진 인생을 살아 내는 것을 즐거워하는 것을 내가 만나는 학생들에게도 전달해 주고 싶습니다. 나는 그들이 자신들은 세상에서 누구보다 가치 있는 선물임을 깨닫기를 바라는 마음입니다. 자신들의 하루하루가 너무 값진 선물임을 알았으면 하는 마음입니다. 나는 그들에게 내 온몸과 마음으로 "너는 이 세상에서 가장 소중한 선물이야."라고 말해 주고 싶습니다.

선물은 멀리 있지도 않고 외부에서 오지도 않습니다. 내 자체가 선물이었고 선물은 내 안에 있습니다. 선물은 내게 주어진 것과 나와 나를 중심으로 지나가는 순간들입니다. 이 조각들을 잘 모아 생각해 보시기 바랍니다. 매일 귀한 선물을 받고 있었음을 깨닫는 것이 선물의 소중함을 아는 시작임을 새삼 알게 될 것입니다.

자녀도 그 자체가 선물임을 인식할 때에 그 선물의 가치는 무한대로 빛을 발하게 될 것입니다. 자녀라는 선물은 포장지에 따라 값이 매겨지지 않습니다. 포장지는 지금의 시각으로 보자면 스펙입니다. 스펙이 필요한 시대는 지난 지 오래되었습니다. 세상이나 기업들은 스펙만

화려한 사람을 원하지 않습니다. 오히려 자기 자신인 선물을 소중하게 여기는 사람을 찾습니다. 그들에게 기회라는 열쇠를 주곤 합니다. 내게 온 자녀가 선물 자체라는 것을 기뻐해 주시기 바랍니다. 자녀인 선물 자체를 기뻐해 주실 때에 사람들은 모두 선물로 온 자녀에게 박수갈채를 아낌없이 줄 것입니다. 이런 자녀들이 많은 나라는 건강한 나라가 되고 부강해질 것입니다.

참 스승은 가르치지 않습니다

바둑계의 황제 조훈현을 알고 계십니까? 조훈현은 한국 바둑계에 돌풍을 몰고 온 전설적인 인물입니다. 바둑은 기원전 2300년 중국에서 처음 시작이 되었다고 합니다. 이 바둑이 일본으로 넘어가 전성기를 맞습니다. 그 인기가 어느 정도였냐 하면 바둑 하나로 인해 가문 간 치열하게 경쟁이 있었다고 합니다. 바둑이 그냥 바둑이 아닌 가문의 명예를 건 싸움으로 이어졌다는 것입니다. 조훈현은 가문끼리 치열한 경쟁이 있는 현장 속으로 찾아 들어갔습니다. 조훈현은 바둑을 배우기 위해 일본의 바둑 고수인 세코에 겐사쿠를 만나러 갑니다. 일본의 세코에 겐사쿠는 평생 3명의 제자만 두었던 것으로 유명합니다. 그의 마지막 제자가 70세의 고령에 맞이한 이가 '조훈현'이었다니 놀랍기만 합니다. 일본에서는 세코에 겐사쿠에게 바둑을 배우고자 찾아온 수많은 바둑 기사 누구도 그의 제자가 되지 못했습니다. 세코에 겐사쿠는 어느 바둑 기사도 받아 주지 않았기 때문입니다.

세코에 겐사쿠가 제자를 다루는 이야기를 읽는 순간, 숨이 멈춰 버리고 말았습니다. 환희와 희열이 내 온몸을 감싸 안았습니다. "그래 이것이 내가 바라는 바이고 내가 지금까지 해 오던 것이 틀리지 않았어."라는 확신이 들었습니다. 진짜 스승들은 제자들에게 가르침을 주지 않았습니다. 진정한 스승은 제자들에게 가벼운 기술만을 전수해 주지 않습니다. 공부 기술은 바로 배울 수 있습니다. 하지만 사람다움은 평생 익혀도 부족합니다. 참 스승은 제자에게 깊은 정신세계를 전수해 줍니다. 이는 예술적 인간으로 살아가는 데 원동력이 되게 하는 것입니다. 예술적 가치가 있는 인간이 된다는 것은 기술로만 가능한 것이 아닌 기예의 조화가 있어야 합니다. 내가 보는 견해는 기예를 전수하는 스승의 가르침은 더 심장을 뛰게 합니다.

세코에 겐사쿠는 조훈현에게 바둑을 가르치지 않았다고 합니다. 그럼 조훈현은 일본에서 무엇을 했을까요? 그는 스승과 함께 지내며 밥 짓고 청소하고 빨래하고 스승 뒷바라지하며 함께 지냈다고 합니다. 스승인 세코에 겐사쿠는 제자 조훈현의 바둑 세계를 묵묵히 지켜봤다고 합니다. 스승은 제자가 바둑에서 이겨 즐거워하든 져서 슬퍼하든 미동이 없었다고 합니다. 스승인 세코에 겐사쿠는 제자 조훈현이 환경에 의해 변화하는 것에 침묵하며 바라만 봤다고 합니다.

진짜 스승은 제자들에게 기술만 전수해 주지 않습니다. 스승에게 기술만 배운다면 그는 진정한 제자가 될 수 없습니다. 내게도 공부 기술만 익혀 나간 학생들이 있습니다. 어떤 학생들은 알맹이만 쏙 빼먹고 갔다고 자부할 수 있을 것입니다. 이런 학생들은 알맹이를 빼먹은 것이 아닌 껍데기만 먹은 것입니다. 진정한 제자는 스승의 가르침의 이치를 깨닫는 자들입니다. 스승의 가르침의 이치라는 게 무엇일까요? 스승이 살아가는 인생의 정신세계를 말하는 것입니다. 아무나 스승의 정신세계에 들어갈 순 없습니다. 스승의 정신세계로 진입을 하려면 제자가 마음을 열어야 합니다. 듣는 귀가 있어야 합니다. 낮은 자세로 다가가야 합니다.

이제 인공지능(AI)의 발달로 어렵지 않게 필요한 정보들을 더 많이 얻게 될 것입니다. 불과 10년만 해도 지금의 사소해 보이는 지식을 얻기 위해 수많은 지출을 해야 했습니다. 기술의 발전으로 인해 지금은 어디에서는 값없이 수많은 지식을 얻어낼 수 있습니다. 정보사회가 된 것입니다. 정보 사회를 넘어서면 어떤 사회가 올까요? 미래학자들 중에는 지혜 사회가 온다고 합니다. 감성 지능이 요구되는 사회가 온다고 합니다. 지식사회는 넘어선 것이 분명합니다. 정보사회에 진입한 이후로부터는 지식만 채워서는 큰 도움이 되지 않는다고 보면 맞습니다.

지금이야말로 스승의 정신이 필요한 시대입니다. 인공지능(AI)이 아무리 발달해도 스승의 정신 분야는 인공지능(AI)이 접근할 수 없습니다. 세코에 겐사쿠 스승은 조훈현을 강하게 길러냈습니다. 칭찬도 꾸지람도 없이 묵묵히 바라만 봤다고 합니다. 조훈현은 그렇게 조금씩 내공이 쌓아져 갑니다. 70세가 넘은 노장은 어린 조훈현을 바라보며 무슨 생각을 했을까요? 바둑의 고수인 스승도 가르치고 싶은 마음은 없었을까요? 조훈현의 스승은 가끔 조훈현의 실력이 어떠한지를 살펴만 봤다고 합니다. 조훈현이 쓴 책인『조훈현의 고수 생각법』이라는 책을 읽어 보면 스승과 제자란 무엇인지 새삼 깨닫는 바가 있을 것입니다. 나는 이 책을 몇 년 전에 접하고 무릎을 '딱' 하고 쳤습니다. "그래 이게 스승과 제자의 모습이지!" 하고 말입니다.

나는 내게 찾아온 학생들이 무지 상태에서 실력이 빠르게 향상되는 것을 수없이 봐 왔습니다. 이때 어떤 학생은 기고만장해서 자신이 엄청나게 잘난 줄 착각합니다. 나는 학생들에게 계속 숙지시키는 것이 있습니다. "네 밑을 보지 말고 네 위를 봐라. 너는 한국에 있지만 앞으로 세계의 수많은 고수를 만나게 될 것이다. 자만하지 말고 늘 배우는 자세를 취하고 상대의 말에 귀를 기울여라."라고 말합니다. 계속 말해 주어도 학생들은 "예."라고 성의 없는 대답을 할 뿐 진정으로 고수되는 길을 가지 않습니다.

내가 길러낸 제자 중에 시골에서 온 학생이 있습니다. 이 학생은 초등학교 5학년 말까지 영어는 전혀 못 했습니다. 3개월 정도 지나자 영어가 쉽게 뚫렸습니다. 6개월이 되자 영어 원서를 서서히 읽기를 시작했습니다. 이때부터는 영어 독해 및 문법과 영어 원서 읽기를 겸했습니다. 이 학생은 매주 내게 한 번씩 찾아왔습니다. 나는 학생에게 늘 하는 말이 있었습니다. "네가 사는 곳은 시골이다. 그곳에서 1등 한다고 잘났다고 착각하지 마라. 서울에 오면 너의 실력은 아무것도 아니다. 더 나아가 세계로 나가면 너의 실력은 먼지와도 같다는 것을 알게 될 것이다. 너는 세계를 향해 갈 준비를 하며 늘 겸손해야 한다."

그렇게 시골에서 1년간 내게 찾아온 그 제자 아이는 6학년 졸업할 때 즈음이 되자 영영사전을 활용하도록 컨설팅했고 영어 원서는 한쪽 당 30줄 이상 되는 글도 무난하게 읽어 내었습니다. 학교에서는 원어

민 선생님과 대화가 되는 유일한 학생이었다고 합니다. 1년간 컨설팅을 받은 후 이 학생은 자신의 시골에서 다시 오지 않았습니다. 현재는 가끔 소식을 듣습니다. 전교 1등, 관할 군에서 지원받아 캐나다를 2개월 또 다른 외국을 2개월 장학생으로 다녀왔다는 소식을 들었습니다. 여기까지는 행복했습니다. 다음의 이야기에서 씁쓸했습니다. 학교 친구들에게 혼자 잘난 줄 행동해서 미움을 산다는 소식이었습니다. 이 학생은 자신이 전교 1등을 하니 학교의 친구들을 무시하고 자신이 최고인 줄 착각하며 살아간다고 하는 소식이었습니다. 이 학생은 내가 준 가르침을 잃어버린 게 분명합니다. "너는 세계의 고수들과 경쟁을 해야 하니 늘 겸손해라."라는 말도 잊은 듯합니다.

스승을 찾아내기도 힘든데 한 제자를 길러내는 것은 더욱더 힘든 것임을 새삼 깨닫게 되었습니다. 이 학생은 지금 고등학생이 되었는데 별다른 소식이 없습니다. 전교 1등을 했다면 벌써 내 귀에 들려왔을 텐데 그렇지 않은 게 분명합니다. 현재 아주 바닥은 아니지만 주춤하게 된 것은 분명해 보입니다. 수학은 시골 공부방에서 가르치는 수학으로는 서울권에서 수학을 잘하는 학생들만큼의 실력으로 기량을 올리기가 쉽지 않은 게 아니라 불가능하다는 것을 누구보다 잘 압니다. 이유는 학생의 오빠가 나를 만나기 전, 시골 공부방 실력으로 중학교에서 전교 1등을 했습니다. 고등학교에서는 4등급을 받았기 때문입니다. 이 학생의 오빠도 내게 찾아와 3달 만에 수학 2등급까지 다시 올리는 것을 보며 시골의 한계를 봤습니다.

언제나 공부에는 예와 도를 갖추어야 한다고 생각합니다. 학생들에게 전수해 주어야 할 것은 예와 도입니다. 자녀들을 학원에 보내든 아니면 개인 교습을 보내든 간에 숙지시켜야 할 것이 있습니다. "선생님에게 대한 예와 도를 갖추어야 한다."라는 말을 늘 해 주어야 합니다. 선생의 지식은 돈을 살 수 있습니다. 하지만 정신은 구매할 수 없습니다. 단, 예와 도를 갖추는 자들은 모든 것을 얻을 수 있습니다. 놀라운 것은 조훈현도 제자 이창호를 자신의 집으로 맞이합니다. 자신의 스승에게 익힌 대로 이창호에게 바둑은 가르쳐 주지 않았습니다. 훗날 조훈현은 제자 이창호에게 세계 일인자의 자리를 모두 내어줍니다. 아니 모든 걸 다 빼앗깁니다. 만약 조훈현이 이창호에게 바둑을 가르쳤다면 이창호는 절대 조훈현을 이기지 못했을 것입니다. 세상의 참 스승들은 가르치지 않고 오히려 제자가 스스로 깨우치게 합니다. 제자가 스스로 깨우쳐야 스승의 정신을 받아먹게 됩니다.

　나는 누구도 가르치지 않으려 합니다. 깨우침을 받은 제자들은 시간이 지난 후 나를 떠나며 남기는 말은 이랬습니다. "가르침을 잘 받았습니다. 감사합니다." 나는 나를 떠나는 제자들에게 한마디를 합니다. "나는 가르쳐 준 게 없는데 이제 알겠니? 앞으로 그 배움을 잊지 말아라." 이런 말도 안 되는 일들을 지금 계속하고 있습니다. 믿기지도 않는 것을 믿고 따라 주는 학생들과 학부모들은 귀한 보석을 가져가는 것을 수없이 많이 봤고 지금도 경험 중입니다.

화이트칼라의 몰락이 온다

미래 교육 세미나를 15년 이상을 하고 있습니다. 그 이전에도 내 주변의 청년들과 어른들에게 미래사회에 대해 많은 이야기를 해 주었습니다. 그때마다 중산층 몰락이 올 것을 외쳐댔는데 서서히 기사화되고 있습니다. 중산층의 몰락에 관한 이야기가 나온다는 것은 더 빠르게 미래 사회로의 진입이 진행된다고 볼 수 있습니다.

우리나라의 중산층은 대부분 사무직인 화이트칼라들이 이에 속합니다. 이들의 일자리가 점점 위협을 받은 수준을 넘어 없어질 것입니다. 이런 상황을 인식을 못 하고 있는지 아직도 사무직의 일자리만을 선호하는 이들이 많이 있고 학부모들은 자녀가 사무직에 취업하기를 소망하고 있습니다.

앞으로 10년 후에는 사무직으로 일하는 화이트칼라가 아닌 더 고급화된 두뇌들을 원하고 있습니다. 화이트칼라는 인공지능(AI)의 출현으로 인해 빛바랜 사진 속의 이야기 주제가 될 날이 얼마 남지 않았습니다. 4차 산업혁명의 시대는 새로운 직업군을 갖춘 인재를 원하고 있습니다. 혹시 '내 자리는 보존되겠지'라는 안일한 생각을 하거나 행동에까지 이르게 되면 장래는 밝지 않을 것입니다.

화이트칼라의 사무직 중에서 미래사회의 변화를 읽고 미리 대비하여 전문적인 공부를 따로 한 사람들은 생활 유지가 될 뿐 아니라 더 높은 향상된 삶이 그들을 맞을 것입니다. 이에 반해 그렇지 않은 이들은 하류 인생인 빈곤층으로 전락하게 될 것입니다. 중년의 나이임에도 불구하고 사회와 가정에서 가장 힘을 써야 할 시기에 무기력해지는 자신의 모습을 이겨내지 못할 것입니다.

화이트칼라들이 몰락하는 사회는 도미노처럼 가정의 붕괴까지 이어질 소지가 커지게 됩니다. 그렇게 되어서는 안 되지만 현실을 극복하지 못해 자살이 급증하게 되고 반사회적 행동으로 묻지 마 폭행과 살인이 자행될 것이고 자신과 사회에 대한 불만으로 인해 우울증 환자들이 속출하게 될 것입니다. 화이트칼라의 가장으로 인해 수혜를 누렸던 아내와 자녀들은 모든 것을 다 잃게 된 가장의 모습을 어떻게 받아들여야 할지 모르게 될 것입니다. 수입원인 가장의 몰락으로 동반적으로 삶의 질이 하락하게 될 것입니다.

새로운 시대에는 그에 맞는 준비를 하는 자들에게 기회가 주어집니다. 시대마다 위기가 없었던 때가 있었습니까? 매 순간 준비하는 자들에게 기회가 더 주어졌습니다. 이제는 졸업장으로 우려먹는 시대는 지났음에도 불구하고 변화의 흐름을 읽지 못하는 학부모들은 지금 자신의 자녀에게 유명 대학을 졸업하면 미래가 보장된다는 식으로 주입하고 있고 더 나아가 학원이라는 사설 교육기관에 모든 것을 집중합니다. 현실을 보면 안타깝고 씁쓸하기만 합니다.

지금은 예전과 다르게 오로지 실력으로 증명해 내야 하는 시대로 바뀌고 있습니다. 기업이든 사회이든 실력이 없는 사람을 환영하지 않습니다. 실력은 졸업장에 비례하지 않습니다. 현재는 유명 대학을 나와도 갈 곳이 없다고 아우성칩니다. 높은 학력이면 더 좋은 곳에 취업할 것으로 생각을 하고 있다면 빨리 생각을 바꿔야 합니다. 지금의 대기업은 높은 학력과 실력을 갖춘 인재를 찾으면 인재가 없다고 말을 합니다. 이는 기업에서 바로 현장에 투입할 인재가 부족하다는 의미입니다. 취업 준비생들은 갈 곳이 없다고 아우성칩니다.

이제는 시대를 읽는 통찰력과 적재적소에 무엇을 어떻게 해야 할지를 아는 직관적 실행력이 필요합니다. 오래전에 배운 낡은 지식으로 다가오는 시대를 이겨낼 수 없습니다. 새 시대에는 그에 맞는 실력이 없으면 밀려나는 게 현실입니다. 시대의 변화만 읽어서는 미래를 주도하기는 역부족입니다. 남들이 하지 않거나 읽지 못한 것을 개발하고 선점해야 합니다. 앞으로 2023년이면 베이비 붐 세대인 1963년생들이 대거 은퇴하는 시기가 옵니다.

이들은 초고령화 사회의 수혜자가 아닌 폭탄을 맞게 되는 처음 세대가 될 것입니다. 장수는 인간에게 희망을 안겨 주는 것이 아니라 각종 질병 치료비와 인간으로서 안락한 미래를 보장하기보다는 우울한 미래를 예측하게 하고 있습니다. 이들의 미래를 옆에서 지켜보는 중년 세대의 불안은 더 증폭되고 있습니다. 예전 노인들이 겪지 않은 각종 질병에 걸린 것을 수없이 보며 수발하는 중년 세대는 자신들의 미래를 보는 듯해 더 불안함에 빠지게 됩니다.

현재를 살아가는 현대인들은 밝은 미래가 아닌 어두운 미래가 다가오는 것에 대해 염려하고만 있을 게 아니라 시대를 분별하고 잘 대비하여 미래사회에서도 잘 이겨내는 힘을 길러내는 지혜를 얻기 바랍니다.

나는 준비의 시작을 독서로 추천해 드립니다. 독서는 치매 예방뿐 아니라 미래사회에서의 새로운 길을 걷게 하는 열쇠를 제공해 줍니다. 매일 독서는 귀찮지만 실행하는 이들에게는 큰 선물을 안겨 줄 것입니다. 독서라도 모든 것이 독서는 아닙니다. 독서(毒書)인 경우도 있습니다. 이는 계속 접하면 정신이 피폐해지고 일확천금만을 바라는 이상한 형태의 사고체계가 형성될 수 있습니다. 지금처럼 무거운 시대에는 가벼운 책은 오히려 눈을 어둡게 할 수 있습니다. 시대를 읽는 힘은 선조들의 지혜가 담긴 인문학이 최고라고 봅니다. 인문학에는 중산층 몰락의 시대에도 인공지능(AI)에 밀리지 않는 강력한 그 무엇이 숨겨져 있습니다.

인문학을 말씀드리니 인문학에 대한 강의나 인문학을 풀어낸 책을 접하는 분들이 있는데 그것은 인문학이라기보다 인문학 해설 강의나 해설집이라고 생각하시면 됩니다. 책이 가벼울수록 생각도 가벼워집니다. 생각의 무게에 따라 세상을 바라보는 시각과 생각의 깊이도 달라집니다. 현재의 인공지능(AI)은 스스로 생각하는 능력이 없습니다. 생각의 영역은 사람에게만 있습니다. 현재는 인공지능(AI)이 인간을 따라잡을 수 없습니다.

자녀들이 화이트칼라가 되도록 독려하기보다는 변화하는 세상을 읽을 수 있도록 힘을 주시고 새로운 시도를 할 기회를 만들어 주시기 바랍니다. 공부도 스스로 하도록 길을 제시해 주어야 합니다. 스스로 학습하는 원리를 터득하여 실행해 본 경험이 있는 학생들은 훗날 어른이 되어도 도전하는 것에 두려움의 강도를 이길 수 있게 됩니다.

The 좋은 학원을 고르는 법

학원은 학습의 보조 사설 교육기관입니다. 내 눈에 비친 사설 교육기관의 현재는 학원이 주가 되고 공교육 학교는 부가 된 상황이지요. 주객이 전도된 이 상황에서 벗어나게 하려면 자녀가 스스로 공부하는 원리를 알 뿐 아니라 그 원리를 몸으로 경험하여 공부는 스스로 할 수 있다는 자기 확신이 생겨야 합니다.

학원을 안 보내면 금상첨화이겠지만 현실의 벽은 그렇지 않다는 식으로만 보입니다. 자녀를 학원을 보낸다고 해도 물어야 합니다. "선생님께서 주로 무엇을 하시니?"라는 질문에 "열심히 가르쳐요."라는 말을 듣고 흡족해하시는 학부모가 계신다면 반만 보고 반은 못 보고 계신 것입니다. 어느 학원 문 앞에 '강사의 실력과 학생의 열정이 만나 고득점을 받을 수 있다'라고 쓰여 있었습니다.

이 말을 뒤집어 보면 '선생님은 열심히 공부하신다.'라는 의미입니다. 자녀들은 열심히 공부하시는 강사의 모습을 열정적으로 보러 학원에 가는 경우가 다반사라는 것입니다. 지금 자녀들은 고액의 원비를 지출하고 학원에 가서 연극을 보고 오는 것에 불과합니다. 연극을 100번 봐도 내가 연극배우처럼 할 수는 없습니다. 그냥 관람자에 불과한 것입니다. 학원에서도 같은 것입니다.

학부모들의 고민은 대동소이합니다. "학원에 보냈는데 왜 성적이 안 오르지?" "학원에 보내서 성적은 오른 것 같은데 왜 우리 아이는 공부 자신감이 점점 떨어지지?" "학원에 갔는데 도대체 언제까지 다녀야 하지?" "우리 아이는 학원 다녀온 후에는 왜 공부를 도통 안 하지?"

천천히 생각해 보시기 바랍니다. 답은 어렵지 않은 곳에 있습니다. 자녀들은 공부라는 것을 해 본 적이 없기 때문입니다. 공부는 스스로 개념을 찾아가며 배움의 맛을 경험하는 것입니다. 문제를 만났을 때는 머리를 싸매 가며 길을 찾는 과정에서 유레카를 외치게 되는 것입니다. 그 맛에 보물찾기하듯 하나씩 풀어 가는 과정에서 자신의 무지를 발견하고 배움의 깊이에 점점 빠져들게 되는 것입니다.

지금의 학생들은 그런 공부의 즐거움이 무엇인지 거의 모릅니다. 자녀들이 고통스럽게 알아 가는 고난의 시간을 지켜봐 준 어른들이 없거나 적었기 때문입니다. 공부는 스스로 하는 게 좋습니다. 스스로 생각하고 무엇이 옳고 그름인지 알아가고 하나의 논지를 다양한 시각에서 바라보며 계속 생각하고 돌려보는 과정을 거쳐야 합니다. 이를 통해 본질이 무엇인지를 알아간다는 기쁨을 찾아가도록 기다려 주는 것이 필요합니다. 문제는 이 과정을 모두 생략하고 쉽게 정상에 오르는 길만 알려 주고 있습니다. 이렇게 정상에 올라간 학생은 배움의 성취감도 재도전하고 싶은 의욕도 없어지게 됩니다.

늘 말하지만 좋은 학원은 가르침을 덜 제공하는 학원입니다. 대한민국에 이런 학원들이 종종 있습니다. 이곳을 세운 이들은 '자기주도 학습관'이라고 지칭합니다. 가 본 적은 없고 방송에서 본 적은 있습니다. 혼자서 공부하다 이해가 안 되거나 막히면 뒤에 계신 교사에게 손을 들고 손짓을 보내면 교사는 학생에게 다가가 풀어 주는 방식입니다. 이는 치킨집으로 비유하면 반반 치킨이고 중국집을 비유하면 짬짜면과 같은 꼴입니다. 진정한 자기주도 학습이 아니라는 것입니다.

The 좋은 학원, 코칭, 컨설팅하는 곳은 아예 안 가르치는 곳입니다. 아예 가르치지 않아야 스스로 공부가 되면 온전히 자기 실력으로 가져갑니다. "아예 안 가르치는데 어떻게 공부가 돼요?" 우리의 어른들은 자신들이 아는 상식에서 벗어나면 안 되는 줄 생각하십니다. 대한민국에 유독 그렇게 생각하시는 분들이 많습니다.

닫힌 사고 구조에서 창의성을 운운하면 답은 이렇게 귀결되어 나옵니다. "창의성 길러 주는 학원 알려 주세요."라고 말입니다. 인류의 발전은 일반적인 상식을 뛰어넘고 안 된다고 생각하거나 불가능하다고 생각한 이들이 만들어 낸 것입니다. 미지의 세계라고 생각한 곳을 뚫고 나간 이들이 만들어 낸 결과물입니다. 당시 사람들은 새로운 도전을 하는 사람들은 대접하지 않았습니다. 오히려 비상식적인 행동을 하는 사람으로만 취급했습니다.

우리에게 너무 친숙하게 다가온 한 사람이 있습니다. 이 사람이 없었다면 우리는 아직도 삼성에서 만들어 낸 애니콜의 폴더폰을 들고 다녔을지도 모르는 일입니다. 이 사람은 스마트폰을 대중화시킨 사람입니다. 이 사람은 자신이 만든 회사에서 쫓겨나기도 했습니다. 이 사람은 불가능한 것을 직원에게 요구하고 요구사항을 이행하지 못하는 직원은 바로 그 자리에서 해고하는 것으로도 유명합니다. 이 사람과 일하여 성과를 낸 직원들은 이 사람을 '신'이라고 호칭을 했습니다.

이 사람은 '스티브 잡스'입니다. 잡스는 공대생 출신이 아닙니다. 잡스는 '인문학도'였습니다. '리버럴 아츠 칼리지'의 하나인 리드대학을 1년 다니다 학교를 중퇴했습니다. 중퇴 사유는 학비가 없어서 그렇게 된 것입니다. '리버럴 아츠 칼리지'는 일반 대학보다 학비가 비싼 편입니다. 이는 본질적인 학문을 다루기 때문일 것입니다. 인문학도가 어찌 IT 기업의 CEO가 될 수 있었을까요? 그의 모든 행동은 상식을 뛰어 넘어섰기 때문에 가능했습니다. 참고로 대한민국의 문과생들을 인문학도로 오해하지 않기를 바랍니다. 교육의 질적 차원이 완전히 다릅니다.

사람들은 상식적인 선에서 생각을 합니다. 학원을 선택할 때에도 잘 가르치는 강사나 열정적인 강사를 찾습니다. 하나 더 추가하면 SKY 출신 강사이면 학부모로서는 완전히 신뢰합니다. 이 신뢰는 오래가지 못하고 처절하게 무너집니다. 원인을 이렇게 생각해 보시기 바랍니다. 사람은 자기의 처지에서 말을 합니다. 상대의 입장을 고려해서 말하지 않는다는 것입니다. 이는 곧 자신이 아는 언어로 풀어내기 때문입니다. SKY 출신의 강사는 공부 못하는 학생들의 마음을 이해 못 합니다. 오히려 "그것도 몰라? 이렇게 쉬운 것도 못 알아듣니?" 이렇게 되면 강사와 학생 간에 신뢰는 무너진 것입니다. 스펙이 좋은 강사는 학생의 수준에서 호흡하는 법을 모른다는 것입니다. 마치 외국인 영어

선생님이 영어를 못 하는 한국인을 이해 못 하는 것과 같은 것입니다.

이런 예도 있습니다. 어느 학원에 전교 1등이 다닌다는 말을 듣고 그 학원 등록을 하러 갑니다. 문제는 내 자녀는 전교 1등의 뒤인 전교 2등이라도 해 주면 좋겠지만 당연히 되지 못합니다. 이 말은 전교 1등 하는 아이는 학원 안 다녀도 스스로 공부가 된다는 말들을 합니다. 어디까지가 진실인지는 모르겠지만 전교 1등은 학원에서 스카우트 제의를 받는다는 말을 들은 적이 있습니다. 전교 1등은 학원비를 내고 다니는 게 아니라 학원비를 받고 다닌다는 웃지 못할 이야기입니다. 사실인지는 확인한 바가 없습니다. 전교 1등 학생은 학원 홍보요원이 되는 것입니다.

나를 만나 전교 1등과 전국 모의고사 1등급을 찍은 학생들은 모두 100% 스스로 공부하는 과정에서 길러졌습니다. 그것도 하루하루가 아닌 주 1회를 만났을 때의 기준입니다. 학부모들은 주 1회라고 하면 '그게 가능할까?' 생각하십니다. '자주 만나야 하지 않을까?' 나는 말씀해 드리고 싶습니다. "나는 공부를 안 가르칩니다. 공부는 스스로 하는 것입니다. 나는 학생을 만나서는 이야기를 나눕니다. 어떤 학생은 자신의 고민을 털어놓습니다. 그 과정에서 눈물을 흘리는 학생의 마음을 읽어 주고 함께 슬퍼해 줍니다."

이런 경험에서 충격적인 사례가 몇 번 있었습니다. 이들의 공통점은 전교와 전국에서 1등을 받고 1등급을 받은 학생들이었습니다. 내 앞에서 펑펑 우는 것이었습니다. 이럴 때는 같이 동화되어 울어 주면 최고의 치료제가 됩니다. 안 되면 더 울도록 독려합니다. 마음껏 울도록 돕습니다. 마음의 슬픔과 아픔을 풀어내도록 퇴로를 열어 줍니다. 나는 우는 학생에게 "속상해하지 마라. 원래 다 그런 거다." "너만 공부하니? 요즘 아이들 다 똑같다."라는 말은 학생의 마음에 비수를 꽂는 것과 다르지 않기 때문에 나는 절대 이런 말을 하지 않습니다.

나는 학생의 마음을 읽어 주기만 합니다. 학생은 자신 안에 답이 있다는 것을 알고 있기 때문입니다. 마음에 위로를 받은 학생들의 내면에는 무서운 에너지가 생겨납니다. 내가 한 일은 아이의 이야기를 들어주고 마음을 읽어 준 것밖에 없습니다. 아이들은 자신의 이야기를 그냥 있는 모습 그대로 받아 줄 누군가를 찾는 듯합니다. 나는 기본 예의만 벗어나지 않는다면 누구의 이야기든 다 들어줄 용의가 있습니다. 나는 대화 학교 강의만 16년 넘게 했었고 정신질환에 걸려 오랫동안 벗어나지 못한 환자도 치료되는 경험을 한 적이 있습니다. 그렇다고 내게 정신질환에 걸린 분을 소개하지 않기를 바랍니다. 나는 정신과 의사가 아니기 때문입니다.

누군가는 내게 물을 것입니다. "당신 뭐 하는 사람이야? 정체가 뭐야?"라고 말입니다. 나는 내게 있는 직업이나 직함은 중요하지 않게 생각하는 사람입니다. 그것들은 진정한 내가 아닌 나의 껍데기에 불과하기 때문입니다. 사람들은 내 껍데기만을 보고 나를 평가하려 합니다. 이런 부류의 사람들은 상식선에 속한 분들입니다. 나도 또한 상식선에 사는 것이 편안하고 좋습니다. 하지만 더 즐거운 것은 상식을 뛰어넘는 도전이 행복하기만 합니다. 2019년 9월에 독립출판사를 설립하여 2020년 첫날에 작업한 원고를 디자인한 후 출력소에 보낸 후 받아 출판했습니다. 출판사는 2021년에 폐업했습니다.

상식선에서 나를 바라보는 분들은 "시간이 남아도나요? 글도 쓰고 책도 읽고 컨설팅도 하고 출판사까지요?" 누구든 다 할 수 있습니다. 상식을 뛰어넘으면 가능한 일입니다. 상식적인 사람들은 인간의 능력에 한계점을 두고 있습니다. 자신의 능력에 한계점을 두는 것은 나쁘지 않겠지만 이것이 타인에게까지 요구하거나 바라보는 경향은 발전이 없는 삶을 살아가게 되는 것입니다. 이렇게 지극히 상식적인 사람들은 타인이 상식을 뛰어넘는 무엇인가를 시도하면 '저게 될까?' 하는 마음을 품고 바라보곤 합니다. 확신이 없는 마음으로 바라면 얻는 것은 아무것도 없습니다.

나는 이런 경우에는 이 단어를 씁니다. '불신'입니다. 신뢰가 사라진 사회는 희망이 없습니다. 특히 학원을 찾아 나서는 학부모들을 보면 더욱 두드러지게 나타나고 있습니다. 학부모의 내면에 이런 불신이 쌓인 것은 좋은 경험을 못 했기에 나타나는 현상일 것으로 생각합니다. 학부모가 유일하게 할 수 있다고 하는 것은 좋은 학원을 경험한 학부모의 소개를 받은 수준이 전부처럼 보입니다.

재미있는 사실은 자신의 자녀가 좋은 결과를 낸 곳은 절대로 천기누설을 안 한다는 것입니다. 오로지 자신의 친척 그리고 자신과 친밀한 관계자들에게만 정보 공유를 합니다. 자녀가 고등학교를 졸업해도 알려 주지 않습니다. 나머지는 직관력이 뛰어난 학부모는 누가 진짜인지를 알아 가곤 합니다.

내게 자녀들을 데리고 와 준 학부모들은 한 달을 조금 넘은 시간에

밝게 웃으시며 "신기합니다. 고맙습니다. 우리 아이가 스스로 공부를 하며 재미있다고 하네요."라고 합니다. 나와 통화하신 분들이나 만난 분들에게 구구절절 이야기해드립니다. 상식선에 생각하시는 분들은 상투적인 답변을 하신 경우와 진심을 보고 찾아와 주는 경우로 나눠집니다.

이런 경우가 많습니다. "선생님의 교육철학도 마음에 들고 방법론도 다 좋습니다. 그런데 거리가 너무 멀어요."라고 말씀하시기도 합니다. 나는 이렇게 말씀드립니다. "여기는 목동입니다." 거리가 멀다는 말씀에 '아직 때가 안 되었나? 덜 급하신가?' 하는 마음에 나는 최대한 아이에게 스스로 공부하도록 기회를 주라고 당부의 말씀을 드립니다. 내가 학부모의 입장을 무시하고 "아직 때가 안 되었나? 덜 급하신가?"라는 막말을 늘어놓는 것은 아니니 오해하지 않으시기 바랍니다.

나 또한 이해 안 되는 경험을 했기 때문입니다. 재미있는 것은 서울 강남에서도 학생들이 소문을 듣고 왔었고 부산, 함안, 밀양, 충청도, 강원도 철원, 안흥, 중국의 우한에서도 학생이 왔습니다. 경기도에서는 이천, 일산……. 셀 수 없는 곳에서 다녀갔습니다. 신기한 것은 소문이 나지 않았는데 찾아온다는 것입니다. 먼 곳에서 내게 찾아와 주신 분들은 상식을 뛰어넘는 도전을 했던 분들입니다. 함안에서 하루 컨설팅받고 간 중학교 3학년 아이는 집에 가서 아빠를 만나자마자 던진 첫마디가 걸작이었습니다. "아빠, 나 이제 서울대 갈 수 있을 것 같아요." 2020년 1월 2일 목요일에는 양평에서 공부방을 운영하는 지인의 딸과 지인께서 찾아와 주었습니다.

한 지인은 자신의 딸과 주고받은 문자 내용을 내게 다시 보냈습니다. "아빠, 고등학교 때에 오늘 만난 선생님을 만났다면 SKY는 바라볼 수 있었을 텐데. 아니면 서성한(서강대, 성균관대, 한양대)은 갈 수 있었을 거야."라고 말입니다. 이런 이야기를 듣는데 감사함이 밀려왔습니다. 세상은 상식을 뛰어넘는 분들이 만들어 갑니다. 상식이라는 선을 벗어나면 세상은 수없이 많은 기회가 찾아옵니다. 아니 널려 있는 것을 보게 됩니다. 단, 윤리적인 것은 상식선을 절대 벗어나지 않아야 한다는 것은 나의 절대 기준점입니다.

The 좋은 학원은 학생에게 100% 공부하게 하는 곳입니다. 100% 학생들이 공부하는 것을 보시길 원하신다면 학생들을 지도하는 선생님과 학부모가 학생을 믿어야 합니다. 더 나아가 학생은 자신 스스로 할 수 있다고 믿어야 합니다. 이런 상식적인 것이 비상식적인 것으로 보이는 이때는 초(超) 상식적으로 시도를 하고 기다리시면 스스로 공부를 하는 자녀나 학생들을 보게 될 것입니다. 안 된다고 생각하는 마음이 부정적인 결과를 가져올 뿐입니다. 이때 기다림은 고통이 따릅니다. 이 긴 터널을 지나가야 빛을 보게 되는 것입니다.

배움이란?

　내가 운영하는 나무미래자유인문학교에서는 학생들이 질문을 자주 합니다. 하루는 수학을 공부하던 중학교 2학년 학생이 내게 수학에 대해 질문을 했습니다. 나는 수학의 발전 과정을 말하며 이집트, 메소포타미아 그리고 중국에 의해 발전되어 온 과정을 들려주며 수학 역사의 중요성에 관한 이야기를 나누었습니다. 수학 역사를 나누다 인생의 문제로 이어 질문하며 생각을 끌어내었습니다. 네가 공부를 해야 하는 이유가 무엇인지 이 땅에 태어난 이유는 무엇인지 살아야 하는 이유는 무엇인지 싯다르타는 왜 수행의 길을 걸어갔는지 예수가 이 땅에 온 이유가 무엇인지 계속해서 질문에 질문하며 생각을 끌어내도록 했습니다.

　수학에 대해 질문을 한 학생은 초롱초롱한 눈빛으로 나를 바라봐 주며 이야기를 듣고 질문을 하고 답을 해 주었습니다. 나는 제자의 눈빛에 힘을 얻어 질문이 더 쏟아져 나왔고 이야기는 나도 모르게 술술 나왔습니다. 나는 제자 아이에게 배움이란 100점 맞는 게 아니라는 것을 힘주어 말해 주었습니다. 점수 100점을 맞는 데 온 마음을 다하면 100점을 맞은 후에는 배움의 기운이 다 빠지게 된다는 말까지 해 주었습니다. 배움은 점수를 올리기 위해 하는 것이 아님을 마음속에 새기도록 다양한 질문을 던져 가며 스스로 생각하도록 했습니다.

배움은 현상을 따르는 것이 아닙니다. 보이는 것만이 진실인 듯 그것에 목숨을 걸고 뛰는 이들과 자녀들을 콩 볶듯이 볶아 대는 학부모를 보면 묻고 싶습니다. "배움이 무엇입니까?"라고 말입니다. 현상은 눈이 보이는 것에 불과한 것입니다. 대한민국에서 교육으로 고통당하는 학생들이 많은 것은 현상만을 보고 좇는 학부모들에게서 시작된 것일 것입니다. 학부모들은 자녀가 행복해지기만 한다면 하는 마음으로 "점수를 높여라."라고 강요합니다. 마치 점수가 높으면 인생의 문제가 모두 해결되는 줄 생각합니다. 아니 더 유리한 자리에 서게 되는 줄 착각합니다. 물론 그렇게 보일 수 있습니다.

점수라는 현상만을 좇게 되면 점수가 주는 장점을 이해하지 못하는 자녀들은 마치 기계처럼 공부하게 됩니다. 이는 점수가 주는 특혜보다는 점수를 얻기 위한 스트레스가 더 쌓여 배움의 즐거움까지 잃게 될수 있습니다. 앞서 말한 것처럼 배움이 무엇인지에 대한 깨우침을 먼저 알게 하면 점수는 스스로 얻게 되어 있습니다. 공부가 무엇인지, 배움이 무엇인지에 대한 기본 이해도 없는 자녀에게 "공부해서 남을 주니?"라고 해 봐야 큰 의미는 없습니다. 혹여 성적을 올렸다고 해도 그 성적을 받아 든 자녀는 부모의 소낙비와 같은 잔소리를 피할 수 있다는 안도감 외에는 큰 기쁨을 누리지 못하는 경우가 많습니다.

현상은 오래가지 않습니다. 공부하지 않는 자녀에게는 보이는 점수보다 많이 보이지 않는 징신을 가다듬는 것이 절실히 요구됩니다. 정신이 채워지면 공부는 하지 말라고 해도 합니다. 정신을 채우는 과정은 "배움이란 무엇인가?"라는 질문에서 시작이 되는 것입니다. 마지못해서 하는 공부는 오래가지 못하고 멀리 가지 못하게 만듭니다. 공부는 긴 호흡을 해야 합니다. 지금처럼 평생 교육 시대에는 더욱 배움의 철학이 필요합니다. 무작정 단어를 암기하고 수학 문제를 풀어낸다고 승승장구하는 시대는 지났습니다. 남들의 시선으로 봤을 때 괜찮은 실력을 갖춘 이들이 백수로 지내는 경우가 많습니다.

나는 목회자들에게 M. T. P(Moonshot Thanking Project)를 지식기부 방식으로 진행을 했습니다. M. T. P는 혁신적 사고 전환을 위한 모임입니다. 이때 푸르른 젊은이가 중년의 리더들과 함께 식사하고 있었습니다. 옆에 계신 은퇴를 앞두고 계신 목사님께서 "제 조카입니다. 특목고를 나왔고 성균관대학교를 졸업하였습니다. 현재는 직장을 알아보는 중입니다." 그 후 조카를 소개하신 목사님은 내게 개인적으로 부탁을 하였습니다. "조카를 만나 컨설팅을 해 주세요. 무엇을 해야 미래에 살아갈 수 있을까요?"라고 말입니다. 특목고에서도 상위권, 성균관대학교에서도 장학금을 놓친 적이 없었다고 말씀하셨습니다. 결론은 현재 받아 주는 직장이 없어 무직의 삶을 살고 있다는 것입니다. 이 젊은 청년은 첫 대면에서도 자신감이 빠져 있었고 사람들의 시선에 신경을 쓰는 듯했습니다.

자신의 위치가 곧 자신으로 오인하고 있는 것으로 보였습니다. 이는 현상만을 쫓는 현실에서 터득한 잘못된 가치 기준입니다. 나는 청년에게 용기가 되는 질문을 몇 마디 던졌습니다. 답은 언제나 자신들에게 있습니다. 나는 질문을 통해 스스로 깨닫게 할 뿐입니다. 답을 받는데 익숙한 학생들은 성인이 되게 되어 변화무쌍한 현실 앞에서 무기력해집니다. 이는 자신이 학교에서 점수를 높이는 데 활용한 문제를 맞히는 실력이 실전의 삶에는 크게 유용하지 않다는 것을 깨닫게 되기 때문입니다. 변화하는 세상을 이겨내는 것은 현상을 따르는 방법론을 익히는 것이 아닌 문제 앞에서 스스로 질문하는 법을 익히는 것이 필요하다고 생각합니다.

이는 배움의 시작점에서부터 익혀야 가능해지는 것입니다. 가르침의 시작이자 배움의 첫걸음은 질문에서부터입니다. 질문하지 않는 학생이나 정답만을 찾는 질문을 받아 본 학생은 삶의 문제 앞에서 무기력해지게 됩니다. 이런 이들은 문제 앞에 스스로 질문하는 법을 습득하지 않음으로 사회에서 발생하는 수많은 문제 앞에서 주저앉게 됩니다. 바른 질문은 현상만을 보는 것이 아닌 현상 이면에 숨겨져 있는 본질을 찾아 나서게 합니다. 본질을 보려면 내가 누구인지에 대한 질문 후 답을 찾아야 합니다. 자신이 누구인지도 모르고 배움을 익힌다는 것 그 자체가 모순입니다.

공부하는 자녀가 속히 터득해야 할 것은 높은 점수를 받아 유명한 고등학교에 가는 것도 아니고 서울 안에 있는 대학에 입학하는 것이 아닙니다. 배움이 무엇인지에 대한 정의를 내리는 법을 터득하는 것입니다. 이론으로 터득하는 것이 아닌 마음으로 터득하고 육체로 체득하는 게 필요합니다. 학부모들은 자녀들이 공부를 안 한다고 아우성이 대단합니다. 이런 경우는 단순한 질문부터 들어가야 합니다. "넌 쓸데없는 생각 말고 공부나 해!" '무조건 공부하라고' 말하는 것은 자녀를 무기력하게 만드는 첫걸음입니다. 이렇게 해서 닫힌 마음은 쉽게 열리지 않게 됩니다. 한 번 부서진 마음은 회복되는 데 오랜 시간이 걸릴 수 있습니다.

자녀에게 성적을 높이라고 말하기 전에 학부모가 먼저 질문을 던져 보시기 바랍니다.

"왜 배워야 하지?"
"공부가 우리 아이에게 뭐지?"
"좋은 대학의 기준은 무엇일까?"

이런 몇 가지 질문을 던지다 보면 생각보다 쉽게 공부를 할 이유를 찾아가는 자녀를 눈앞에서 보게 될 것입니다.

내가 청년 때에 한 예비 고등학교 3학년 여학생이 내게 전화를 해서 질문한 것이 기억이 납니다. 그 학생은 "선생님, 대학을 왜 가야 하지요?" 나는 그 질문 앞에 "너는 왜 가야 한다고 생각하니?" 이 학생은 내게 말했습니다. "역시 선생님은 다를 줄 알았습니다. 다른 어른들은 쓸데없는 생각을 하지 말고 대학이나 가라고 말합니다."라고 말했습니다. 나는 그 학생과 과천 현대미술관에서 만나자고 약속을 잡고 함께

두 시간 이상을 걸었습니다. 내가 그 학생에게 한 것은 학생의 이야기를 주로 듣고 질문만 계속해서 했습니다. 2시간 후 그 학생은 대학을 왜 가야 하는지 공부를 해야 할 이유를 찾았다고 했습니다.

　이 학생은 대학을 간 것은 물론이거니와 대학원까지 들어갔고 그 후 10년 즈음에 내게 다시 전화가 걸려왔습니다. 이 학생은 이야기 중에 "선생님 저는 매년 책을 200권 정도 읽습니다."라고 묻지 않는 답을 했습니다. 나는 이 학생에게 "책 많이 읽는구나. 누가 가르쳐 줬니?" 이 학생은 "저는 선생님의 뒷모습을 보고 배웠습니다." 소름이 돋아났습니다. 제자들은 스승의 가르침을 통해 배우는 게 아니라 스승의 그림자를 보고 배운다는 게 맞는 말이구나 하고 말입니다. 나 자신에게 배움이 무엇이라 생각해 보시기 바랍니다. 내 자녀에게 배움이란 무엇일까? 깊게 생각해 보시거나 자녀에게 질문의 질문을 해 보시기 바랍니다.

공부, 자신을 믿는 것이다

공부를 잘하는 학생의 특징은 자신을 믿는다는 것입니다. 자기 자신에 대한 신뢰가 없는 학생이 학습에 몰입하는 경우는 없거나 적습니다. 자기 확신이 없는데 공부를 잘한다면 대단한 학생일 것입니다. 공부뿐일까요? 우리에게 주어진 시간을 살아 내는 것에도 같게 적용된다고 생각합니다. 현재 급부상하는 신(新) 리더들이 있습니다. 마윈, 손정의, 마크 저커버그, 스티브 잡스, 빌 게이츠, 피터 디아만디스, 레이 커즈와일, 피터 린치, 워런 버핏 등입니다. 누구를 더 말할까요?

이들의 공통점은 자신을 믿었다는 것입니다. 공부는 자기 확신을 하기 위하는 훈련과정이 수반되어야 합니다. 작은 성공을 거둔 자가 큰 성공 앞에서도 두려움이 없이 나아갈 수 있는 것입니다. 학부모가 자녀에게 작은 성공을 경험하게 해 주는 길은 공부입니다. 학부모가 오해하는 부분은 성적을 올리는 게 공부인 줄 압니다. 성적은 포장지입니다. 포장지가 좋다고 해서 자녀의 내심 속에 자신감이 상승하는 것이 아닙니다.

오히려 포장지 얻으려다가 자녀의 내면에 자신감을 상실하게 되고 맙니다. 한 번 상실된 자신감은 견딜 수 있습니다. 이것을 지속해서 경험하면 학습된 무기력으로 이어지게 됩니다. "나는 해도 안 된다." "나는 불가능해." 이런 메시지가 마음에 새겨지게 되면 문제는 심각해지는 것입니다. 이것은 점수의 문제가 아니라 자아를 잃게 되는 것입니다. 자신이 누구인지를 잃게 되면 정작 사회에 나아갈 시기에 아무것도 해낼 수 없는 에너지가 고갈된 상태가 됩니다. 사람은 내면에 생명과도 같은 자신감이 불타고 있어야 합니다. 무엇이든 할 수 있다는 자신감이 있어야 어떤 어려움에도 이겨낼 수 있습니다.

진정한 자신감은 진짜 공부를 했을 때 경험할 수 있는 것입니다. 진정한 공부란 무엇입니까? 스스로 학습하여 실력이 향상되는 것에서 얻는 것입니다. 성적이 높다고 해도 학생 스스로가 "나는 가능성이 있다. 나는 나를 믿는다."라는 힘이 약화하였거나 "나는 늘 불안하다."라고 한다면 그 학생의 점수는 허상입니다. 실력이 좋은 학생들은 점수에 연연하지 않습니다. 오히려 시험을 치르는 것을 통해 자신의 자신감이 어느 정도인지를 즐기게 됩니다.

나와 함께 뜻을 같이하는 컨설팅센터에서 공부하는 학생과 통화를 하게 되었습니다. 1년간 영어와 수학을 컨설팅받는 학생이었습니다. 현재 고등학교 1학년인 이 학생은 고등학교 3학년 수준의 수능 영어 문제를 술술 풀어내고 2~3개 정도씩 가끔 틀린다고 말해 주고 있습니다. 수학은 수학의 정석을 쉽게 보는 편이라는 말도 해 주었습니다. 중학교 3학년 때까지만 해도 영어와 수학은 70~80점대 수준이었다고 합니다. 나는 시험을 앞둔 학생에게 "수학과 영어는 어때? 준비는 잘 되었니?" 학생은 거침없이 말을 합니다. "에이~ 수학과 영어는 아무것도 아니에요."

공부를 제대로 하면 이런 자신감 정도는 갖추게 됩니다. 이 학생은 공부를 시작하면서 자신이 제일 좋아하는 운동을 포기했습니다. 이 학생은 체육 교사가 꿈이었는데 공부를 하면서 체육 교사의 꿈을 버렸다고 했습니다. 공부가 재미있어 운동하는 것을 등한시하고 공부에만 몰입한 결과입니다. 공부 자신감은 이런 것으로 생각합니다. 누가 시켜서 강요 때문에 하는 것은 진정한 공부도 아니고 자신감은 날로 저하될 수밖에 없게 됩니다.

공부는 자신을 믿게 하는 힘을 선물로 얻는 과정입니다. 공부하는데 자신에 대한 신뢰감이 상실된다면 그것은 배움의 길로 가는 것이 아닙니다. 앎을 향해 가는 길이 오히려 자신을 서서히 죽이는 것입니다. "나는 할 수 있는 게 아무것도 없어. 나는 무능한 인간이야." 이런 생각이 내면에 쌓이게 되는 것입니다. 자신을 믿는다고 하는 학생은 감정을 조절한다고 해서 생겨나지 않습니다. 스스로 공부하며 난이도가 쉬운 것에서 어려운 것까지도 주도적으로 극복된 경우에 형성이 됩니다. 외부에서 아무리 "넌 할 수 있어!" "넌 해낼 수 있어!"라고 말을 수없이 해 봐야 별 도움이 되지 않습니다. 오히려 부담감만 가중됩니다.

내게 찾아온 보석 같은 아이들이 있습니다. 이 아이들을 보석으로 표현한 것은 보석과 같은 눈빛과 맑은 영혼이 담겨 있기 때문입니다. 유치원 아이와 초등 저학년 아이가 공부에 몰입하는 모습을 보면 귀엽

기도 하고 아름답게 보입니다. 공부하는 아이를 옆에서 지켜보는 내내 내 안에 기쁨이 넘쳐납니다. 고사리 같은 손으로 공부를 하면서 하는 말이 있습니다. "선생님, 재미있어요." 나는 어린 학생들에게 "그래, 공부는 원래 재미있는 거야. 네가 스스로 하니깐 더욱더 재미있는 거야. 어때? 할 만하지?" 작은 입술에서 나오는 말은 "예~ 재미있어요."

학생들에게는 공부만 강요하지 않아야 합니다. 학생의 마음을 읽어 내어 내면에 힘을 길러주어야 합니다. 공부하는 데 제일 좋은 것은 내면에 힘을 갖도록 하는 것입니다. 그 힘은 학생의 마음을 읽어 주는 것입니다. 그 시작은 학생의 말에 귀를 기울이는 것에서 시작이 되는 것입니다. 진정한 배움은 생각을 나누는 것입니다. 생각을 나누며 표현하는 법을 배우고 듣는 방법을 익히게 됩니다. 이런 과정은 어린 나이 때부터 시작하면 더욱더 좋습니다. 나는 학생들이 말을 할 때 가능한 한 마음을 열고 듣습니다. 마음을 열고 듣는다는 것은 어떤 것에도 지적이나 교정을 하지 않고 듣습니다. 이렇게 하는 이유는 '너는 소중하다.'라는 메시지를 전달하고자 함입니다.

학부모께서는 "그럼 공부는 언제 해요?"라고 질문할 것입니다. 공부란 마음이 강해지면 저절로 되게 되어 있습니다. 마음이 깨진 사람은 공부하더라도 끈기 있게 하지 못합니다. 마음이 강한 사람은 공부를 계속해도 지치지 않습니다. 내면에 자신감이 생기면 공부라는 게 쉽게 다가오게 됩니다. 내가 만난 수많은 학생 중에는 공부를 잘하는 학생들이 있었습니다. 그 학생들의 공통점은 자신들의 속마음을 다 털어놓습니다. 나는 이때 귀를 담아 듣고 답변을 해 줍니다. "공부 시간에 무슨 이야기를 하죠?"라고 말할 수 있겠지만 학생들은 이런 과정을 통해 자신의 자존감이 상승합니다.

누군가가 특히, 어른이 자신의 이야기를 들어주고 눈을 마주치며 공감해 주는 것을 경험하며 자신이 귀중한 존재라는 것을 깨닫게 되는 것입니다. 나는 학생을 바라볼 때 말로 표현을 하지 않고 눈으로 말해 줍니다. "넌 소중한 존재야. 넌 가치가 있는 존재야."라고 말입니다. 이 메시지가 통해서였을까요? 이런 과정을 거친 학생들은 성적을 높게 받게 되는 것을 수없이 경험했습니다. 자녀가 공부에 자신감을 느끼거나 자신의 삶을 살아갈 때 당당하게 살아가는 것을 보길 원하신다면 그의 말에 귀를 기울여 보시기 바랍니다. 그 내면에 소리에 숨을 불어넣어 주시기 바랍니다. 공부는 자아존중감이 높은 이들이 잘하게 되어 있다는 게 무슨 말인지를 알게 될 것입니다.

신의 한 수

  인공지능(AI)과 인간의 대국이 한국에서 열릴 당시에 바둑에 관심을 두지 않았던 이들도 "말도 안 되는 소리지. 기계가 어떻게 인간을 이겨?"라고 생각을 했습니다. 이런 말이 무색하게 이세돌은 인공지능(AI) 알파고에 1승을 거둔 후 완패를 당합니다. 인공지능(AI)이 인간을 이겼다는 보도는 전 세계로 흘러갔습니다. 이로 인해 한국 사람들은 인공지능(AI)에 대해 전혀 인식을 못 하다가 인공지능(AI)에 대한 두려움을 갖기 시작했습니다. 지금은 이세돌과 겨뤘던 인공지능(AI)보다 더 강력한 인공지능(AI)이 개발되었다고 합니다.

  이세돌은 바둑 인공지능(AI)과 싸워 1승을 거둔 최초의 사람이 되었습니다. 이제는 누구도 인공지능(AI)과 바둑을 두어 이길 수 없습니다. 그만큼 인공지능(AI)이 더 강력해졌기 때문입니다. 이세돌은 어떻게 인공지능(AI)을 이겼을까요? 바둑에서 말하는 '신의 한 수'를 두었기 때문에 가능했던 것입니다. 신의 한 수는 기존의 패턴을 뛰어넘는 것입니다. 상식선을 넘어서는 것입니다. 내 시각에서 현재 세계적인 기업들은 지금 신의 한 수를 두고 있다고 생각합니다.

에어비앤비, 우버, 알리바바, 소프트뱅크, 애플, 마이크로소프트웨어 등의 기업들은 상식을 넘어선 일에 몰두하고 있는 것입니다. 신의 한 수에 들어서려면 남들이 하지 않는 것을 두려움 없이 나아 가는 것을 의미합니다. 사실 두려움이 없는 기업이나 사람은 없습니다. 모든 이들은 두려움을 느끼며 살아갑니다. 자신이 하는 일에 대한 염려를 안고 살아갑니다. '잘 될까? 안 되면 그때에는 어떻게 해야 하지?' 등등의 생각에 빠져 지냅니다. 이는 신의 한 수를 이뤄낸 이들도 매일 같은 생각 속에 묻혀 지냅니다. 단, 이들은 자신에게 주어진 신의 한 수를 믿고 던진다는 것입니다.

일반적으로는 절대 신의 한 수를 쓰지 않습니다. 이는 곧 모험을 하지 않는다는 것입니다. 예나 지금이나 모험을 즐기는 자들이 세상을 이끌게 되어 있습니다. 이는 도박을 하는 성향과는 전혀 다른 것입니다. 세상을 관조하는 것이 아닌 현실 앞에서 두려움을 이기고 앞서 나가는 것입니다. 지금의 세상은 이런 자들에게 미래의 문으로 가는 열쇠를 허락합니다. 신의 한 수를 던지는 자는 얻는 게 많아집니다. 아쉬움은 현재 바둑을 배우는 이들은 인공지능(AI)과 대국하며 연습을 한다고 합니다. 이 일로 인해 신의 한 수를 맛보는 경우는 거의 없다고 합니다. 기계적인 바둑으로 전락한 바둑계의 모습을 보고 바둑의 고수들은 씁쓸해한다고 합니다.

바둑뿐일까요?

공부에도 신의 한 수는 없을까요? 나는 공부에도 신의 한 수가 있다고 보는 견해입니다. 내 견해를 주관적인 것으로 생각하는 이들이 간혹 있기에 말을 해 두겠습니다. 하버드 대학교와 스탠퍼드 대학교 및 여러 대학교가 신의 한 수에 모든 것을 걸었습니다. 이들은 남들이 가지 않는 아직 걸어 본 적이 없는 길을 걷고 있습니다. 나에게 미소 짓게 하는 것은 내가 2011년부터 걸었던 길을 세계의 유명대학이 이제 발을 떼었다는 것이 재미있습니다.

왜 이들은 보편적인 길을 포기하고 새로운 길을 걸을까요? 기존의 길은 인공지능(AI)에 의해 대체할 수 있기 때문입니다. 인공지능(AI)이 범접할 수 있는 길은 가르침이 없는 교육입니다. 이 교육은 학생이 주체적으로 공부를 하고 문제점을 스스로 해결해 나가는 방식입니다. 교수들은 학생들이 수업을 잘 진행할 수 있도록 옆에서 지켜보기만 합니다. 사람들이 내게 던진 질문이었습니다. "그게 가능합니까? 말도 안 되는 소리 하지 마세요." 세계의 유명 대학교에서 하고 있으니 이제는 가능하냐는 말은 하지 않을 듯합니다.

교육에 몸담은 사람들은 가르치는 교사가 사라진다고 하면 자신들의 밥줄에 영향이 미칠 것만을 생각합니다. 이 변화의 흐름을 막을 수 있는 사람은 없습니다. 언제나 사회의 혁신을 읽는 자가 생존율이 높아집니다. 분명한 것은 100% 주입식 교육만을 고집하는 이들에게는 밥줄에 영향을 받을 수 있겠지만 자신의 교육을 다른 시각으로 변화를 주고자 하는 이들에게는 새로운 기회가 열릴 것입니다. 이것은 또 하나의 신의 한 수가 될 것입니다. 가르치는 자리에 있는 사람이든 학부모들이든 언제든 변화를 읽어 내어야 합니다. 기존의 것만을 보고 따라가다 "어? 여기가 아닌가?" 하면 그 좌절감은 크게 다가올 것입니다.

지금은 어느 때보다 신의 한 수를 던질 때입니다. 이세돌이 인공지능(AI) 알파고에 1승을 거두게 된 것은 신의 한 수 때문이었습니다. 인공지능(AI)은 데이터를 중심으로 바둑을 두었다면 이세돌이라는 인간은 데이터 및 자신의 직관과 신의 한 수가 있었습니다. 지금을 공부하는 학생들에게 경험시켜 주어야 할 것은 신의 한 수를 경험하게 하는 것입니다. 이는 인간에게 주어진 능력입니다. 이는 인간만이 가지고 있는 고유 능력입니다. 인간이 이런 능력을 갖추고자 한다면 스스로 도전하고 연구하고 찾는 훈련이 된 경우에는 저절로 됩니다. 누군가에 의해 주입되고 길들여지는 학생에게는 절대 나올 수 없는 것입니다.

학생들이 신의 한 수 영역을 경험하고자 한다면 조금 귀찮고 두려워도 스스로 할 기회에 지속해서 드러내야 합니다. 인간에는 신적인 능력이 있지만 이런 능력을 발휘하려면 자신에게 그 기회를 주어야 합니다. 무엇이든 스스로 해 보는 것이 최고의 선물입니다. 우리의 학생들에게 필요한 능력은 신의 한 수를 끌어올리는 능력을 배양하는 것입니다. 문제 하나 맞혔다고 좋아할 일이 아닙니다. 유명대학에 입학하는 게 좋긴 하겠지만 스스로 해낸 것이 아니라면 마냥 좋아할 일만은 아닙니다. 이는 오히려 다음에 올 일을 대비해야 할 일입니다.

어느 시대이든 주입된 지식으로 무장된 인재가 사회의 지도자가 된 것이 아니라 스스로 생각하고 결정을 내리는 젊은이들이 세상을 주도적으로 이끌어 왔습니다. 앞으로의 시대에는 더욱 주도적으로 공부한 이들이 지도자가 됩니다. 생각할 때에도 글을 쓸 때도 공부를 할 때도 누구의 도움을 받기보다는 스스로 질문하고 답을 찾아가야 합니다. 이런 젊은이들이 서로 모여 협업할 때 미래사회의 주역이 될 수 있습니다. 이런 과정을 겪는 학생들은 자신도 모르게 문제 해결 능력이 배양될 뿐 아니라 자연스럽게 지도력도 길러집니다.

자녀 교육으로 고민이 되는 학부모는 신의 한 수를 던져야 합니다. 이런 직관을 가진 학부모는 자녀를 더 우수한 지도자로 길러낼 수 있습니다. 참고로 말씀을 드리자면, 어떤 분은 학생을 대학에 보내는 것이 전부인 양 말하지만 대학에 들어가면서 진정으로 살아가는 법을 배우게 되는 것입니다. 마치 대학이 모든 것을 결정하는 것처럼 말을 해서는 안 됩니다. 대학은 신의 한 수를 두기 위한 시작일 뿐입니다.

공부, 꼼수를 버려야 됩니다

공부의 정수를 학생들에게 전수하지만 이를 제대로 받아들이는 학생이 있지만 "뭐야! 이게 다야?" 하는 마음으로 거부하는 때도 있습니다. 나는 이런 학생들에게 이렇게 말하곤 합니다. "공부가 뭔지는 아니?" "공부는 해 봤니?"

나는 수많은 학생을 만났지만 제대로 공부한 경우를 본 적이 없습니다. 내가 전수하는 공부는 낚시한 고기를 주는 방식이 아닙니다. 오히려 낚시하게끔 취합니다. 잡은 고기만 먹어 본 학생은 손맛을 모릅니다. 이런 학생에게 강태공의 심정으로 공부를 하라고 하면 무슨 뜻인지 이해를 못 합니다. 지혜로운 학생은 우직하게 도전합니다. 나름 약삭빠른 학생들은 계산합니다. 공부는 계산하는 게 아닙니다.

단군신화의 이야기를 잘 아실 것입니다. 곰과 호랑이가 하늘의 아들인 환웅에게 찾아와 자신들이 사람이 되고 싶다고 말했습니다. 그리하여 환웅은 두 짐승에게 100일 동안 동굴에 들어가 빛을 보지 않고 쑥과 마늘만 먹고 지내면 소원을 이룰 수 있다고 했습니다. 이때 머리를 굴린 호랑이는 끝까지 견디지 못해 포기했고 곰은 미련하게 보일 정도로 버티어 사람이 되었다는 전설적 이야기입니다.

꼼수를 부린 호랑이는 사람이 되지 못한 것입니다. 공부에는 우직함이 필요합니다. 묵묵히 공부하는 학생과 그렇지 않은 학생과는 하늘과 땅처럼 다른 길이 열립니다. 박사와 석사의 차이는 엉덩이의 차이라고 합니다. 박사와 석사의 차이는 실력이 아닙니다. 끈기를 갖고 버티느냐 그렇지 않으냐에 따라 달라지는 것입니다. 요즘은 지갑 두께 차이도 포함될 듯합니다.

공부에서 제일 위험한 것은 꼼수를 버리는 것입니다. 안다고 착각하는 꼼수, 다 배웠다고 착각하는 꼼수, 쉽다고 우습게 보는 꼼수, 머리 안 쓰고 날로 먹으려는 꼼수, 대충하면 되는 줄 생각하는 꼼수, 자신의 실체를 모르는 꼼수가 아닌 무지까지 계속 생각하면 더 많은 꼼수가 있을 것입니다.

공부의 신세계로 들어가려면 정석대로 가야 합니다. 꼼수를 부려 약간의 득점을 올릴 수 있습니다. 점수에 작은 변화가 생겼다고 실력이 늘어난 것은 아닙니다. 우직하게 한 걸음씩 나아가는 게 중요합니다. 공부에는 꼼수가 아닌 인내가 필요합니다. 공부는 선생의 실력과 학생의 열정과의 결합체가 아닌 전적으로 학생 자신과 싸움입니다. 이 싸움에서 이기는 자는 세상의 어떤 문제를 만나도 이기는 자가 됩니다. 계속 이기는 자가 되는 비결은 간단합니다. 이길 때까지 싸우면 됩니다.

마치 인디언들이 기우제를 지내듯이 말입니다. 인디언들이 기우제를 지내는데 비가 안 내린 적이 없다고 합니다. 이유를 아는 사람도 있을 것입니다. 인디언들이 기우제를 지낼 때는 비가 내릴 때까지 계속한다고 합니다. 이런 인내심이 있으면 무엇이든 이룰 수 있습니다. 공부하는 학생들뿐만 아니라 사업을 하는 어른들에게도, 직장에서 일하는 이들에게도 똑같이 필요한 것은 꼼수가 아닙니다.

세상은 꼼수를 쓰는 사람이 잘 되는 듯하지만 실제로는 그렇지 않습니다. 워런 버핏을 아실 것입니다. 투자의 귀재 워런 버핏은 경영대학원을 졸업하고 자신의 동기들처럼 고액 연봉자로서의 길을 걷기보다는 벤저민 그레이엄 아래에 들어가 일하기로 마음을 먹었습니다. 벤저민 그레이엄은 워런 버핏을 밀어내었습니다. 워런 버핏이 무보수로 일을 하겠다고 했음에도 불구하고 받아 주지 않았습니다. 워런 버핏은 포기하기보다는 끊임없이 벤저민 그레이엄에게 노크한 후 2년이 지나서야 벤저민 그레이엄 밑에서 일을 하게 되었습니다. 워런 버핏이 자신의 동문과 같은 길을 걸었다면 지금 세계의 2위의 부호가 되었을까요?

명언을 하나 인용하겠습니다.

"절대 포기하지 않는 사람은 이길 수 없다." - 베이브 루스

꼼수를 부리는 학생은 쉬운 방법을 찾습니다. 빨리 가는 길을 모색합니다. 분명히 알아야 할 것은 공부에 지름길은 없다는 것입니다. 질러가는 게 빠른 듯하지만 결국에는 틈새가 생겨 무너지게 됩니다. 중학교 때에 공부를 조금 한다고 하던 학생들이 고등학교 1학년이 된 후 1차 충격을 받습니다. 고등학교 2학년이 되면 충격이 아닌 수포자(수

학 포기자)를 넘어 영포자(영어 포기자), 더 나아가 학포자(학업 포기자)까지 되는 경우가 발생합니다. 이때 학부모는 정신을 못 차립니다. 우리 아이의 실력이 이 정도였나? 하는 마음에 학원을 끊고 개인 과외 교사를 붙입니다.

능력이 있는 과외교사를 만나면 다 풀릴 줄 생각합니다. 과외이든 학원이든 스스로 공부하려는 학생에게만 기회가 열립니다. 스스로 공부를 하지 않으면 아무리 유명한 1타 강사를 만나도 쉽게 변하지 않습니다. 학생이 배움의 의지가 있느냐 없느냐의 차이는 하늘과 땅의 차이입니다. 나는 학생들에 관한 우수 사례가 많습니다. 학부모들께서는 사례를 보고 찾아오는 경우가 있습니다. 나는 학생을 만난 앞에서 한마디 던집니다. "하고자 하는 의욕은 있지?" 하고자 하는 의지가 없는 학생은 아무리 똑똑해도 안 됩니다. 아니 될 수 없습니다. 특히 내가 하는 방식은 가르침이라고는 털끝만치도 없으므로 더욱더 어렵습니다.

나는 머리는 좋은데 꼼수 부리는 학생은 원하지 않습니다. 오히려 머리는 일반적인데 우직하게 공부하려는 학생을 선호합니다. 머리가 빨리 돌아가는 학생은 1타 강사를 만나면 잘 될 소지가 많습니다. 내가 만나고자 하는 학생은 열심히 하는데 안 되는 경우입니다. 이런 경우는 스스로 공부하는 원리를 모르기 때문에 못 하는 경우가 더 많습니다. 스스로 배움을 알아 가는 맛을 경험하는 학생은 누구도 이길 수 없습니다. 이런 학생은 멀리 볼 줄 아는 학생입니다. 눈앞에 콩고물에 관심을 두지 않는 학생입니다.

쌍둥이 자매가 내게 왔습니다. 처음에 올 때는 억지로 왔습니다. 다른 학원을 잘 다니는 중 점수가 올라간 상태여서 내게 오기까지 힘든 과정을 겪었습니다. 처음에 와서는 별로 말도 없이 공부하는 듯하더니 하루는 내게 이렇게 말을 해 주었습니다. "수학에서 어느 부분을 모르는지 확실하게 보이네요. 좀 더 이해가 잘 돼요."라고 말입니다. 감사하게도 쌍둥이답게 비슷한 답변을 합니다. 이 학생들의 특징은 꼼수를 안 부렸습니다. 남들이 보면 우직하리만큼 잘 따라 주었습니다.

한 초등학생이 있습니다. 영어의 파닉스 원리를 초등학생은 주 2회, 3주 정도면 다 이해하는데 이 학생은 그렇지 못했습니다. 이해를 시켜도 "이해했어요." 하고는 다르게 행동하는 학생이었습니다. 이 학생의 강점은 절대 우울해하지 않는다는 것이었습니다. 묵묵하게 하나씩 풀어 갑니다. 오히려 내 내면이 흔들리게 된 것은 오늘 배운 것을 다음에 오면 다 잊어버린다는 것 때문이었습니다. 나는 진퇴양난에 빠진 느낌이었습니다. 나는 학생을 관찰하기 시작했습니다. 이 학생의 강점이 무엇일까? 놀랍게도 절대 포기하지 않는다는 것을 알았습니다. 내게 질문하지도 않습니다. 계속 틀려도 다시 지우고 다시 풀어냅니다. 결국에는 자신이 배워야 하는 과정을 거의 다 이해하며 하나씩 고개를 넘어가고 있습니다.

나는 이렇게 공부하는 학생이 멋스러워 보입니다. 한 학생은 꼼꼼하게 공부를 합니다. 어린 나이임에도 불구하고 공부를 쉬지 않고 합니다. 쉬는 시간에는 책꽂이에 꽂힌 동화책이며 그림책 등을 쌓아 놓고 읽습니다. 어느 날은 내게 말을 걸어옵니다. 우리는 서로 재미있게 이야기를 나눕니다. 꼼수를 부리지 않는 학생은 마음마저 열어 보이는 공통점이 있습니다. 나는 이런 학생이 좋습니다. 이런 학생에게서 희망을 봅니다.

4장

공부의 길을
찾다

공부, 아이의 기(氣)를
회복하는 게 우선입니다

학부모들은 자녀의 기(氣)죽게 하는 기술이 있는 듯합니다. "넌 잘해야 해. 넌 남들과 달라. 넌 해낼 수 있어." 이런 말들이 자녀들의 숨통을 조이고 있다는 것을 알고 있는지 궁금합니다. 자녀를 믿는다면 묵묵히 바라봐 주고 사랑의 눈으로 힘을 주는 것입니다. "에이~ 무슨 소리예요. 그게 말이 돼요? 이상과 현실은 달라요." 이상과 현실에 틈새를 줄일 수 있다면 그보다 더 좋은 것은 없을 것입니다.

나는 한 학생의 이야기를 하고자 합니다. 이 학생은 내게 천국과 지옥을 수시로 경험하게 한 전력이 있던 학생입니다. 이 학생은 내 조카이기도 합니다. 경남 하동에 살고 있기에 만날 수 없는 학생입니다. 나는 이 학생에게 화상으로 컨설팅을 하자고 했습니다. 학생은 자신의 얼굴은 가리고, 나는 버젓이 얼굴을 공개하고 2개월간 컨설팅을 진행했습니다. 이때 내가 경험한 것은 이러다가 "이 학생 죽을지도 모르겠구나." 하는 생각이 덜컥 들었습니다. 내 말을 따르지 않는 학생을 여러 차례 설득해서 공부에 진전은 조금씩 있었으나 변화는 전혀 없었기 때문입니다. 나는 이렇게 다이아몬드와 같은 마음을 품은 아이는 처음 만났습니다.

나는 간신히 조카를 이끌어 파닉스를 떼게 했고 이후 조카는 이틀 만에 영어단어를 100개씩 기억해 낸다는 새로운 사실을 알게 되었습니다. 조카는 기억력이 남달랐던 학생이었습니다. 문제는 나와 주 3회 정도 전화 통화를 할 때 개미 목소리로 말을 했습니다. 내가 조카의 목소리를 듣고 있노라면 죽지 못해 사는 사람처럼 느껴졌습니다. 내 동생은 조카가 전혀 따라 주지 않는 기세에 답답해했고, 나는 내 나름대로 답답했습니다. 전혀 안 하는 것 같으면서도 영어 실력은 조금씩 변화가 있었기에 2달이라는 기간 동안 진행을 했습니다. 문제는 조카의 마음이 점점 경화되어 가는 느낌을 지울 수 없었습니다. 나는 조카에게 공부를 시킨다는 이유로 밀어붙이는 것이 오히려 조카의 마음이 더 망가지는 게 아닐까 하는 마음이 일어났습니다. 나는 뒤로 빠지기로 했습니다.

이렇게 변화를 시도했습니다. 동생이 조카를 지시하고 나는 뒤에서 조카가 스스로 공부하게 하는 방식을 취하게 했습니다. 놀랍게도 조카는 나와 할 때는 미량의 공부를 하다 자신 어머니의 지시사항을 따라서는 곧잘 했습니다. 조카와 동생은 조금씩 나아지는 듯했습니다. 영어 공부를 하자고 하면 약간 짜증 내며 묵묵히 해내었다고 합니다. 나는 동생에게 중학교 2학년이 되니 수학도 공부할 수 있도록 하고 더 나아가 인간다운 삶을 준비하기 위해 인문학도 하자고 제안을 했습니다. 동생은 "당연히 해야지" 하며 수락을 했습니다. 어느 날은 동생과 조카가 내 연구소까지 찾아와 주었습니다. 조카는 나를 보자 인사도 안 하고 눈을 피했습니다.

　나는 이런 경우에 불러 놓고 혼을 내지 않습니다. 오직 그 학생의 마음을 읽어 줍니다. 대다수 사람의 경우는 자신의 기준에 미치지 못하면 마구 지적합니다. 가르치려 합니다. 상대의 마음을 읽으려 들지 않습니다. 그래야만 속이 후련해지나 봅니다. 나는 학생들을 컨설팅할 때에도 가르치려 들지 않습니다. 생활면에서도 누군가가 실수를 해도 잘못을 저질러도 가르치려 들지 않습니다. 그럼 무관심할까요? 아닙니다. 나는 무조건 상대의 관점에서 서 보려고 합니다. 상대의 마음이 불편하지 않도록 기다리고 상대가 깨닫도록 사랑과 격려를 아끼지 않습니다. "그래서 사람이 바뀝니까? 말해 줘야 그 사람이 알지요." 틀린 말은 아닙니다. 나는 상대의 잘못을 끄집어내 효과를 본 경우는 거의 없다는 것은 확실히 압니다.

　나는 옳고 그름을 따지는 사람은 좋아하지 않습니다. 아니 불편합니다. 어느 순간은 누구도 옳고 그름을 말할 자격이 있을까 하는 생각이 들곤 합니다. 사람은 누구든 실수를 합니다. 잘못도 하는 때도 있습니다. 나는 이 단순한 사실을 깨달은 후 가능한 한 누구에게도 상대의 잘못을 꼬집어 말하지 않습니다. 누군가가 나를 향해 잘못을 지적할 때에 나는 묵묵히 받아들이고 어느 때에는 수치스럽지만 "죄송합니다."라는 말도 서슴지 않고 합니다. 누군가에게 사과한다는 것은 아주 힘든 일이라고 생각합니다. 상대를 향해 자존심이 상하기보다 '나 자신이 아직도 멀었구나' 하는 자책하는 마음이 일어나기 때문입니다. 나는 이내 이렇게 마음을 고쳐먹습니다. "이게 너야. 알겠니?" 이런 나를 사랑하는 게 쉽지는 않지만 그대로 받아들이는 연습을 합니다. 나는 완벽한 사람이 아닐 뿐 아니라 완벽한 사람이 되고 싶지도 않습니다. 학생들에게 완벽을 요구하지도 않습니다.

나는 하동에서 연결된 조카에게도 내 삶의 철학을 그대로 적용하여 조카가 부담되지 않도록 눈인사도 서로 하지 않았습니다. 어떤 이들은 잘못된 가르침이라고 말할지 모르는 일입니다. 내가 살아가는 방식이니 토를 달지 않길 바랍니다. 나는 내 삶의 철학으로 수많은 사람에게 용기와 힘을 주었습니다. 나와 조카의 관계는 이렇지만 내 동생으로서는 자녀에게 영어뿐 아니라 수학과 인문학을 시키는 것이 급선무였을 것입니다. 사실 수학과 인문학도 내가 먼저 제안을 했습니다. 동생은 동의했습니다. 나는 동생에게 조카 아이를 향해 공부할 것을 알려 주었습니다. 문제는 조카가 집으로 돌아갔을 때 터졌습니다. 조카는 그나마 하던 영어도 공부하지 않겠다고 공부 포기 선언을 했다고 합니다. 동생도 강경하게 전쟁을 선포했습니다. 동생은 절대 화를 내지 않고 전쟁하는 법을 내게 전수받아 실행 중이었기 때문에 예전과 다르게 조카와 전쟁을 치르고 있었습니다. 동생이 이 기회에 조카의 스마트폰을 압수했다고 연락이 왔습니다. 나는 그 부분은 너무 잘했다고 했습니다. 동생과 조카의 대치 상황은 며칠간 지속하였습니다. 나와 동생은 이틀 간격으로 통화를 한 시간씩 했습니다.

나는 동생에게 특별한 조치를 제안했습니다. 정태기 교수께서 경험한 성공 사례를 이야기한 후 그 사례를 모방해서 해 보는 게 어떠냐고 했습니다. 내가 보는 견해는 공부 이전에 다이아몬드보다 단단하게 굳어진 마음을 녹이는 게 중요하다고 말해 주었습니다. 동생은 내가 제안한 것을 시도해 보겠다고 하셨습니다. 나는 쉽지 않은 과정인데 가능하겠냐고 물었습니다. 동생은 자신에게는 쉽지 않겠지만 해 보겠다고 했습니다. 나는 매일 저녁 잠자기 전에 조카 아이를 5분 동안 꼭 안아 주라고만 했습니다. 아무 말도 하지 말고 매일 5분씩만 안아 주라고 했습니다. 단, 무작정 끌어안지 말고 "내가 오늘부터 너를 안아 줄 거야."라는 말을 하고 상대가 당황해하지 않도록 하라고 했습니다. 하루에 한 번 안아 주는데 다 자란 자녀를 안고 있는 것이 처음에는 어색했다고 합니다. 점점 시간이 지나며 조카 아이도 자신의 엄마 품이 좋았는지 매일 안아 주기를 시도했다고 합니다.

이 정도쯤 되면 사람들은 "아하, 결론은 공부하게 되었구나."라고 생각할 수 있습니다. 아닙니다. 지금도 전혀 하지 않고 있습니다. 놀라운 것은 조카에게 있었던 틱 장애가 사라졌고 집에서는 한마디 말도 하지 않았고 웃음도 없던 아이가 깔깔거리며 웃고 이야기도 조잘조잘 말을 잘한다고 행복하다는 소식이 들려왔습니다. 자신의 동생과도 싸우지 않고 놀아 주는 것은 일상이 되었다고 합니다. 어느 날은 조카가 내 동생에게 "엄마 나를 왜 안아 주는 거야?"라고 질문을 했다고 합니다. 마음을 잘 표현하지 못하는 동생이 "사랑하니까 안아 주지."라고 했다고 합니다. 더 이상의 질문도 없이 매일 안아 주는 행위는 지금도 지속해서 하고 있다고 합니다. 조카가 스마트폰을 하지 않으면서 달라진 것은 집안일을 도와주는 자녀로 달라졌다는 것입니다. 그럼 공부하는 학생으로 달라졌을까요? 아닙니다. 다이아몬드가 그렇게 쉽게 녹는다면 그것은 다이아몬드가 아닐 것입니다.

2020년 2월 1일의 저녁에 일어난 일입니다. 동생과 조카가 잠자리 전에 꼭 안고 있는데 갑자기 조카가 막 울더랍니다. 동생은 내게 미리 전해 들었던 말이 있었기에 당황하는 기색도 없이 "왜 우니?"라고 질문을 했다고 합니다. 조카 아이는 "나도 몰라 머리가 복잡해. 그냥 눈물이 나와."라고 했다고 합니다. 나는 이러면 폐쇄적인 질문인 "왜 우니?"보다는 "슬프구나. 그래, 마음에 담아 두지 말고 울어."라고 했으면 더 좋았을 것이라는 말을 해 주었습니다. 모든 것은 완벽할 수 없습니다. 나는 동생과 통화를 하며 "사랑은 다이아몬드처럼 굳어 버린 마음도 녹이는구나." 하는 생각이 들었습니다. 나는 동생과 이야기를 나누며 "공부보다 중요한 것은 자녀의 마음 회복이고 조카가 마음을 잡는 데 주력했으면 좋겠다."라고 말해 주었습니다. 동생도 이 말에 동의했습니다. 지금은 경남 하동에 사는 조카의 상한 마음이 회복 중입니다. 공부보다 중요한 것은 아이의 마음에 사랑을 채워 주는 것입니다.

앞으로 어떤 일이 일어날까요? 조카는 날마다 웃고 자신의 아빠에게도 애교를 보이는 예쁜 딸로 변신 중이라고 합니다. 자녀가 공부하지 않는다고 실수를 잦게 한다고 잘못된 부분을 꼬집어 말하고 밀어붙인다고 달라질까요? 아닙니다. 사람은 쉽게 바뀌지 않습니다. 사람을 바꾸게 하는 것은 사랑밖에 없습니다. 특히, 자녀가 공부하지 않아 속상하시다면 제일 먼저 주어야 할 것은 공부하라는 메시지가 아니라 무언의 몸짓 언어가 필요합니다. 자녀에게 양해를 구한 후 매일 5분씩 안아 보십시오. 단, 시도하다가 안 된다고 해서 멈춰 버리면 시작하지 않은 것보다 못하게 됩니다.

무엇이든 될 때까지 하는 게 중요하다고 생각합니다. 자녀가 공부로 인해 지쳐 귀가하고 돌아와 힘겨워합니까? 사랑의 에너지를 주시기 바랍니다. 꼭 안아 주되 최소 5분입니다. 내 자녀를 안아 줄 수 있다는 것은 축복받은 것입니다. 안아 줄 기회가 있을 때 마음껏 안아 주십시오. 다이아몬드처럼 굳어 버린 자녀의 마음이 녹으면 무엇이든 다 해낼 수 있는 능력자가 됩니다.

공부, 자신을 찾아가는 길

   "공부를 왜 합니까?"라는 물음 앞에 "성적을 높이고, 유명한 대학교를 졸업한 후 대기업에 취업하여 행복한 삶을 살기 위함입니다."라고 한다면 아직 공부가 무엇인지를 모르는 것입니다. 공부하는 진짜 이유는 자신을 발견하기 위함입니다. 델포이 아폴론 신전의 기둥에 '너 자신을 알라'라는 문구가 쓰여 있다고 합니다. 내가 직접 본 적은 없고 책에서 읽은 것을 보고 말한 것입니다. 소크라테스도 이 말의 이치를 알았기에 소피스트들에게 자신들이 누구인지를 깨닫게 하는 데 온 힘을 다한 듯합니다. 공부하는 목적은 곧 자신이 누구인지를 깨달아 가는 과정입니다. 사람은 죽는 날까지 '너 자신을 알라'라는 이 물음에 질문을 해야 성장을 멈추지 않게 되는 것입니다. 자신이 누구인지를 아는 자는 공부하지 말라고 막아도 합니다.

   공부하지 않으려는 이유를 찾는다면 어렵지 않습니다. 자신이 누구인지를 모르기 때문입니다. 학문에 마음을 두지 않는 부류를 나누고자 한다면 여러 가지이겠지만 두 가지로 나눠 보면 스스로 잘났다고 생각하며 자신의 실체를 모르는 자들입니다. 이런 자들은 더는 배우려 하지 않습니다. 이들이 심각할 수밖에 없는 것은 배움을 멈췄다는 것입니다. 배움은 멈추는 순간 지혜로운 성장도 멈추게 됩니다. 또 한 부류는 자신이 무엇을 모르는지 깨닫지 못하는 경우입니다. 이 사람들을 향해 종종 쓰는 말이 있습니다. '무식하면 용감하다.' 아는 바가 없음에도 불구하고 배우려 하지 않는 자들을 향해 비아냥거리는 말에 속합니다.

나는 이 말이 많이 와닿습니다. '세상에서 제일 무서운 사람은 한 권의 책만을 읽은 사람이다.' 이런 자들은 공통점은 듣는 귀도 없고 고집만 센 자들인 경우가 많습니다. 자신이 누구인지 아는 사람은 고집스럽지 않습니다. 상대를 향해 고개를 숙일 수 있는 강함이 있는 자라는 의미입니다. "상대를 향해 고개를 숙이는 게 강한 것이라고요?"라고 하겠지만 진정한 실력자는 자신의 약한 부분을 인정할 줄 아는 사람입니다. 진정으로 배움의 길을 걷는 이들은 교만하지 않고 오히려 어린아이와 같은 성품의 소유자들이 많습니다. 배움을 통해 자신이 얼마나 부족한 자인지를 알기에 절대 잘난 채를 하지 않습니다. 진정으로 배움의 길에 선 이들은 듣는 데 능합니다. 배움을 갖지 않고 살아가는 이들은 배우는 자들을 향해 비난의 화살을 쏘기도 합니다. 이렇게 말입니다. "잘난 채 하기는!" 하고 말입니다. 진정으로 배움의 자리에 있는 자는 타인의 배움을 비난하지 않습니다. 오히려 겸손히 자신도 배움에 길에 서야겠다는 마음을 갖습니다.

누군가는 내게 묻습니다. "공부가 재밌습니까?" 나는 당당히 "세상에 공부만큼 재미있는 게 또 있을까 싶을 정도입니다."라고 말합니다. 이해가 안 된다는 표정으로 나를 바라봅니다. 내가 말하는 공부는 자격증 취득하고 시험 잘 치르는 공부 이상입니다. 누군가에게 검증받아야 하는 틀에 갇힌 공부가 아닙니다. 자신의 부족함을 채워 가는 것입니다. 내가 보는 견해는 이렇습니다. 학부모는 공부하지 않으면서 자녀에게는 공부하라고 강요하는 경우입니다. 학부모가 공부를 안 하면서 자녀에게만 공부하라고 시키는 이유는 무엇일까요? 학부모마저도 자신이 누구인지를 알지 못하는 상황에서 자녀에게 공부하라고 하는 것은 자녀가 볼 때 이해가 안 되는 행동인 것으로 비칠 수 있습니다. 학부모가 "나는 어른이니까 공부를 안 해도 된다."라고 생각한다면 그것은 자녀들에게 공부는 재미없는 것으로 오해를 하게 만들 수 있는 것입니다.

공부가 정말 재미없을까요? 유대인은 공부하는 민족으로 유명합니다. 평균 IQ는 한국 사람들보다 떨어진다고 합니다. 그런데 이들에게서 세계를 이끄는 지도자들이 각계각층에서 나오고 있습니다. 이유는 무엇일까요? 공부하는 사람이 많기 때문입니다. 아마도 그들은 죽는 날까지 공부를 하는 것 같습니다. 태어나면서부터 공부하는 민족은 유대인들뿐입니다. 학부모께서 자녀에게 공부하라고 말하기 전에 스스로 자신의 길을 찾아가고 있는지 물어야 합니다. 나는 누구이고 어디로 가고 있으며 이 세상에서 무엇을 위해 살아야 하는지를 물어야 합니다. 이 물음에 답을 찾은 부모는 자녀에게 바른길을 제시해 줄 수 있을 것입니다. 자녀에게 공부하게 하려면 먼저 부모가 길을 찾아가는 모습을 보여 주어야 합니다. 학생이 하는 공부는 천편일률적이라고 한다면 학부모의 공부는 그렇지 않습니다. 기본 공부를 마쳤으니 원하시는 것들을 찾아서 하시면 되기 때문입니다.

공부는 좋은 고등학교를 나와 유명한 대학을 가기 위함이 아닙니다. 여기서 아니라 함은 없다는 말이기도 합니다. "없다니요? 말이 되는 소리를 하세요."라고 할지 모릅니다. 없다는 것은 필요 없는 시대가 왔다는 의미입니다. "무슨 말씀입니까? 우리 아이는 유명한 대학 나와 좋은 회사에 취업했는데요." 맞습니다. 현재까지는 이름값을 하는 대학을 나와 대기업에 취업할 수 있습니다. 현재는 그렇게 보일 수 있습니다. 아쉽게도 그 기준이 깨지고 있다는 것입니다. 지금 대기업에 취업했다고 해서 안심할 일이 아닙니다. 지금의 현실은 모두 유리판 위에 서 있는 것임을 기억해야 합니다. 어느 미래학자는 2020년에서 2060년의 시기를 교육 시대라고 명하였습니다. 그 후 2100년의 이후의 시기를 창조의 시대라고 말하고 있습니다. 빠르게 변화하는 시기에는 공부를 할 것이 아니라 공부하는 법을 배워야 합니다. 강의를 들을 게 아니라 학문한다는 것을 몸으로 익혀야 합니다.

우리나라도 '대학 졸업하고 기업에 취업하거나 공무원 시험에 합격하면 공부는 끝이다.'라고 하는 시대는 사라지고 있습니다. 내가 젊을 때부터 알고 지내던 제자가 있습니다. 그 제자는 소위 말하는 유명 대학을 졸업하지 않았습니다. 지금으로 따지면 3등급 정도를 받으면 가는 대학을 갔습니다. 졸업 후 첫 직장에 면접하러 갔다고 합니다. 면접관이 자신의 회사는 연봉은 얼마 정도를 줄 수 있다고 말을 했다고 합니다. 그 직장은 중소기업이었으니 많은 액수의 연봉을 줄 수 있는 상황은 아니었을 것입니다. 더욱이 유명한 대학 졸업자도 아니어서 회사의 처지에서도 서울권의 대학 졸업자를 찾은 게 아니라 경인 지역의 대학 졸업자를 받은 듯했습니다. 이 신입 사원이 되고자 하는 이 젊은 청년은 그 면접관 앞에서 이렇게 말했다고 합니다. "연봉은 제가 정합니다." 아마도 면접관은 충격을 받았을 것입니다. 이렇게 당돌한 친구가 있나 하고 말입니다.

그 젊은이는 회사에 입사했고 자신이 책정한 연봉에 맞게 열심히 일해서 회사에 유익을 주었다고 합니다. 유명한 대학을 나오지 않았음에도 불구하고 이 젊은이는 대형 금융회사로 이직을 했습니다. 회사의 일이라는 게 쉽지 않습니다. 일하는 많은 부서도 있지만 일이 적은 회사의 부서도 있습니다. 이 금융회사에도 쉬는 틈이 있을 때 이 젊은 회사원은 계속해서 공부했다고 합니다. 옆의 직원이 "뭘 그렇게 열심히 하냐? 천천히 해라." 이 젊은이가 하는 말이 "회사가 돈을 그냥 줍니까? 내가 회사를 위해 열심히 하는 게 당연한 거 아닌가요? 앞으로 생길지도 모르는 일을 미리 준비해야지요."라고 했다고 합니다. 놀랍게도 이 젊은이가 미리 공부한 분야의 일이 터졌다고 합니다. 미리 준비한 이 젊은 직원은 급하지 않게 문제를 해결했다고 합니다.

공부란 이런 것입니다. 투자에 마음이 가는 분들은 어설프게 주식이나 부동산에 눈을 돌리지 말고 공부에 투자해 보시기 바랍니다. 자녀의 배움에만 투자하기에는 학부모들의 인생도 있음을 기억하시면 좋겠습니다. 학부모는 학원이 아닌 도서관으로 가시면 모든 게 다 이뤄집니다. 도서관에서 꼭 자신을 발견하시기 바랍니다. 자녀가 자신을 발견하게 하는 시작과 끝은 학부모가 책과 씨름하고 공부에 몰입하는 것을 볼 때 말하지 않아도 배우게 됩니다.

사랑이 이깁니다

　사랑을 이기는 게 있을까요? 너무 뻔한 말 같지만 가장 강력한 무기가 아닐까 싶습니다. 사랑에는 전제 조건이 따르지 않아야 합니다. 내가 너를 사랑하는 이유는? '없다'가 답입니다. 사랑해야 하는 이유가 있다면 그 사랑은 이미 사랑이 아닙니다. 자녀를 사랑할 때에 그 사랑에 조건이 붙는다면 그 사랑은 조건이 제시됨과 동시에 모든 것이 물거품처럼 눈앞에서 퍽퍽 터지고 말 것입니다. "자녀를 사랑하시나요? 진심인가요?" 자녀가 부모의 기준을 따라줄 때 베푸는 사랑은 이미 사랑이 아닙니다. 사랑에는 조건이 따라서는 안 되기 때문입니다.

　사랑 중에 제일 무서운 것은 조건이 배제된 사랑입니다. 이런 사랑을 받는 자녀는 세상에 무서울 게 없어지게 되는 것입니다. 세상이 두려운 것은 아무 이유 없이 나를 사랑하는 존재가 눈앞에서 지워져 나갈 때입니다. 자녀가 태어났을 때를 기억하시나요? 무엇인가를 해내기는커녕 먹고 자고 싸는 게 전부였던 그 무능하기만 그 작은 아기가 뭐가 예쁘다고 눈을 떼지 못한 날들을 기억하시나요?

우리는 이때의 첫사랑을 기억해야 합니다. 아기는 엄마의 모유 수유만 받아 자라난 것이 아닙니다. 아기는 영양분만을 공급받는다고 자라난 것도 아닙니다. 독일의 히틀러에 의해 실험 대상이 된 아기들이 있습니다. 조건은 딱 하나였습니다. 눈도 마주치지 말고 반응하지도 말고 만지지도 말고 먹을 것만 주라는 것이었습니다. 그 아이들은 몇 개월 살지 못하고 모두 죽음을 맞았습니다. 사람은 먹을 것으로만 살 수 없다는 것이 증명된 것입니다. 사람은 사랑으로 살아갑니다. 사랑이 없는 고급 요리는 쓰레기에 불과한 것입니다.

부모님들은 자녀들에게 말합니다. "이번에는 성적 올려야지?" "넌 할 수 있어! 알고 있지?" "네가 뭐가 부족해?" "엄마는 네가 하겠다는 것은 다 밀어줄 수 있어." 어떤 말로도 자녀에게 위로와 힘과 용기를 심어 주지 못합니다. 자녀의 내면 깊은 곳에서 일어설 수 있다고 하는 마음이 생기게 하는 것은 사랑뿐입니다. 이 사랑은 무조건적 사랑이어야 합니다.

나는 어린 학생들을 만나면 사랑으로 대하려 합니다. 사랑을 이기는 것이 없기 때문입니다. 그렇다고 사랑한다는 표현은 하지 않습니다. 단지 사랑을 줄 뿐입니다. 정제된 언어로 사랑한다고 하는 것과 사랑을 행동으로 보여 주는 것은 하늘과 땅 차이입니다. 나는 울보이기도 하지만 학생을 울리기도 합니다. 내가 울보인 것은 학생의 이야기를 들으며 울어 버리기 때문입니다. 내가 자신들의 이야기를 들으며 우는 것을 목격한 학생들이 여럿 있습니다. 같이 울었기 때문입니다.

사랑은 동행하는 것입니다. 그 아픔을 끌어안고 힘겨워하는 아이에게 "울지 마, 힘내, 넌 할 수 있어." 이런 상투적인 표현은 아이들에게 더욱 분노를 일으키게 되는 경우가 많습니다. 이보다 먼저 되어야 할 부분을 이행하지 않으면 격한 감정이 일어날 수 있습니다. "당신이 나를 안다고요? 내가 무엇 때문에 힘들어하는지 이해한다고요? 웃기지 마세요. 가식 떨지 마세요. 아무도 절 이해할 수 없어요."

나는 학생들의 이야기를 들으며 그의 마음을 봅니다. 그 마음속에 들어가고자 내 귀를 열고 마음을 열고 그 아이의 내면의 소리에 귀를 기울입니다.

나는 내 앞에 서 있는 그 상대를 강압적으로 억압하지 않고 기다립니다. 이 기다림은 끝을 모르는 과정이 따릅니다. 이 과정은 너무 힘이 들 때가 많습니다. 이때 내가 두려움에 떨면 상대의 마음은 흐트러지고 마는 것입니다. 나는 이 작은 순간을 놓치지 않으려고 온 정신을 다 쏟아붓습니다. 이 작은 움직임은 상대가 마음을 열게 합니다. 사랑은 언제나 이깁니다. 사랑을 이기는 것은 없습니다. 지금 자녀들에게 필요한 영양소는 다름이 아닌 사랑입니다. 그것도 조건 없는 사랑이어야 합니다.

반에서 명품 학생으로 꼽힌 아들아이가 어느 날 시무룩하게 내 앞에 섰습니다. 학교 학부모 상담 때마다 듣는 아들의 이야기는 "아이를 어떻게 이렇게 잘 키우셨어요. 어머니는 학교 오시지 않아도 돼요." 모든 교사가 이구동성으로 하시는 말씀이라고 하며 아내가 미소를 짓곤 했습니다. 이 명품 학생이 졸품이 되는 날이 있었습니다. 아이가 수학 시험을 치렀는데 거의 다 틀린 것입니다. 나는 내 귀를 의심했습니다. 기운이 다 빠진 그 아이는 내 눈치를 보며 점수를 말하면서 내 동태만을 살피는 듯했습니다. 내 내면에서 약간의 흔들림이 있었습니다. 항상 꼴찌가 그랬다면 기대감 따위는 없었을 것입니다. 학교에서 손색없이 모르는 게 없을 정도로 거침없이 아는 게 많은 아이가 무너지는 모습에서 내 마음도 무너지는 것을 느꼈습니다.

　순간이었습니다. 나는 내 마음의 대오를 정렬하고 한마디 던졌습니다. "괜찮아. 그것보다 나는 네가 더 소중해. 점수 신경 쓰지 마라. 시험은 다시 보면 되는 거야."라고 말을 한 후 아내에게 전화한 후 아들의 상황을 말하고 절대 잔소리를 하지 말하는 말까지 신신당부를 해 놓았습니다. 그게 끝이 아니었습니다. 내 입에서 나오는 말은 "괜찮아."였는데 얼굴과 마음은 아니라고 부정하고 있었습니다. 1시간이 흘렀는데 나는 그 시험 이야기를 다시 묻고 있었습니다. 그것도 교묘하게 돌려서 질문하고 있었습니다.

　사랑이 이기는데 나는 그 사랑을 이론으로 적용하려 했을 뿐 아들에게는 용납하지 않으려고 했습니다. 물론 다음날 재시험을 치른 후 다 맞았다고 말을 들은 후 아들 앞에서 은근히 미안해졌습니다. '내가 너를 점수로 평가를 하고 있었구나.' 하고 말입니다. 나 또한 아직도 부족한 부분이 많이 있습니다. '사랑이 이긴다.'라는 말은 내 내면에서는 되뇌지만 내 아들이 기대치에 미치지 못하는 모습을 보이면 다른 면에서 은근 화를 내는 나 자신을 보곤 합니다. 하루는 아들이 묻습니다. "내가 못해서 그런 거예요?"라고 말입니다. 사실이 아닙니다. 내 인격이 덜 되어 그런 것이었습니다. 나는 거꾸로 솟구치는 감정을 억제하고 말을 합니다. "아니야. 너와 상관이 없는 일이야. 넌 신경 안 써도 돼." 하면서 거짓말을 했던 적이 있습니다. 부끄러웠습니다.

사랑이 이긴다면서, 사랑이면 다 된다면서 남의 자녀들에게는 그렇게 관대하면서 정작 내 아이에게는 쉽지 않았습니다. 지금은 그때의 잘못을 뉘우친 후 생각보다 잘 이겨내고 있습니다. 나는 점점 커 가는 아이에게 말을 합니다. "사랑해." 아이는 전혀 어색함이 없이 답을 합니다. "사랑해요." 어느 날은 내게 볼 뽀뽀를 날리는 아이의 모습이 징그럽게 느껴지지만 '그래 나이가 더 들면 그때는 볼 뽀뽀도 못 받을 텐데' 하는 마음에 감사로 받고 있습니다.

지금 하늘에서 내려진 각 가정의 자녀에게 필요한 것은 아무런 조건이 없는 사랑의 메시지일 것입니다. 이 사랑의 근원지는 부모의 내면입니다. 부모인 자신의 내면에 나는 사랑받을 만한 충분한 자격이 있는 사람이라는 것이 인식되어야 합니다. 부모 자신이 사랑받을 가치가 있다는 확신이 없다면 사랑을 줄 수 없습니다. 자녀가 힘들어할 때를 대비하여 부모는 자신을 아끼고 사랑해 주어야 합니다. 아무런 조건 없이 자신을 기뻐해 주어야 합니다. 자녀가 무슨 일이든 자신감이 있게 해 나기를 바란다면 제일 중요한 것은 부모 먼저 자신을 돌아봐야 할 시점이라고 생각합니다.

사랑이 이깁니다. 사랑을 먹고 자라는 아이들은 공부도 잘합니다. 우리의 자녀에게 "공부 잘해라."라고 말하기 이전에 꼭 해야 할 말은 "언제까지나 너를 사랑해. 아무런 조건 없이 너는 사랑하는 내 아이야."라고 말입니다. 이 말을 한 후에 "그러니까 이제 더 열심히 해야

지?"라고 하는 것은 금기어 중의 하나입니다.

　세상에서 제일 무서운 사랑은 조건 없는 사랑입니다. 지금 우리의 아이에게는 이런 사랑이 필요하지 않는지 살펴보는 것은 어떨까요? 마지막으로 관심과 간섭의 차이를 꼭 기억하시면 조건 없는 사랑은 이루어집니다. 무조건적 사랑을 공급해 줄 때 꼭 꿈을 이루게 됩니다.

공부, 이해가 되어야 인생이 풀립니다

가르치는 선생님들께서 학생들에게 하시는 말씀 중에 지속해서 하시는 것은 "이해하니? 이해되니?"라고 하십니다. '이해하다'라는 말은 영어로 'understand'라고 합니다. 이는 '아래에 서는 것'입니다. 무엇을 알고자 할 때는 항상 아래에 서는 자세가 필요합니다. 학문 자체에는 인격은 없지만 새로운 지식을 만났을 때는 겸허함이 필요합니다. 알지 못하던 것을 만났을 때는 자만한 마음보다는 겸손함으로 나아가야 합니다.

학문은 겸손한 자에게 길을 열어 주기 때문입니다. "나는 다 할 수 있어." "나처럼 유능한 사람이 있으면 나와 보라고 해."라고 하는 이들은 겸손과는 거리가 먼 것입니다. 이런 자들에게는 기회가 주어지지 않습니다. 오히려 "내가 아직 배움의 길이 멀었구나."라고 생각하는 이들에게 새로운 지식과 지혜의 문이 열리게 되는 것입니다. 사람은 겸손한 자세로 알고자 할 때 서서히 길이 열리는 것입니다. 자만한 자에게 주어지는 것은 선물이 아닌 배설물입니다.

사람이 어떤 상황에서든 겸손해지는 게 쉽지 않습니다. 빈곤자가 겸손할까요? 이들은 자신도 모르게 자기기만에 빠집니다. 자신의 약함을 그대로 인정하는 것이 진정한 겸손이지만 가난한 자가 그렇게 하기란 쉽지 않습니다. 남들보다 더 많이 알고 가진 자 중에 겸손한 자들이 간혹 있습니다. 이들을 보면 존경하고자 하는 마음이 그냥 일어납니다. 그렇다고 많이 소유한 자들이라고 다 잘할까요? 아닙니다. 이들 중에 '갑질'이라는 유행어를 만들어 낸 이들도 많습니다.

　사람은 누군가보다 더 낮다고 생각하면 아래 서는 것을 못 하거나 안 하려고 합니다. 이것은 스스로 망하기를 소망하는 자와 다를 바가 없습니다. 지혜의 신은 겸손한 자에게 해안이 열리도록 합니다. 진정한 이해(understand)는 자신을 진실로 아는 자에게 세상을 뚫어 보는 눈을 선물로 줍니다. 진정으로 자신의 무지를 깨닫기란 쉽지 않습니다. "네가 조금 알거든요. 내가 전공자이거든요."라고 한다면 아직 덜 익은 것입니다. 'understand'의 의미를 바로 알아야 세상이 다르게 보입니다. 안다고 착각하는 것과 아는 것과는 전혀 다른 것입니다. 사람들이 흔히 하는 실수가 있습니다. "나는 다 이해해." 이런 말을 듣고 있노라면 내면에서 불같은 용암이 치솟지 않습니까? "이해하기는 뭘 이해해요? 당신이 나에 대해서 무엇을 안다고 이해해요." '이해한다'라는 말은 쉽게 쓸 수 있는 용어가 아닙니다.

　배움 앞에서도 "나는 다 이해됩니다."라고 말을 한다면 그 사람은 아무것도 아는 것이 없는 존재로 전락할 수 있습니다. 특히, 학생들이 남의 시선을 생각하며 "나는 이만큼 알아."라고 한다고 하면 그는 아는 게 하나도 없는 미물에 불과한 것입니다. 진정한 앎은 "나는 아는 게 없습니다." 여기서부터 시작되는 것입니다. 학문 앞에서 "나는 아직 부족합니다. 멀었습니다." 이런 마음의 자세를 갖춘 자들은 계속 공부합니다. 공부의 맛을 알게 됩니다.

학문이든 사람이든 이해를 한다고 말할 수 있습니까? 그것이 된다고 하면 아직 갈 길이 먼 것은 분명합니다. 나는 아직 이해가 안 되는 게 너무 많아 매일 공부를 합니다. 내 공부 분야는 전공을 초월해 버렸습니다. 가끔 학부모께서 내게 묻습니다. "전공은 뭐예요?" 사실 내게 전공은 큰 의미가 없는 질문에 불과합니다. 영어, 수학 관련 전공자 중에 최고의 고수들은 학교 선생님들이기 때문입니다. 이분들은 임용고시를 통과하신 분들이기 때문입니다. 이분들만큼 각 분야에 전공자로서 인정받은 분들은 없습니다. 학생이나 학부모께서 진짜 전공자들에게 자녀를 믿고 맡기지 않는 현실이 이해가 안 되기도 합니다. 다시 말을 이어 하자면 나는 배우면 배울수록 모르는 게 많다는 것을 깨닫기에 계속 공부를 합니다. 물론 공부가 재미있어서 하는 것도 있습니다.

나는 남들에게 자랑하기 위한 공부는 절대 안 합니다. 공부를 통해 나를 이해하고자 합니다. 나 자신이 아는 게 없다는 것을 깨닫기 위해 매일 학문에 정진합니다. 잘나지 않았기 때문에 내 공부는 쉼이 없습니다. 아무리 바빠도 공부는 쉼이란 있을 수 없습니다. 자녀가 공부한다면 공부가 무엇인지를 먼저 이해되어야 합니다. 이것은 이론적인 몇 줄로 "공부는 이런 것이야."라고 쓰인 것을 외운다고 해결되는 것은 아닙니다. 공부라는 깊은 속 의미를 깨우쳐야 합니다. 이렇게 아는 순간 인생의 문제도 술술 풀리게 되어 있습니다. 자신의 꼴을 아는 사람은 세상을 알게 되는 것입니다. 자녀들에게 세상 읽기를 시키고 싶으시다면 꼭 기억하시기 바랍니다. "너는 세상을 이해하니?"라고 물으시면 됩니다. "이해해요."라고 하면 "더 익혀라."라고 말씀해 주시면 됩니다. 익으면 익을수록 이해의 깊이는 달라지고 세상 속에서 멋진 열매를 맺게 될 것입니다. 안다고 착각, 배웠다고 착각, 풀었다고 착각, 할 수 있다고 착각하는 이 모든 것들이 이해가 아닌 오해를 불러일으킬 수 있습니다.

이해는 두 가지를 아는 것입니다. 오해는 다섯 가지를 모르는 것입니다.

여기서 두 가지란 나 자신이 누구인지를 아는 것이고 자신 무엇을 모르는지 아는 것입니다. 다섯 가지 오해는 첫째, 자신이 무엇을 모르는지에 대한 무지에 대한 것입니다. 둘째, 자신은 다 알고 있다고 생각하는 것입니다. 셋째, 남들은 자신보다 못하다고 생각하는 것입니다. 넷째, 배움이 끝이 없다는 것을 모르는 것입니다. 다섯째, 배움 앞에서 늘 겸손해야 한다는 것을 망각하는 것입니다.

배움을 안다고 자신합니까? 장래가 어두워질 것입니다. 자신은 아직 멀었음을 이해합니까? 그렇다면 장래는 밝을 것입니다. 미래의 등불은 겸손한 자에게 열쇠를 주기 때문입니다.

내가 나일 때 가장 빛이 납니다

학생들이 내게 가끔 묻습니다. "선생님 정체가 뭐예요? 이것도 하고 저것도 한다고 하니 궁금해요. 말해 주세요." 나는 학생들에게 "그냥 공부하자."라고 말을 합니다. 어느 날도 질문에 질문을 주고받았습니다. 나는 귀찮은 나머지 "나의 정체는 나다." 이렇게 말하며 칠판 앞에 서서 설명하려다가 어린 학생이 내가 하는 말을 이해할까 하는 생각에 "그만하자." 하고 입을 닫았습니다.

그 대신 짧은 말로 학생에게 이렇게 답변을 해 주었습니다. "네가 하는 일은 네가 아니라 그냥 일은 일에 불과하다. 일하고 있는 나는 내가 아니다. 내 명함의 직함도 나는 아니다."라고 말해 주었습니다. 나는 대화 학교 강사로 16년 이상을 뛰어다녔습니다. 기억에 남는 곳은 서울 강북구 수유1동 주민자치센터에서 1년간 강의를 했을 때였고, 부천에 있는 경기 국제통상고등학교에서 학부모들의 초청을 받아 8주간 강의를 했을 때였습니다. 강의를 듣는 분들이 네게 묻습니다. "뭐 하시는 분이세요? 대화 학교 강의만 하는 것 같지는 않은데요. 다양한 분야를 말씀해 주시니 궁금해요." 나는 그분들에게 앞서 말한 이야기를 할 뿐입니다. "지금 내가 강의를 하고 있어도 이것이 내가 아닌 것은 분명합니다." 내가 하는 일과 명함의 직함은 나를 감싸고 있는 포장지에 불과하며 그냥 껍데기일 뿐입니다.

나는 아직 나를 찾아가고 있습니다. 이런 나를 향해 누군가가 "뭐 하시는 분이세요?"라고 묻는 것은 나를 향해 "누구입니까?"라고 묻는 것으로 들립니다. 나는 모릅니다. 내 껍데기를 보고 나를 평가하지 않기를 바랄 뿐입니다. 이것은 나뿐만 아니라 각자 자신을 바라볼 때도 자신이 가진 지위와 권력, 더 나아가 재력이 자신이라고 생각하는 모순에서 벗어나는 길이 진정으로 자신을 찾아가는 데 도움이 됩니다. 자신이 하는 일이 자신이 아닌 것은 분명합니다. 각 개인도 자신의 직함이 자신이 아님을 꼭 기억하여 자신을 찾아가는 작업을 해야 합니다. 자신을 찾아가는 길이 공부입니다. 공부는 자신을 찾아내는 가장 좋은 열쇠입니다. 자신이 누구인지를 알고자 하는 사람들은 공부를 멈출 수 없게 되는 것입니다.

자녀가 공부하기를 바란다면 자신을 찾아가는 시간과 환경을 만들어 주어야 합니다. 아이가 스스로 "내가 누구일까? 나는 왜 태어났을까? 나는 어디서 왔으며 어디로 갈까? 나는 무엇을 해야 할까?" 이런 생각을 할 시간을 주도록 하는 게 공부의 시작입니다. 문제는 자녀에게 이런 사색의 시간이 주어지지 않는다는 것입니다. 학생들은 오로지 고득점과 유명한 대학을 가기 위해 치열하게 싸우고 있을 뿐입니다. 한국에서 이름이 있는 대학 간판을 얻어 내면 자녀의 미래가 보장되는 줄 착각하며 살아갑니다. 30년 전만 해도 인지도가 높은 대학을 나오는 것은 절대적이었습니다. 지금은 시대가 달라졌습니다. 문제는 30년 전 학교 간판의 특수를 누린 부모들이나 혹은 그것을 옆에서 지켜본 부모들의 모습입니다. 학부모의 시각은 30년 전과 같습니다. 아직도 학벌 마법이 통할 것이라는 환상 속에 빠져 있습니다. 오로지 '등급만 올리고 점수만 올려라, 너의 미래는 보장되어 있다'라고 자녀에게 세뇌를 시키고 있지는 않은지 생각해 보시기 바랍니다.

안타깝게도 이제는 그런 미래란 없습니다. 정말 자녀가 이 땅에서 '성공'이라는 것을 얻는 것을 보시길 바란다면 자녀를 가만히 두시는 편이 더 낫습니다. 내가 학부모를 만나 상담을 할 때 질문합니다. "아이가 걷던 날을 기억하십니까? 어느 때에 걸었을까요?"라고 질문합니다. 이 질문에 명쾌한 답변을 주신 분이 있었습니다. "아이는 걸을 힘이 있을 때 걸었습니다."라고 말씀하셨습니다. 나는 맞장구를 치며 말했습니다. "옳습니다. 걸을 힘이 있을 때 걷게 됩니다. 걸을 힘이 있으면 걷고자 하는 욕구도 일어나게 되어 있습니다." 그럼 지금 자녀가 공부를 안 한다고 못 한다고 절망하거나 우격다짐으로 밀어 넣는다면 자녀가 공부할까요? 마지못해서 하는 경우는 진정한 공부가 아닙니다. 이런 경우에는 분명 문제가 터질 날이 옵니다. 오지 않아야 하지만 문제라는 것은 해결하지 않으면 언제인가는 터지고 맙니다.

내게 오는 학생 중에는 공부를 정말 하고 싶어 오는 학생보다는 끌려오는 학생이 많습니다. 입술을 쭉 내밀고 오는 학생도 있고 고개를 푹 숙이고 오는 학생도 있고 의심의 눈초리를 거두지 않고 오는 학생도 있습니다. 나는 학생에게 공부하는 원리를 알려 주기 전에 신뢰에 대해 먼저 논합니다. "나를 신뢰해야 너에게 유익이 된다. 나를 신뢰하지 않는 한 너는 아무것도 얻지 못할 것이다. 내가 네게 주지 않음이 아니라 네가 내 것을 받지 않기 때문이다."라고 말해 줍니다. 내 말을 귀담아듣고 신뢰하는 학생은 열심히 공부합니다. 나는 가르치지도 않는데 공부의 맛에 빠져들어 갑니다. 나는 학부모와 학생에게 말합니다. "나는 가르치지 않지만 나를 신뢰하고 공부하는 학생은 실력이 늘어납니다." 나를 만나서 끝까지 의심하고 돌다리만 두드리고 발을 떼지 않는 학생이 있습니다. 냇가를 건너려면 돌을 밟아야 합니다. 자신이 돌을 밟지 않고 건너고자 한다면 건널 수 없는 것입니다.

홍자성이 쓴 채근담에 담긴 말이 마음에 닿습니다. "다른 사람을 믿는 것은, 그 사람이 반드시 진실해서가 아니라 자기 자신이 진실하기 때문이다. 다른 사람을 의심하는 것은, 그 사람이 반드시 속여서가 아니라 자기 자신이 먼저 속이기 때문이다."

내가 나로서 살아갈 힘은 내가 나를 믿는 것에서 시작이 되는 것입니다. 지금은 예전과 다르게 불신이 팽배한 사회인 것은 사실입니다. 이런 와중에 내게 자녀를 맡기는 분들이 있습니다. 나를 믿어서 맡기는 것이 아니라고 생각합니다. 그분들은 자신들을 믿는 것입니다. 나를 향해 진실하게 대하시는 어머니들이 있습니다. 내가 진실하기 때문이 아니라 그분들 자체가 진실하기 때문일 것입니다. 이것이 나로서 살아가는 시작입니다. 나 또한 만나 뵙는 학부모를 향해 나 자신을 믿는 것을 보여 줄 뿐입니다. 나는 "나를 믿어 주십시오."라고 말하지 않습니다. "꼭 내게 와야 한다."라고 말하지도 않습니다. 오히려 "오지 않아도 된다."라고 말을 합니다. 어느 경우에는 공부 원리를 말해 주기도 합니다. 자신을 신뢰하는 이들은 공부합니다. 자신을 믿지 않는 자들은 상대가 하는 말도 불신을 합니다.

자신을 불신하고 상대를 신뢰하지 않는 이들은 공부해야 하는 이유를 찾기는커녕 자기 오만에 빠져 지내는 것입니다. 이들은 자신이 누구인지조차 모르고 살아가게 됩니다. 자녀가 공부하지 않고 버티고 있다면 먼저 자신을 찾아가는 것이 무엇인지를 알려 주는 게 급선무일 것입니다. 자신이 누구인지를 아는 자는 공부를 멈추지 않습니다. 나 또한 내가 얼마나 무지한지 알기에 공부를 멈출 수 없습니다. 학생들이 학교에서 받은 점수가 자신이 아닙니다. 점수가 낮은 학생은 자신은 보잘것없는 사람으로 자신을 치부해 버리는 경향이 있습니다. 높은 점수를 받아야지만 자신이 괜찮은 사람이라고 착각을 합니다. 내가 가진 자격증이 내가 아닙니다. 자신을 포장한 것은 진정한 자신이 아닙니다. 빨리 깨우치는 자들은 진정으로 배움의 길을 걷게 될 것입니다. 대다수 사람은 껍데기를 얻기 위해 인생을 다 허비합니다.

자신에게 묻기 바랍니다. "나는 나를 누구라 생각하는가?" "아무 기록이 없는 자신을 바라볼 때 누구라고 생각하십니까?" "내가 아무것도 없을 때 나는 누구일까요?" 자신이 누구인지를 알고자 한다면 나 자신이 아무것도 없는 상태로 되돌아가야 합니다. 나는 가끔 학생들과 생각을 나눕니다. 내 기준에서 볼 때 나와 생각을 나누러 오는 학생이 가장 값진 것을 얻어 가는 것입니다. 생각을 나눈다는 것은 내 생각을 수입하는 것이 아니라 학생의 이야기를 진지하게 듣고 눈을 바라봐 주며 "너는 소중한 존재이다."라는 무언의 메시지를 전달해 주는 것입니다. 이런 과정을 통해 학생들은 자기 자신을 찾아갑니다. 자신이 남이 되지 않기 위해 살아가는 길을 찾아갑니다.

지금의 세상은 내가 나일 때를 알고 자신의 길을 걸어가는 사람이 가장 빛이 납니다. 남들도 다 가는 길을 아무 생각 없이 따라가다 보면 길을 잃게 됩니다. 자신을 찾아가는 것이 공부이고 자신의 길을 찾은 자들이 세상을 놀랍게 합니다.

공부의 신이 있을까요?

한 학원의 원장님과 이야기를 나눌 기회가 있었습니다. 이분은 청춘 시절부터 50대 후반까지 학원가에서 이름을 날렸던 분이었습니다. 이 원장님께서 내게 자신감 있게 이야기를 하는 것이 있었습니다. "우리 학원의 공부 시스템은 이렇습니다. 1시간 30분 강의를 듣고 1시간 30분 독서실에서 공부하고 갑니다. 학원에서 공부한 것은 꼭 복습하고 가야 합니다. 그렇지 않으면 기억이 나지 않습니다. 내가 학원을 수십 년째 운영하면서 터득한 원리입니다. 아무리 머리가 좋아도 이차적으로 스스로 공부하지 않으면 기억에 남은 것은 없습니다."라는 말씀을 자부심을 품고 말씀하시는 듯했습니다.

나는 이 원장님의 이야기를 들으며 "반은 알고 반은 아직 모르시는구나." 하는 생각이 들었습니다. 나는 계속 말을 하지만 공부는 스스로 하는 것이 정답입니다. 내가 만난 어머니들은 "공부가 스스로 된다면 가장 좋지요. 그런데 그게 가능한가요?"라고 말씀하십니다. 이렇게 생각을 바꿔 보면 어떨까요? "나는 그게 왜 불가능하다고 생각하고 있을까?" 사람들은 예나 지금이나 대세를 따르는 듯합니다. 『플루타르크 영웅전』을 읽어 보시면 알게 되는 것이 있습니다. 대중들의 심리입니다. 대중들은 대세를 따릅니다. 무엇이 옳은지 그른지 어느 방향으로 가는 게 나은지를 선택할 능력이 빠진 듯해 보입니다. 이는 예나 지금이나 별반 다르지 않게 보여 씁쓸합니다. 자녀에게도 일독을 권해 드립니다. 단, 어린이 문고, 청소년 문고판, 만화 플루타르크 영웅전 등은 절대 읽지 않도록 해야 합니다. 원판은 아니어도 일반인이 읽는 번역본을 읽히는 게 낫다고 생각합니다.

공부의 신이 있을까요? 성적이 높으면 공부의 신일까요? 우리나라의 서울대학교를 나오면 공부의 신일까요? 『서울대에서 누가 A+를 받는가』 서울대학교 교수학습센터의 이혜정 박사는 서울대학교 학생들을 대상으로 연구를 한 결과물을 책으로 내놓았습니다. 결과는 의외로 나왔습니다. 서울대학교 학생 중에 수용적 태도로 공부를 한 학생들이 A+를 받는다는 사실을 알아내었습니다. 수용적 태도를 보이는 학생들은 교수님의 농담까지 토씨 하나 빼놓지 않고 다 적어 놓았다고 합니다. 어떤 학생들은 교수님의 강의를 녹음하여 계속 듣고 시험 때가 되면 그대로 옮겨 적을 정도로 열정을 보인다고 했습니다. 이렇게 공부를 한 학생들이 A+를 받을 확률이 높아진다는 것을 이혜정 박사는 자신의 책에서 이야기했습니다.

나는 나무미래자유인문학교 학생들을 데리고 서울대학교 학생들의 공부 모습을 보여 주고자 서울대학교에 방문한 적이 있습니다. 당시에 콩나물 강의실에 100여 명이 넘는 학생들이 교수의 강의를 받아 적는 것을 보여 주며 "저것이 한국을 대표하는 S 대에서의 교육의 현장이다. 대한민국 대다수 대학은 이렇게 공부를 시킨다."라고 말해 주었습니다. 공부는 누군가의 머릿속에 있는 지식을 받아 적는 게 아닙니다. 공부는 자신이 스스로 깨우쳐 가고 정립해 나가는 것이어야 합니다. 모르는 게 있으면 스스로 문제 해결할 능력을 키워나가야 하는 것이 내가 생각하고 지향하는 공부입니다. 나는 학생들에게 가르침을 주지 않습니다. 질문을 해오는 학생이 있다면 다시 역질문하여 스스로 생각하게 합니다.

내가 강의하는 것은 이야기를 나눈다는 개념이 더 맞을 것입니다. 하나의 질문이 들어오면 그 질문을 화두로 질문에 질문을 던지며 학생들이 생각하도록 만듭니다.

예전의 공부는 온 힘을 다해 외우고 쓰고 베끼는 과정이 있었다고 한다면 앞으로의 교육은 그렇지 않은 방향으로 바뀌고 있습니다. 문제는 우리의 교육은 '공부의 신'이라는 이름을 두고 성적을 올리는 것이 공부의 신으로 전락하여 굳어진 지 오래되었습니다. 공부의 신이 있을까요?

나는 '공부의 신'이 아니라 '성적의 신'이라고 하면 인정합니다. 성적을 올리는 신은 있을 것입니다. 밤을 새워 가며 공부를 하거나 서울대학교에서 A+ 받는 학생들처럼 수용적 태도를 보이고 공부하는 학생들은 당연히 성적이 오르게 되어 있습니다. 수용적 태도가 '좋다 나쁘다'라는 개념보다는 수용적 태도는 수동적 인간으로 만들어 놓을 확률이 높으므로 위험합니다. 지금의 시대에 공부한다는 것은 비판적 능력과 사고력과 창의적인 태도를 갖춘 인재를 원하기 때문입니다. 더 나아가 문제 해결 능력을 갖춘 인재를 찾기 때문에 더욱 수용적인 태도는 지양해야 합니다.

진정으로 공부의 신이 되고자 한다면 공부를 스스로 하는 법을 익혀야 합니다. 스스로 공부한 적도 없이 성적이 올랐다면 좋아할 일만은 아닙니다. 누군가의 도움으로 성적이 오른 것이 당시에는 도움이 될 수 있습니다. 이렇게 학습된 학생들이 훗날 성인이 되어 사회의 일원이 된다면 생각하지 않았던 결과가 나오기 때문입니다. 무엇을 어떻게 해야 할지 몰라 윗선의 지시를 기다리거나 융통성이 없어 보이는 직원으로 비칠 확률이 높아집니다. 대한민국 사람들은 시키는 것은 잘 해냅니다. 하지만 새로운 시도를 하는 것을 두려워합니다. 실패했을 때에 책임을 지게 되는 질책을 듣는 것이 싫기 때문일 것입니다. 이로 인해 맡은 바 일에 대한 근면 성실성은 인정을 받습니다. 세계적으로 부지런하고 성실한 민족으로 꼽히기도 합니다. 그 이상의 것을 뚫고 나가야 하는데 그런 힘이 없습니다. 없다는 것은 경험한 적이 적거나 시도하는 것에 대한 문제 해결 능력이 약하기 때문입니다.

창의적이지도 주도적이지도 못하고 문제 해결 능력이 약한 원인은 초등학교, 중학교, 고등학교 시절의 교육에서 시작되었다고 보면 맞습니다. 나라의 미래까지는 아니어도 각자 선물로 보내준 자녀의 미래를 바꾸려면 공부를 스스로 하도록 독려해야 합니다. 어떤 경우는 공부한다는 것을 문제집을 푸는 것으로 오해하는 경향이 있습니다. 문제집은 공부한 후에 풀어내는 것입니다. 공부하기 전에 문제집만 풀어낸다든가 아니면 공부한다는 전제하에서 문제집으로만 학습한다고 하면 공부를 한 것이 아닙니다. 이는 내가 쓴 앞의 글에 '공부하지 말고 공부하게 해 주세요.'라는 글을 읽어 보면 무슨 말을 하는지 이해하게 될 것입니다. 공부를 한 학생들은 자신이 하는 공부를 검증받고 싶어 하는 마음에 문제집에 손이 갑니다. 학부모들이 도울 일은 이 욕구가 일어나도록 기다려야 함에도 기다리지 않습니다. 오히려 공부로 개념이 제대로 정립이 되지 않는 학생에게 문제집을 쌓고 풀어 보라고 합니다. 공부로 제대로 된 개념이 정립된 적이 없는 학생들은 이런 문제집만을 풀어야 하는 상황을 달가워하지 않습니다.

초등학교 4학년 학생을 만난 적이 있습니다. 학생은 자신의 어머니에게 "내가 문제 푸는 기계예요? 저는 공부 안 할 거예요."라는 선언을 했다고 합니다. 이 학생은 참으로 영특했습니다. 예의도 바르고 생각하는 힘이 넘쳐났습니다. 공부의 기본이 잡힌 학생인 듯했습니다. 이유인즉 독서를 즐겨 한다는 말에 "이 학생은 생각하고 사는구나." 하는 생각이 들었습니다. 이런 학생을 만나기란 쉽지 않습니다. 나이가 어린 학생은 대체로 부모의 지시사항을 따르기 때문입니다. 나는 내게 보내 준 자녀에게도 막무가내로 공부를 하라고 말하지 않습니다. 더욱 가르치지도 않습니다. 내가 운영하는 나무미래자유인문학교에도 억지로 다니게 하지 않습니다. 가끔 어머니들이 내게 묻습니다. "선생님은 선생님의 자녀를 선생님이 세운 학교에 보내십니까?"라고 말입니다. 나는 당당하게 "아니요."라고 답을 드립니다. 이 말을 들은 상대는 아마도 이렇게 생각하실 것입니다. "자신의 자녀도 안 보내면서……."

라고 말입니다.

더 엄밀하게 말하자면 나는 안 보내는 것이 아닙니다. 절대적으로 아이의 의견을 존중합니다. 내가 머무는 학교에서 배우는 과정은 공교육 과정과는 전혀 다른, 아니 대학에서도 깊게 배울 수 없는 과정을 익힙니다. 그런데도 내 아이에게 강제적으로 다니게 하지 않는 이유는 오직 하나입니다. 자식은 내 소유물이 아니라는 생각 때문입니다. 나는 아이에게 내가 세운 학교에 오기를 몇 번 권했을 뿐 강압적으로 말하지는 않았습니다. "언제든 공교육 공부가 싫으면 우리 학교로 와라. 환영한다." 아이도 내게 말하기를 "예~ 그렇게 하겠습니다. 중학교는 다녀 보고 결정하겠습니다."라고 답을 주었습니다. 내 마음속이 타지 않는 것은 아니지만 아이는 내 부속물이 아니므로 아이의 의견을 존중하고 기다리고 있습니다.

자녀가 '공부의 신'이 되길 바란다면 스스로 공부하는 것을 경험할 수 있도록 해야 한다는 것은 변함이 없습니다. 다행인 것은 세계의 추세가 가르치는 쪽보다는 스스로 공부하게 하는 흐름으로 가고 있다는 것을 꼭 기억하시면 유익할 것입니다. 교육에 종사하시는 분들도 가르치는 일의 위치는 점점 사라지게 된다는 것을 알고 계시고 교육에 대해 새로운 것을 대비하시면 좋으리라 생각합니다.

공부, 가르칠 게 있을까요?

　나는 누구도 가르치지 않습니다. 인간은 가르친다고 사람이 되는 존재가 아니기 때문입니다. 인간은 가르침을 받는 순간 무능한 존재로 변질할 확률이 높아집니다. 이는 가르치는 자의 사견이나 사상이 들어가기 때문입니다. 앎은 스스로 배워 나가야 합니다. 배움을 스스로 깨우치지 않는다면 그는 절대 비이성적 삶에서 헤어 나오지 못합니다.

　사람은 가르친다고 성장하지 않는다고 생각합니다. 이를 알고 있는 나는 누구에게도 가르침을 주지 않습니다. 오히려 질문하고 이야기를 듣고 생각을 나눕니다. 이야기를 나눌 때는 학생의 생각에 귀를 기울여 듣습니다. 내가 자신들을 가르치지 않는다고 겉만 보는 이들은 빨리 짐을 싸고 떠납니다. 마치 학원처럼 무엇인가를 설명해 주는 것을 받아 적고 문제를 풀고 오답 체크를 하고 집에서 할 숙제를 많이 내주어야 하는데 그렇지 않으니 무언가 배우는 게 없다고 착각하는 학생은 나를 곧 떠납니다, 더 마음 아픈 것은 이런 학생은 공부라는 것을 하지 않습니다. 스스로 공부한다는 의미 자체를 모르는 것처럼 보입니다.

이야기를 나누려 해도 마음을 열지 않습니다. 자신이 잘할 수 있다는 것을 믿지 않는 듯합니다. 나는 학생들에게 늘 말합니다. "공부는 자신을 믿는 것이다. 너 자신을 믿지 않고서는 누구에게도 얻을 수 있는 것은 없다."라고 말을 해 줍니다.

이해가 되지 않는 것은 나에 대한 불신이 있는데 내게 오는 사람들입니다. 나는 마술사가 아닙니다. 나를 만나면 저절로 공부가 되는 것처럼 오해를 하는 경우도 있습니다. 나를 통해 8주 만에 실력이 향상된 학생들의 이야기를 해 주면 8주면 모든 공부가 다 이뤄지는 줄 착각하는 이들도 있습니다. 나는 그들에게 이렇게 농담을 합니다. "모든 학생이 8주 만에 다 된다면 내가 이렇게 살겠습니까?"라고 말입니다. 8주라는 시간을 믿고 따라 주는 학생과 불신하며 억지로 끌려오는 학생과는 하늘과 땅 차이입니다. 스승과 제자 사이는 신뢰를 바탕으로 합니다. 신뢰감을 느끼지 않고 배움을 얻고자 한다는 것은 자신과 상대를 속이는 것입니다.

나는 다양한 방식으로 학생이 공부하도록 합니다. 이때의 공부 방식은 주입식이 아닌 질문을 하고 스스로 공부하게 합니다. 기존의 방식이 아닌 형태의 교육이라 내 교육 방식을 신뢰하지 않는 아이들은 하나도 얻어갈 수 없게 됩니다. 이런 형태의 교육은 외국의 사례에서도 종종 있습니다. 참고할 만한 스승은 영국 뉴캐슬 대학의 교육 공학박사인 슈가타 미트라 교수와 스탠퍼드대학 교육대학원의 부학장인 폴김 교수,『침묵으로 가르치기』의 저자인 도날드 L. 핀켈 교수,『무지한 스승』의 저자인 자크 랑시에르가 있습니다. 마음을 열고 보면 세상에는 뛰어난 고수가 많습니다. 진정한 배움은 번갯불에 콩을 볶듯 되지 않습니다. 학생의 개인차에 따라 달라질 수 있습니다.

믿어지지 않겠지만 몇 달 전에 만난 초등학교 5학년 학생의 영어 단어 어휘가 고등학교 과정에까지 미치고 있습니다. 내가 잘 알려 줘 그런 것이 아닙니다. 그동안 기본 실력이 다져져 있었던 것이 드러나는 것에 불과합니다. 단지 나를 만나기 전에는 영어 단어를 익히는 것을 힘들어했습니다. 모르는 단어가 나오면 외워야 한다는 강박관념이 있었습니다. 지금은 암기하지 않고 2~3일이면 새로운 60단어를 다 기억하고는 합니다. 이 학생은 수학을 공부할 때에도 100% 스스로 합니다. 학생의 어머니는 다들 학원을 여러 곳을 다니는데 잘못하고 있지 않나 하는 마음이 든다는 말씀은 하시곤 하셨습니다. 나는 "아이를 믿고 기다려 주시기 바랍니다."라고 부탁을 드렸습니다.

아이의 어머니는 내게 "문제집은 언제 풀어야 하지요?"라고 말씀을 하십니다. "자신이 풀고자 할 때가 되면 합니다." 그렇게 말한 지 몇 날 되지 않아 아이가 집에서 몰래 문제집을 풀었다는 이야기를 해 주었습니다. 아이는 내게 이렇게 말해 주곤 합니다. "제가 문제집을 풀고 싶은 마음이 들어서 풀었는데 다 맞아 기분이 좋았습니다." 나는 이때 아이에게 말해 줍니다. "다 맞추었기 때문에 좋아하기보다는 네가 스스로 한 것을 기억해야 한다. 너는 해낼 힘이 있는 거야. 이걸 잊지 마라. 알았지?"라고 말입니다. 이 아이가 오늘도 SNS로 소식을 보내왔습니다. "선생님 지난번 잘 이해가 안 되었던 도형 부분이 이제 이해가 되고 있어요." 나는 아이에게 말해 줍니다. "너는 해낼 수 있고 해내고 있다. 멋지다."라는 식의 말을 해 주곤 합니다.

어느 고등학교 2학년에 올라가는 학생도 학교 영어 내신이 6등급이었습니다. 나는 학생을 만나면 기초 진단을 제일 먼저 합니다. 그다음에 영어의 약한 틈새 부분을 조정해 줍니다. 약한 부분을 스스로 인지하게 하고 인정하는 학생은 실력이 향상됩니다. 자신의 실력을 인정하지 않는 경우는 공부하지 않습니다. 나와 힘겨루기를 하다 떠나 버리고 맙니다. 힘을 빼고 공부에 몰입하는 때는 공부하는 게 눈으로 보입니다. 머리가 좋다고 실력이 빠르게 향상되는 것이 아닙니다. 배움을 얻고자 하는 순수한 마음으로 다가오는 학생들이 실력이 급상승합니다.

진정한 배움은 스스로 익혀 나가는 것에서 시작되는 것입니다. 나는 학생이 스스로 길을 찾아가도록 방향을 제시하며 무엇을 가지고 가야 할지를 알려 줍니다. 나는 그늘막의 쉼터가 되어 주기도 합니다. 어떤 제자는 엉엉 울기도 합니다. 어느 제자는 마음껏 잠을 자도록 도와줍니다. 이런 경우의 학생도 있었습니다. 1시간 내내 자신의 속 이야기를 다 털어놓습니다. 1년 내내 자신의 스트레스를 털어놓는 제자도 있었습니다. 마음이 풀어지면 공부하는 데 그만큼 수월해집니다.

지금의 시대에서는 가르칠 학문이 거의 없습니다. 이렇게 말한 사람은 영국 뉴캐슬 대학의 교육 공학박사인 수가타 미트라 교수입니다. KBS 1TV의 KBS 파노라마의 프로그램에서 이렇게 말했습니다. "강의라는 개념은 반드시 없애야만 합니다. 강의할 내용은 그리 많이 남아 있지 않습니다." 이분은 나보다 한 수 위입니다. 나는 가르치는 선생과 제자보다는 깨우침을 주는 스승과 제자라는 표현을 더 선호합니다. 선생은 지식을 전수한다면 스승은 지혜를 전수합니다. 제자다운 학생을 만나기란 어렵지 않습니다. 제자를 만나기란 하늘의 별 따기입니다. 제자가 되겠다고 오는 학생과 "지식을 사러 왔어요." 하는 마음으로 오는 학생의 태도는 전혀 다릅니다. 내게 지식을 살 수 없습니다. 나는 지식을 팔지 않기 때문입니다. 나는 내 정신을 나눕니다. 내 인격을 나눕니다. 내 정신이 흘러가게 합니다. 내가 이렇게 하는 이유는 제자를 얻고자 하기 때문입니다.

공부,
이치를 깨달으면 쉽습니다

　문제 풀이를 많이 한다고 공부가 될까요? 대한민국 학생들처럼 공부를 열심히 하는 사람들이 또 있을까요? 나는 학생들에게 문제 풀이에 집중하고 공부를 열심히 하라고 말하지 않습니다. 공부는 열심히 해서 되는 게 아니라 꾸준히 하는 게 제일 중요하다고 말해 줍니다. 마라토너는 절대 열심히 달리지 않습니다. 그는 꾸준히 달립니다. 모든 선수들은 훈련을 할 때에도 꾸준히 합니다. 체력과 실력은 단숨에 올라갈 수 없습니다. 실력도 단숨에 올라가는 게 쉽지 않습니다. 공부도 마찬가지입니다. 꾸준히 순수한 마음으로 공부를 하는 학생이 실력이 늘어납니다. 대개의 학생은 내게 이렇게 말을 합니다. "열심히 하겠습니다." 나는 그 말을 교정시켜 줍니다. "열심히 하지 말고 꾸준히 매일 하자."라고 말합니다.

　"공부 열심히 하겠습니다."라고 결심한 학생이 열심히 하는 것은 고사하고 오래 하는 학생을 본 적이 거의 없습니다. 공부를 잘하고 즐겁게 하고 싶으면 꾸준히 하면 됩니다. 꾸준함을 이기는 것은 없기 때문입니다. 실력이 있고 두뇌가 뛰어나도 꾸준히 하는 사람을 이길 수는 없습니다. 이는 공부의 이치를 깨닫게 되면 쉽게 정복할 수 있습니다. 열심히 해서 되었다기보다 매일 꾸준히 하다 보니 이치를 깨닫는 경우가 더 많습니다. 성적이 높은 학생들의 공통점이 있습니다. 그들은 공부하는 이치를 알고 있다는 것입니다.

성적이 낮은 학생들도 나름의 이유가 있습니다. 이상하게 못 하는 방식만을 선호합니다. 영어단어는 달달 외우며 깜지에 써 가며 외웁니다. 외운 만큼 효과가 없는 것을 끝까지 고집합니다. 나는 학생들에게 외우라고 말하지 않습니다. 오히려 "기억해 보자."라고 합니다. 외운 영어 단어는 쉽게 잊어버립니다. 벼락치기 방식으로 공부하다 보면 날벼락을 맞을 수 있습니다. 수학은 문제집 많이 풀어 댄다고 수학 실력이 늘어나는 것이 아닌데도 열심히 문제 풀기만 합니다. 이치상 수학은 문제를 풀기 이전에 개념에 충실해야 합니다. 이는 누구든지 다 아는 사실입니다. TV 광고에서도 개념원리라는 수학 문제집까지 나왔으니 말입니다. 학생들과 이야기를 나누어 보면 자신들도 개념을 배운다고 말을 합니다. 나는 학생들에게 말해 줍니다. "개념은 배워서 익힐 수 없다."라고 말합니다. "개념은 설명을 들어 익힐 수 없어."라고 말해 줍니다.

개념은 스스로 익히지 않으면 수학적 사고를 형성하는 데 고역을 치르게 됩니다. 학생들이 강의나 설명을 선호하는 것은 머리를 쓰고 싶지 않기 때문입니다. 우스꽝스러운 것은 수학은 머리를 쓰도록 하는 학문인데 두뇌를 회전시키지 않고 쉽게 공부하려고 합니다. 수학 실력이 늘지 않는 것은 머리 쓰는 법을 익히지 못해 그런 것입니다. 무조건 공식에 대입해서 문제 풀이를 잘하는 학생이 있습니다. 그럼 그 개념을 설명해 달라고 하면 멍하니 쳐다봅니다. 무슨 말을 하는지조차 모르는 것입니다. 나는 학생들에게 말합니다. 공부는 개념은 완벽하게 이해한 후 개념을 설명할 줄 알아야 진정한 공부이고 이를 스스로 학습할 때에 진정한 개념 공부를 했다고 볼 수 있다고 숙지시킵니다. 대다수는 "그게 말이 돼요? 어떻게 혼자 공부를 해요."라고 말합니다. 공부의 이치를 깨달으면 쉽습니다.

내 제자 아이가 학교에서 겪은 이야기를 해 주었습니다. 전교 1등 하는 학생이 수학 점수가 낮은 학생에게 수학을 가르치고 있었다고 합니다. 수학을 못 하는 학생은 아무리 설명을 들어도 이해를 못했다고 합니다. 내 제자가 "얘한테는 이게 왜 이런지 설명을 해 주어야지."라고 하자 전교 1등 하는 학생이 "나는 그냥 학원에서 배운 대로 설명해 준 거야."라고 했다고 합니다. 제자 아이가 수학의 이치를 하나씩 설명을 해 주었다고 합니다. 수학의 개념을 하나씩 들어가며 설명을 하자 전교 1등에게 수학 설명을 들을 때에는 무슨 말인지를 이해 못 하던 아이가 눈이 밝아지면서 이해가 된다고 수학이 재미있다는 말을 해 주었다고 했습니다.

이는 이치를 아는 자와 모르는 자의 차이라고 보시면 됩니다. 점수가 높다고 공부의 이치를 다 깨닫는 것이 아닙니다. 이것을 알 수 있는 것은 중학교 때에는 수학 성적이 상위 1%였는데 고등학교에 올라가면 수학 점수가 나락으로 떨어지는 경우가 그것을 증명합니다. 이 사실을 미리 아는 학생들의 학부모들은 막연한 불안감으로 인해 더 빨리 많이 고등학교 과정을 돌립니다. 수학에 대해 오해를 하는 경우가 있습니다. 중학교 때 수학은 쉬워하지만 고등학교에 가면 수학이 어렵다고 합니다. 아닙니다. 중학교 때에 제대로 수학을 공부하지 않은 것에 대한 실체가 고등학교에 가서 고스란히 드러나게 되는 것입니다.

삶에도 이치가 있듯 공부에도 이치가 있습니다. 공부의 이치를 알게 되면 문제 풀이는 술술 풀리게 됩니다. 이치를 깨닫게 되면 어떤 문제든 풀리는 것은 식은 죽 먹기입니다. 이 원리로 인생을 살아가는 데도 전혀 어려움이 없게 됩니다. 국어, 영어, 수학, 과학, 논술 등과 다수의 표현을 쓰는 암기과목도 이치를 알게 되면 저절로 풀리게 되어 있습니다. 이치를 깨닫지 못하고 하는 공부는 기쁨이 아니라 고문이고 노역이 되는 것입니다. 이치의 비밀을 깨닫는 자들은 공부가 저절로 된다는 말이 무엇인지를 경험을 통해 알게 됩니다.

이 천기를 스스로 깨닫게 되는 자들은 선물을 받은 것으로 표현하고 싶습니다. 공부의 이치를 깨닫게 된 학생들의 공통점이 있습니다. 이들 대다수는 천기누설하지 않습니다. 누구에게 전수를 받았는지 어디에서 이런 것을 전수하는지를 절대 말하지 않습니다. 또한 알려 주어도 듣는 귀와 눈이 없는 이들은 듣지 않습니다. 천기를 발견한 학생들은 그렇게 고민하는 공부의 문제가 술술 풀려나가는 즐거움에 빠지게 됩니다. 이렇듯 공부의 이치를 알거나 깨닫는 자들은 공부가 쉬워집니다. 대다수 학생은 이 사실을 알지도 못할 뿐 아니라 알려 주어도 따라 하지 않습니다. 학생 중에는 잘 따라 하여 선물을 받는 자들이 있지만 고집을 피우며 따라 하지 않아 공부의 이치를 깨닫지 못하는 이유는 무엇일까? 생각하곤 했습니다.

채근담을 쓴 홍자성은 내게 지혜를 주었습니다.

"도덕과 학문이 높은 사람은 어떠한 근심이나 염려도 없고, 어리석은 사람은 배우는 것도 없어 아는 것도 없으니, 이 두 부류의 사람과는 함께 학문을 논할 수 있고 또 공적도 세울 수 있다. 그러나 그도 저도 아닌 중간의 재주나 지혜를 가진 사람은 생각과 지식이 늘어나면 늘어날수록 억측과 의심도 따라 깊어지니, 이 부류의 사람과는 함께 일하기 어렵다."

어설프게 알면 더 문제가 심각합니다. 약이 없습니다. 처방전을 줘도 약을 사지 않는 것과 같습니다. "아예 모릅니다. 가르침을 주십시오." 하는 학생들은 실력이 쭉쭉 늘어납니다. "에이, 뭐야. 아무것도 안 가르쳐 주잖아." 하며 지시사항을 따르지 않는 학생들은 절대로 이치를 깨닫지 못합니다. 이치를 깨닫는 것은 본인이 행동해야 경험할 수 있는 것입니다. 불신을 품고 공부의 이치를 얻으려 하는 자는 미련한 자에 속하는 것입니다. 내게 온 지 1개월 1주 지난 제자가 있습니다. 내 시각으로 봤을 때 똑똑한 학생이었습니다. 두뇌가 비상한데 더 빛이 나는 것은 공부의 이치를 알려 준 대로 그냥 따라 합니다. 한 달 조금 지나서 자신의 학년 수학을 다 마스터했습니다. 모르는 부분도 공부의 이치를 알려 준 대로 하더니 다 이해되었다고 했습니다. 더 재미있는 것은 내가 매일 30분씩만 수학을 하라고 했는데 그 시간 이상을 하지 않았다는 것입니다. 학생은 자신의 어머니 앞에서 점선 대칭 도

형에 대해 강의까지 했다고 합니다.

또 다른 고등학생도 실력이 쭉쭉 늘고 있습니다. 만난 지 1개월 이내에 늘어나는 실력임에도 불구하고 아직 공부의 이치를 모르니 조금 불안해합니다. 아직 모르는 게 당연하다고 생각합니다. 나는 학생에 대한 데이터를 작성하여 공부의 이치를 깨닫지 못하는 학생들에게 변화 추이를 설명해 주기도 합니다. 이런 방식은 학생에게 공부의 이치를 알아 가게 하는 데 약간의 도움은 됩니다. 이치를 아는 자는 공부에 대한 두려움이 사라집니다. 공부에 대한 스트레스가 날아갑니다. 우리가 살아가야 하는 인생도 공부도 이치를 깨달으면 저절로 풀리게 되어 있습니다. 이치는 도리이고 도리는 올바른 방향의 길입니다. 곧 공부의 이치는 올바른 방법으로 공부하는 원리를 아는 길입니다.

자녀에게 주어야 할 것은 공부의 이치를 깨닫게 하는 법을 경험하게 해 주는 것입니다. 공부의 이치는 공부법이라는 책을 읽는다고 깨닫게 되는 것이 아닙니다. 이치에 대한 강의를 듣는다고 아는 것도 아닙니다. 스스로 걸어야 합니다. 직접 경험하지 않으면 깨닫지 못하는 것입니다. 매일 걷는 자는 압니다. 무엇이 달라지는지 알게 됩니다. 매일 뛰는 자는 더 빨리 체득하게 됩니다. 이것이 공부의 이치입니다. 꾸준히 하는 자는 천기를 발견합니다. 그래서 공부의 이치는 신비롭기만 합니다.

공부, 손맛과 같습니다

이런 말이 있습니다. '물고기를 잡아 주지 말고 물고기를 잡는 법을 알려 주어라' 이 말에 동의하지 않는 분은 없을 것입니다. 다수가 동의는 하지만 모두가 따르지는 않습니다. 오히려 '말이 그런 거지 그게 가능할까? 공부에 적용이 될까?' 하고 말입니다. 모든 삶의 이치에 맞게 공부도 예외가 아닌데 공부만큼은 다르게 생각하는 경향들이 있습니다. '만약 가능하다면 그것보다 좋은 게 없지만 그래도…….' 교육에 관한 한 평소에 워낙 속았기 때문에 절대 불신하는 경향이 있어 보입니다.

가르치는 자가 학생들에게 잘 설명해서 주는 것은 물고기를 잡아서 주는 것과 같은 방식입니다. 생각하는 훈련이 전혀 안 되어 있거나 생각하는 힘을 잃어버린 경우의 학생들은 이 방식을 100% 선호합니다. 공부란 본래 생각하는 힘을 길러 주는 것인데 가르침을 받으면 받을수록 스스로 생각하는 능력을 잃게 됩니다. 결국에는 지시를 받아야만 살아가는 수동적인 인생으로 전락할 확률이 높아집니다. 이런 사실을 알고 있는지 모르는지 계속해서 학부모들은 자녀에게 생각하지 않고 쉽게 가는 길로 인도합니다. 이런 환경에서 자란 자녀들은 장래가 밝을까요? 아닙니다. 그 반대입니다. 1970년까지만 해도 주입식 공부로 충분히 출세도 했고 미래 전망도 좋았습니다. 40~50년 전까지만 해도 가능했습니다.

앞으로 살아갈 미래 세대에게는 주입식 공부 방식이 무익한 것을 넘어 해악을 끼치게 될 확률이 높습니다. 미래사회에는 문제 해결 능력을 갖춘 인재가 두각을 나타나게 되어 있기 때문입니다. 문제 해결 능력이라는 말을 오해하여 학습 문제집을 많이 풀면 문제 해결 능력이 생성되는 줄 생각하지 않기를 바랍니다. 문제 해결 능력은 일상생활에서부터 사회생활에서 일어나는 전반의 문제가 닥쳤을 때 그 문제를 스스로 풀어가는 힘을 의미합니다. 우리 사회의 문제는 학습 문제집에서 내는 문제가 아닙니다. 매일 살아가야 하는 시간과 공간 속에서 겪는 문제들은 예상 문제집이 없다는 것입니다. 이런 문제들을 풀어내는 비결은 간단합니다. 유치원에서부터 스스로 하는 훈련을 하면 가능해집니다. 학부모들은 자녀가 어린 시절부터 모든 결정을 스스로 할 수 있도록 도와야 합니다.

내가 공부는 스스로 해야 하고 할 수 있다고 하는 말을 자칫 오해한 이들은 스스로 공부하는 기술을 익히면 모든 것이 자발적으로 되는 줄 생각하는 듯합니다. 축구를 잘하는 박지성과 피겨의 여왕 김연아 선수도 모든 것을 잘하니 혼자서 해야 하는 게 맞을 것인데 그들은 그렇게 하지 않습니다. 이유가 무엇일까요? 인간은 누구도 100% 홀로서기가 안 되는 존재이기 때문입니다. 이는 사람 인(人)자의 의미에서도 잘 나타나 있습니다. 인간은 서로 보살핌을 받아야 하는 존재입니다. 나 또한 누군가의 견인을 받아 가면서 살아가고 있습니다. 내가 이렇게 글을 쓸 힘은 내가 잘나서 가능한 것이 아닙니다. 내 글을 읽어 주시는 독자들이 있어서 가능한 것입니다. 내 글을 읽는 독자가 없는데 날마다 글을 쓴다는 것은 고통이며 불가능한 일입니다. 사람은 이렇게 서로 세워 가며 살아가는 것입니다. 이런 과정에서 혼자서 해야 할 일은 찾아가도록 해 주는 것이 중요합니다.

스스로 배움의 과정은 옆에서 컨설팅이나 코치가 나서서 인해 학습자가 문제 해결을 해나가도록 하는 것입니다. 이것에는 주입식 가르침이 없도록 하는 것이 관건입니다. 무엇이든 혼자 문제를 해결해 나가도록 길을 제시해 주는 것이 중요합니다. 스스로 문제를 해결한 경험이 많은 학생일수록 사회생활에서도 무리 없이 살아갈 수 있습니다. 이런 기본 이해도 없이 "자기주도 학습은 무조건 홀로 하는 것이다."라고 우격다짐을 따지는 이들에게는 할 말이 없습니다. 홀로 선다는 것이 아무도 없이 살아간다는 개념은 아닙니다. 성인들을 생각해 보시기 바랍니다. 혼자서 살아갈 수 있다고 확신하십니까? 아닙니다. 앞서 말했듯이 옆에 아무도 없다면 문제를 해결해야 할 동기가 없다면 어른들도 아무것도 하지 않는 무능한 존재로 전락하고 말 것입니다. 일이든 관계이든 사람은 서로 세워 가며 살아가게 되어 있습니다. 공부함에도 같은 원리가 적용됩니다.

서로 세워 가야 하는 현실임에도 불구하고 현재 대한민국에서는 물고기를 잡아 주는 교사가 많습니다. 물고기를 잡는 원리를 알려 주는 스승은 찾기가 쉽지 않습니다. 안타깝게도 대한민국의 학생들은 문제 푸는 데 길들여지고 있는 것은 분명합니다. 문제집의 문제를 많거나 적게 풀어내는 것의 문제를 따지는 것이 아닙니다. 학생들은 문제를 풀어내지 못하는 자신들을 향해 틀려먹었다고 생각을 하는 아이들로 바뀌고 있다는 것이 위험한 것입니다. 학생이 문제를 잘 풀어내지 못하면 동시에 자신의 내면이 무너지게 됩니다. "나는 할 수 있는 게 없다. 나는 못 한다." 더 나아가서는 "나는 바보다." "나는 왜 살까?" 생각하지 않아도 될 생각에 빠지게 됩니다. 이렇게 부정적인 생각으로 살아가는 학생들이 대한민국의 다수입니다.

누군가는 말합니다. "공부, 스스로 하는 게 가장 좋기는 하지만 그래도 선생의 가르침을 받아야 공부가 되지? 안 가르치는데 공부가 된다는 게 말이 됩니까?" 고정관념이라는 것이 이렇게 무서운 것이 아닐까 싶습니다. 1930년 때에도 1970년 때에도 2020년 때에도 같게 변하지 않은 것이 있습니다. 교육입니다. 교사는 가르쳐야 하고 학생들은 교사들이 하는 말을 받아 적고 외워야 합니다. 요즈음은 하나 더 들자면 다량의 문제를 풀어야 합니다. 학부모와 학생은 이런 과정을 당연한 것으로 받아들입니다.

현실의 문제를 고민하지 않고 비판 없이 받아들이게 되면 사회는 발전이 없고 스스로 힘든 삶을 살아가게 되어 있습니다. 학생들이 현재 그 과정에 있다고 생각합니다. 학생들에게 공부의 손맛을 알게 해 주면 공부는 그렇게 힘들지 않은 것입니다. 오히려 공부가 재미있다는 것으로 바뀌게 됩니다.

30년 전 제주도의 바닷가에 추억이 떠오릅니다. 제주도에 함께 간 일행들과 함께 배를 빌려 바다낚시를 나갔습니다. 바다낚시는 한 번도 해 본 적이 없는 터라 기대감이 넘쳤습니다. 그 기대감은 20분도 채 넘기지 못하고 뱃멀미에 정복당해 배 간판 위에 누워만 있어야 했었습니다. 동행한 일행들은 낚싯줄에 걸려오는 신호 앞에 행복하며 환호성을 지르며 우럭이며 광어며 한 마리씩 잡아 올렸습니다. 나는 속히 육지로 나가고 싶었지만 나 한 사람으로 인해 비싼 뱃삯을 낸 것을 뒤로할 수 없는 상황이었습니다. 나는 몇 시간을 뱃멀미를 참으며 견디어 내었습니다.

낚시의 손맛을 아는 이들은 점점 그 깊이에 빠져들기 시작했습니다. 공부도 매한가지입니다. 나와 같이 낚시의 손맛을 경험하지 못한 자에게는 낚시 자체는 고통입니다. 손맛을 경험한 자들에게는 끊으려고 해도 끊을 수 없는 게 되는 것입니다. 공부도 손맛이 있습니다. 스스로 학습하는 이치를 깨달으면 그 맛에 조금씩 빠지게 되는 것입니다. 공부의 손맛에 빠진 이들은 배움에 대한 두려움보다는 즐거움에 빠지게 됩니다. 내게 온 지 2개월 된 초등학교 5학년 학생이 이런 말을 해 주었습니다. 약간 수줍은 표정을 지으며 "공부가 재밌어요." 나는 학생에게 말했습니다. "너 그 비밀을 경험했구나."라고 말하자 학생은 "예" 하고 답을 주었습니다.

이 학생은 공부의 손맛을 알아 가는 데 오랜 시간이 소요되지 않았습니다. 매일 수학 30분과 영어 30분 정도를 합니다. 그런데도 영어는 고등학생 수준에 이르렀습니다. 영어는 나를 만나 그렇게 되었다기보다는 나를 만나기 전부터 기본 실력은 있었습니다. 외국 학생들 기준으로 보면 중학생 수준에서 고전을 면치 못했습니다. 내가 학생의 약점을 진단하고 풀어 주자 실력은 쑥쑥 향상되는 공부의 손맛에 빠지며 고등학교 수준의 영어로 향상되는 것을 보고 있습니다. 수학도 매일 30분씩 개념 공부만 했음에도 불구하고 초등학교 5학년 과정은 거의 다 마스터를 했습니다. 여기서 마스터를 했다는 의미는 학생이 자신의 어머니 앞에서 수학의 한 주제를 놓고 강의를 했다는 기준을 두고 말하는 것입니다. 문제 풀이는 한번 해 본 결과 35개의 문제에서 한 문제를 빼고 다 맞혔다는 이야기를 들었습니다.

학생이 공부의 손맛을 알게 되니 자신감도 상승했다고 학생의 어머니는 내게 말씀을 해 주셨습니다. 내 역할은 학생이 더 큰 물고기를 잡을 수 있도록 컨설팅을 할 뿐입니다. 작은 물고기를 잡는 것에 손맛을 경험했으니 이제 더 큰 물고기를 잡는 것도 두려워하지 않을 것이라고 말해 주고 더 깊고 넓은 곳으로 가자고 인도해 주는 것입니다. 나는 누구에게든 재미있게 공부를 하고 싶으면 물고기를 잡는 법을 익히라고 말해 주고 싶습니다. 공부의 손맛을 경험해 보라고 말해 주고 싶습니다. 한 번 손맛을 경험한 학생들은 그 짜릿함에 벗어나지 못하게 됩니다.

인재 전쟁

미래 먹을거리를 논할 때 빠지지 않고 대두되는 것은 '인재론'입니다. 인재가 많은 나라가 강국이 된다는 것은 불을 보듯 뻔한 것입니다. 어느 때보다 건강한 인재를 많이 양성하는 나라가 흥하고 있습니다. 현재 우리에게 필요한 것은 유능한 인재가 아닙니다. 대한민국에는 유능한 인재들이 많았습니다. 여기서 말하는 유능한 인재는 기술의 한 분야에서만 뛰어난 경우를 말하는 것입니다. 세계에서 가장 우수한 기능인들이 많은 나라가 대한민국일 것입니다. 한국은 세계 최고 기능장의 집합체라고 봐도 과언이 아닐 것입니다.

세계 최고의 유능한 인재들로 구성된 나라인 이 나라는 1960년대와는 다르게 초고속 성장을 하였습니다. 유능한 인재들은 개인의 기술 능력으로 나라를 발전시키는 데 중추적 역할을 했습니다. 당시의 기술 능력을 갖춘 인재들로 제조 산업의 시대를 맞아 특수를 누리기에 적절했습니다. 지금은 세상이 변화하여 기술로만 미래를 보장받는 시대를 지나 창의적인 발상을 요구하는 사회가 도래하였습니다. 시대를 읽지 못하는 어른들은 아직도 이렇게 말을 합니다. "기술 하나 배우면 평생 먹고사는 데는 지장 없다." 과연 그럴까요? 지금으로부터 10년 후인 2030년이면 직업이 10년 주기로 바뀌는 세상이 온다고 미래학자들은 말을 하고 있습니다.

10년 후의 미래를 위해 유능을 넘어 건강한 인재들이 발굴되어야 합니다. 건강한 인재란? 여러 방면에서 뛰어난 자를 말하는 것입니다. 다니엘 핑크의 말을 빌리자면 미래 인재상은 스토리, 디자인, 놀이, 공감, 의미, 조화에 뛰어난 사람들이어야 한다고 말을 합니다. 다니엘 핑크가 아니어도 미래학자들과 시대를 읽는 사람들이 말하는 미래 인재상은 비슷합니다. 지금 대한민국에서 SKY에 입성하면 세상의 모든 일이 다 풀릴 것처럼 확신하고 계신다면 과거에 묻혀 지내는 것은 아닌지 자신을 되돌아봐야 합니다.

거의 모든 학생은 대학에 가는 것을 꿈으로 맞춰 공부합니다. 오직 대학을 위해 사력을 다함으로 인해 스토리 있는 인생을 살아가는 게 무엇인지를 모릅니다. 속전속결로 문제집 속에 파묻혀 살아가야 하기에 상상할 기회는 호사스러운 것으로 보일 수 있습니다. 자기 생각을 디자인할 시간도, 꿈꿀 시간도 전혀 없으니 창의적인 것은 사전적 개념으로만 익혔을지도 모르는 일입니다. 한국에서 공부 잘하고 잘 논다는 것은 성립이 되지 않습니다. 우리나라의 최고의 지성들이 모인 SKY 학생들은 놀이보다는 공부하는 게 더 쉬운 이들입니다. 이렇게 공부하는 것에 내몰린 학생들은 상대를 공감하는 것도 조화롭게 살아가는 것도 무엇인지 배울 필요성도 생각할 시간도 주어지지 않았습니다. 이들의 현실이 안타까운 것은 이렇게 준비한 것이 미래사회에 적합하지 않은 인재들을 길러내는 데 적합하다는 것입니다.

지금 대한민국에서는 건강한 미래 인재를 길러내려면 무엇을 어떻게 대비해야 하는지를 생각할 때입니다. 건강한 인재가 많은 나라의 장래가 밝기 때문입니다. 로베르타 골린코프, 캐시 허시-파섹이 공저한 『최고의 공부』에 미래 인재의 조건으로 '협력, 의사소통, 콘텐츠, 비판적 사고, 창의적 혁신, 자신감'을 꼽고 있습니다. 치열한 경쟁 사회에 내몰린 우리의 학생들은 '우리'라는 정신이 상실되어 있습니다. 우리라는 정신에는 협력적인 정신이 있어야 가능합니다. 지금은 우리가 아닌 나 중심적으로 변하고 말았습니다. 이는 개인주의와는 다른 이기주의적인 면이 강합니다. 남의 자식보다 내 자식만 잘되어야 한다는 마음이 강한 것으로 흘러왔고 이제는 완전히 굳어진 상태입니다.

내 자식만 잘되면 된다는 사고 구조로는 변화하는 세상을 이겨낼 수 없습니다. 미래를 알 수 없는 사회에서 내 자식만 잘 키웠다고 생각하면 위험합니다. 지금은 협력해서 세상을 만들어 갈 건강한 인재들이 필요합니다. 미래의 세계는 마음을 함께 모아야 세상의 다양한 문제들을 해결할 힘을 얻게 되기 때문입니다. 급변하는 세상을 주도적으로 이겨나가려면 내 자식과 남의 자식이란 개념보다는 서로 마음과 생각을 나누며 상생하는 법을 경험하도록 해 주어야 합니다. 더 나아가 융합하는 원리를 생활에 적용하는 것이 필요합니다. 협업과 융합, 그리고 상생에 꼭 필요한 것은 쌍방 간 의사소통이 되는 것은 기본이요. 콘텐츠 개발과 비판적 사고가 자연스럽게 형성되어야 가능합니다.

현재 '융합이다 협업이다.'라는 용어는 너무 많이 화자 되어 다들 알고 있을 것입니다. 이를 말로만 나눈다고 환경이 만들어지는 것은 아닙니다. 공교육 현장에서 학생들에게 협업을 경험하기 위해 덤 프로젝트를 요구하지만 실제로는 무임으로 버스를 타는 학생들로 인해 심리적 상처를 받는 학생들이 적지 않게 많습니다. 내신 관리 때문에 무임 승차하는 학생의 처지를 봐주며 공교육 학교의 현장에서는 적당히 눈감아 주는 소식들이 들려오기만 합니다. 참으로 안타깝습니다. 대한민국은 머리로 아는 이들을 길러낼 것이 아니라 아는 것을 경험된 지식으로 축적된 이들을 키워 내어야 합니다. 말로는 누구든 잘할 수 있습니다. 실제 상황을 보여 달라고 하면 함구합니다. 이유는 간단합니다. 경험된 장이 없기 때문입니다. 협업과 융합은 작은 경험에서부터 시작이 됩니다.

경험된 지식이 없는 이유를 간단하게 말을 하자면 이렇습니다. 첫 번째, 한국 학생들은 새로운 것을 향한 도전을 두려워하기 때문입니다. 두려움의 원인은 무엇이든 스스로 해 본 적이 없기 때문입니다. 공부도 스스로 극복한 학생과 남들이 주는 것을 받아 적으며 생각하는 힘을 빼앗긴 경우는 전혀 다른 결과가 나오게 되어 있습니다. 주도적으로 공부하는 법을 익히지 못한 학생들이 성인이 되어 일상생활의 현장에 맞닿게 되면 두려움에 맞서 실패할 확률이 높습니다.

제리 민츠는 말합니다. "거의 모든 학교들은 아이들이 천성적으로 게을러서 억지로 배우게 해야 한다는 식의 패러다임에 따라 운영되고 있습니다. 그런데 그렇게 7, 8년쯤 지나면 정말로 그 말이 씨가 되는 결과가 나타납니다. 억지로 공부를 시키면 아이들은 7, 8년간 공부에 흥미를 느끼지 못하다가 얼마쯤 지나면 타고난 학습 능력을 잃어버리기에 십상이라니까요."

타고난 학습능력의 상실은 생활능력의 상실로 이어질 수 있음을 기억해야 합니다. 이는 실패에 대한 두려움에서 시작되어 새로운 시도를 한다는 것이 공포로 다가올 수 있기 때문입니다. 지금의 학생들은 넘어졌다가 스스로 일어서는 법을 익혀야 합니다. 실패하는 법을 익혀야 합니다. 학생들은 수 없는 도전 속에서 실패를 경험할 기회를 주어야 합니다. 이 과정은 포기하지 않는 사람으로 만들어지는 자양분이 될 것입니다. 이 과정은 작은 것부터 스스로 결정하고 실행을 해 본 적이 있는 학생들이 잘 해낼 것입니다. 공부든 생활이든 자신의 주관에 따라 선택한 경험이 적거나 없는 학생들은 새로운 도전을 하는 것에 대한 두려움의 그림자가 깊게 드리워집니다. 남에게 의존되어 길들여진 학생들은 도전이라는 것이 무엇인지를 모를 뿐 아니라 실패라는 것을 경험하게 되면 재기할 수 없다는 막연한 두려움과 공포에 싸이게 됩니다.

경험된 지식이 없는 두 번째 이유는 용인되지 않는 사회 구조 때문입니다. 대한민국에서 회의(會議) 중에 경험하는 것은 의심이 드는 회의(懷疑)감을 겪는 경우가 다반사라는 것입니다. 상대의 의견을 받아들이고 새로운 것을 창조해 내는 사회가 아닙니다. 누군가 의견을 제시하면 듣고 그 의견에 다른 생각으로 발전시키는 것이 아니라 상대의 의견을 무시하고 비아냥거리는 문화가 깔려 있습니다. 어떤 의견을 내었을 때 수용하고 더 좋은 것으로 발전시켜야 하는데 그렇지 않은 것입니다.

상대를 업신여기는 사고 구조는 오직 나만 1등 해야 한다는 사고체계가 뇌와 심장에 박혀 있기 때문입니다. 오직 1등 우선주의라는 생각이 깔린 한 타인이 잘되는 모습을 봐주지 못합니다. 어떻게 해서든 남이 안 되어야 직성이 풀리는 학생은 근본이 삐뚤어진 것입니다. 근본이 비뚤어진 학생은 훗날 건강한 인재가 될 확률은 거의 없다고 보시면 됩니다. 이는 학교에서도 그대로 나타납니다. 어떤 학생이 조금 아는 바를 말하면 주변에서 웅성거립니다. 지식이 많은 학생의 이야기를 들으며 자신들의 무지함을 깨달아 도전받고 각성하는 것이 아니라 "쟤는 왜 나대냐?" 누군가가 이 한마디를 했을 때 다수는 암묵적인 동의 또는 표면적으로 동의합니다.

이 한마디의 마법에 잘못 걸려들게 되면 지식 자랑을 한 것도 아닌데 말한 그 학생은 표적이 되어 학창 시절 내내 따돌림을 당하게 됩니다. 건강한 인재는 남들의 말을 수용하는 법을 배운 사람입니다. 이는 토론할 때에도 잘 나타납니다. 토론할 때에도 남의 의견을 듣고 자기 생각을 피력하려고 하기보다는 인신공격을 해서라도 상대방을 제압하고 자신만이 일인자가 되어야 한다는 병든 사고 체계로 가면 건강한 인재는커녕 성숙한 사회도 기대할 수 없게 됩니다.

남보다 더 잘해야 한다는 기본 정신이 갖춰진 교육시스템에서는 건강한 인재가 자라나지 못합니다. 건강한 인재는 건강한 교육 토양에서 길러지는 것입니다. 우리의 학생들이 마음껏 틀려도 수용되고 비웃음을 사지 않는 환경과 끊임없이 도전하고 실패를 해도 다시 재기할 수 있는 환경으로 변화되어야만 다변화되어 다가오는 미래사회를 이끌 건강한 인재들이 많이 양성될 것입니다. 미래사회는 성적만 높은 유능한 인재를 원하기보다는 세상을 다양한 관점에서 해석하고 풀어내는 건강한 인재를 필요로 함을 기억하시기 바랍니다. 여기서 미래사회는 10년 후인 2030년을 말하는 것입니다.

5장

공부, 스스로
하는 게 답이다

독후감을 꼭 써야 하나요?

　음식은 사람들이 살아가는 데 꼭 필수적입니다. 한국인들은 삼시 세끼를 먹는 것이 당연한 것으로 인식하고 있습니다. 거기에 간식까지 먹는 때도 있습니다. 식사할 때 맛있으면 더 섭취하여 과식을 넘어 폭식하는 일도 있습니다. 음식을 매식할 때마다 품평을 쓰라고 한다면 어떤 일이 일어날까요? 매식마다 음식의 맛과 성분을 분석하고 양념과 주재료와의 관계성에 대해 말하고 음식을 디자인적 관점에서 기술하라면 어떤 반응들이 나올까요? 개인들이 먹는 음식들이 유익한지 무익한지에 대한 상관관계를 연구하여 제출하라고 한다면 어떻겠습니까? 내가 지금 말도 안 되는 소리를 하는 것을 읽으시며 실소를 짓는 이들이 있을 것입니다.

　지금 아이들에게 위와 같이 하는 것이 있습니다. 그것은 독후감 쓰기입니다. 학부모는 아이가 책을 읽으면 독후감을 쓰라고 합니다. 이것은 책을 좋아하던 아이도 서서히 책을 싫어하게 되는 원인이 됩니다. 자녀가 태어난 지 얼마 되지 않았을 때부터 책을 읽어 주신 분들이 있을 것입니다. 글을 읽지도 쓰지도 못하는 아이가 부모의 목소리에 귀를 기울일 때 그 책을 다 읽은 아이에게 "너 지금 독후감을 써서 제출해라."라고 말한 부모는 없었을 것입니다. 불가능한 것이기 때문입니다. 유치원에 다니는 자녀에게 그림책을 읽어 줄 때도 "너 독후감을 써라."라고 말하는 부모보다는 그냥 계속 읽어 주기만 했을 것입니다. 자녀가 초등학교에 들어가고 저학년 때부터 조금 다른 양상이 보입니다.

옆집의 아이가 논술학원에 갑니다. 글솜씨가 늘었다는 말에 귀가 솔깃합니다. 학부모는 고민합니다. 이야기를 전해 들은 아이의 엄마는 아빠에게 "우리 아이도 미리 논술학원에 보내서 논리적 글쓰기를 해야겠어요. 어떻게 생각해요?" 대개의 남편은 "당신이 알아서 해."라고 말합니다. 밖에서 일하는 것도 복잡한데 자녀 교육 문제까지 신경 쓰고 싶지 않겠다는 것입니다. 마음이 불안해진 어머니는 논술학원을 알아봅니다. 이곳저곳을 다니면서 "아차, 내가 늦었구나." 하는 생각이 듭니다. 논술학원에서 말하는 대로 하지 않으면 자신의 아이는 이 사회에서 도태될 것만 같은 불안 심리가 어머니의 마음속에 자리를 잡습니다.

내가 서두에 말했듯이 매끼 음식을 먹고 서평을 쓰라고 하면 누구도 음식을 안 먹을 것입니다. 먹는 것이 부담스러울 것입니다. 아니 짜증 나서 먹지 않을 것입니다. 나는 학생들에게 질문합니다. "내가 네게 고급 레스토랑에 가서 맛있는 음식을 대접해 줄게. 단, 조건이 있어. 그 음식을 먹고 음식에 대한 서평을 써야 해. 어때 해 볼래? 매끼를 그렇게 사 줄게. 그 음식을 먹고 계속 서평을 써야 해. 할래?" 학생들이 모두 고개를 설레설레 흔들며 싫다고 말을 합니다. 음식을 안 먹으면 안 먹었지 그렇게는 하지 않겠다고 말을 합니다. 이와 마찬가지입니다. 책을 읽어 주든지 아니면 책을 읽든 가만히 두어야 합니다. 책을 읽고 있는 아이에게 "너 그 책을 읽고 독후감 써라." 그러면 책을 읽고 싶은 마음이 싹 사라집니다. 곧 식욕이 없어지는 것과 같은 현상이 일어나는 것입니다.

나는 가만히 생각해 봤습니다. "왜 아이들에게 독후감을 쓰라고 할까? 글을 잘 쓰게 하려고? 사고력 확장을 위해서? 논리적으로 생각하는 법을 익히도록 하려고?" 나는 여기서 모두 아니라는 결론을 내렸습니다. 아이가 책을 제대로 읽었는지 읽지 않았는지 믿음이 가질 않기 때문에 확인하고 싶은 것이라는 결론이 나왔습니다. 음식을 테이블에 올려놓으면 맛있는 음식은 접시나 그릇이 깨끗하게 비워집니다. 그 현상을 보면 좋아하는 것과 싫어하는 음식을 구분해 낼 수 있고 편식을 하지 않는지를 알 수 있습니다.

독서는 그렇지 않습니다. 눈으로 봐도 알 수 없습니다. 제대로 하는지 꼼꼼히 하는지 알 수 없다고 판단하다 보니 독후감을 쓰게 하여 제대로 읽었는지 건성으로 읽었는지를 알아낼 수 있다고 생각하는 것입니다. 누구의 발상인지 좋은 것 같지만 몹시 나쁜 것입니다. 더 강하게 말하자면 옳지 않은 것입니다. 이 독후감 쓰기 과정을 혹독하게 겪으면서 학생들은 자기 생각이 없어지기 시작합니다.

"독후감을 쓰면서 자기 생각이 길러져야 하는데 자기 생각이 없어진다고요? 말도 안 되는 소리를 하지 마세요."라고 말할지도 모릅니다. 무엇이든 자연스러운 것이 가장 힘이 있습니다. 자연스럽지 않은 것은 유익하지 않은 게 많습니다. 그중의 하나가 독후감 쓰기입니다. 글을 읽지 못하는 아이에게 많은 책을 읽어 줄 때도 확인을 하지 않았습니다. 아이가 글을 읽고 쓸 줄 아는 시기부터 너도나도 책의 줄거리를 쓰게 했고 내용 파악을 제대로 했는지 맨 뒤에 나와 있는 문제들에 답을 채워 놓는 작업을 시켰습니다. 아이들은 이렇게 서서히 책을 멀리하는 사람으로 바뀌게 되는 것입니다. 마치 음식을 대접한 후에 서평을 쓰라고 하는 것과 같은 것입니다. 음식을 제공한 후에 그렇게 하지 않는 것을 독서에는 적용한다는 게 이해가 안 됩니다.

독후감을 쓰는데 자기 생각이 사라지는 이유는 무엇일까요? 독후감을 쓰는데 생각이 깊어지는 게 아니라 획일화되는 이유는 무엇일까요? 독후감을 쓰게 되는 과정에는 독후감을 쓰라고 지시한 사람이 검사합니다. 어린 학생은 검사를 받아야 해서 자기 생각을 쓰는 게 아니라 독후감을 검사하는 사람의 눈높이에 맞게 글을 쓰게 됩니다. 독후감을 받아 든 사람은 첨삭지도를 철저하게 해 줍니다. 그럼 묻고 싶습니다. 첨삭지도를 받은 글은 누구의 글일까요? 독후감을 쓴 학생의 글일까요? 나는 아니라고 생각합니다. 학생들이 진정으로 좋은 글을 쓰도록 하고자 할 때는 자기 생각을 쓰도록 돕는 것이 가장 좋은 글이라 생각합니다. 이런 글에는 힘이 있습니다. 문제는 학생들은 자기 생각을 말하는 것도 쓰는 것도 두려워한다는 것입니다. 누군가가 자기 생각을 읽어낼까 봐 꼭꼭 숨깁니다. 자기 생각이나 글에 대한 지적을 받았기 때문이라고 생각합니다.

글은 다른 사람의 첨삭지도를 받지 않는 순수한 글만이 자신의 글이 되는 것입니다. 나는 학생들에게 강도를 조절하며 인문학을 컨설팅합니다. 이 과정은 미국의 인문학교(Liberal Arts College)보다 강도 높고 깊게 컨설팅을 합니다. 내게 찾아온 6~7등급을 받는 고등학교 1학년 학생들이 나무미래자유인문학교에 온 후에 인문학의 기초부터 시작하여 인문학의 다양한 서적들을 한 권씩 강독해 갔습니다. 지금도 기억이 납니다. 두 학생이 애덤 스미스의『국부론』을 1년 동안 강독하며 생각이 터지는 것을 목격했습니다. 이 학생들은『국부론』을 강독하며 "머리가 터질 듯 아파요."라는 말을 수차례 했습니다. 마치 손오공의 머리에 '금고아'가 둘려 삼장법사가 주문을 외우면 손오공의 머리를 죄어 오듯 고통을 느끼는 것처럼 보였습니다. 재미있는 것은 그다음날이 되면 언제 그랬냐는 듯이 다시 인문학에 몰입하고 다시 "머리가 아파요."라는 과정을 몇 번 겪더니 이내 그런 소리를 하지 않는 모습을 보는데 내 입가에 흐뭇한 미소가 지어졌습니다.

나는 학생이 인문고전을 강독하는 중에 독후감을 쓰라고 한 적은 한 번도 없습니다. 하루는 한 학생이 고려대학교 철학과를 졸업하신 자신의 고모부에게 질문을 받았다고 했습니다. 인문학을 공부하는 학생에게 "요즘 무엇을 공부하니."라는 질문에 학생은 우쭐하여 "예, 지금 애덤 스미스의『국부론』을 다 읽어 갑니다."라고 말을 했다고 합니다. 학생의 고모부는 이 학생에게 그럼 네가『국부론』에 아는 것에 대해 말해보라고 했다고 합니다. 학생은 담담히 자신이 보고 경험한 것을 차분히 이야기했다고 했습니다. 학생의 고모부는 고등학교 1학년이자 7등급을 맞는 자신의 조카 아이에게 "제대로 이해를 했구나." 하면서 극찬을 했다는 소식을 내게 전해 주었습니다.

내게 인문학 컨설팅을 받는 학생들은 누구도 글쓰기 과정이 없습니다. 이유는 간단합니다. '글은 쓰는 게 아니라 저절로 쓰이는 것입니다.'라는 글귀가 내 글쓰기 교육 철학이기 때문입니다. 내게 인문학을 컨설팅을 받는 학생들은 누구도 독후감 쓰기를 하지 않지만 모두 자기 생각을 자유롭게 잘 표현하고 생각의 깊이가 달라지는 것을 스스로 발견하고 놀라워합니다. 내게 인문학 컨설팅을 받은 한 학생은 논술학원을 3년 이상을 다니고 있는데 한 줄의 글도 쓰지 못한다고 학생의 어머니는 답답함을 호소하셨습니다. 나는 가만히 기다려 보자고 했습니다. 나는 학생에게 자기 생각을 써 보라고 제안을 했습니다. 내게 컨설팅을 받은 지 6개월 정도 지났을 때였습니다. 문맥은 엉성했지만, 무엇인가 힘이 느껴지는 글이 SNS를 통해 내게 전달되었습니다. A4용지로 한 장 정도의 분량이었습니다. 그 후 몇 달 뒤에 또 한 편의 글이 왔습니다. 학생의 글은 생명력이 있었고 자신의 주장도 뚜렷하게 나타났습니다. 문맥의 흐름도 좋아졌습니다. 내가 말하는 것이 바로 이런 것입니다. 글은 생각이 채워지면 쓰이게 되어 있습니다. 짜내면 글맛이 써서 읽는 독자도 즐겁지 않게 됩니다.

음식을 먹은 후 평을 쓰라고 하지 않아도 음식 맛이 어떤지 알 수 있습니다. 이처럼 글을 쓰라고 말하지 않아도 책을 계속해서 읽은 학생들은 저절로 글이 써질 때가 있습니다. 급한 마음에 책을 읽히고 "책에서 말하는 내용이 뭐니?"라는 질문을 던지는 것은 정신 건강에 유익한 것이 없습니다. 오히려 계속해서 책을 읽을 수 있는 환경을 만들어 주는 게 중요합니다. "그럼 책을 제대로 읽었는지 안 읽었는지 검사는 어떻게 하지요?"라고 물으실 것입니다. 나는 되묻고 싶습니다. "책을 읽었는지 안 읽었는지를 왜 검사를 해야 하나요?" 책을 읽었는지 읽지 않았는지 검사하는 것보다 책을 계속 읽고자 하는지 그렇지 않은지를 보는 게 더 정확한 진단이 될 것입니다. 음식이 맛이 있으면 계속 먹으며 맛있다는 말을 하듯 재미있게 책을 읽으면 책을 읽은 내용을 말하지 말라고 해도 말을 해 줍니다. 더 나아가 읽지 말라고 떠밀어도 계속 읽게 되어 있습니다.

독후감을 쓰게 하는 것에는 자녀나 학생에 대한 불신이 있기 때문입니다. 교육에서 불신은 아주 위험한 것입니다. 불신은 쌍방이 죽게 되는 것이기 때문입니다. 논술하는 모든 곳에서는 학부모들에게 무엇인가 증명을 해 주어야 하는 부담감이 있으므로 글쓰기와 첨삭을 할 것입니다. 나는 학부모에게 보이기 위한 몸짓은 취하지 않습니다. 이 또한 불신을 만들기 때문입니다. 서로를 향한 신뢰가 없다면 빠르게 헤어져야 합니다. 이는 서로를 위해 필요합니다. 불신하면서까지 함께 있는 것은 쌍방 간에 유익이 없습니다. 자녀나 학생이 책을 재미있게 읽도록 하고 싶다면 독후감을 쓰는 과정을 빼면 수월해집니다. 독서는 많이 읽는 다독과 생각을 많이 하는 다상량이 되면 글이 많이 써지는 다작은 저절로 풀어지게 되어 있습니다. 문제는 기다림입니다. 잘 기다리는 학부모는 자녀를 강하게 길러낼 수 있을 것입니다.

강의 듣지 말고 강의하라

　말하는 사람이 즐거울까요? 듣는 사람이 즐거울까요? 말하는 사람이 즐겁습니다. 스키를 타는 사람이 즐거울까요? 스키 타는 것을 보는 사람이 즐거울까요? 두말하면 잔소리가 됩니다. 무엇이든지 보는 것보다는 하는 것이 즐겁습니다. 세상에서 가장 나쁜 것은 하지 못하게 하고 보게만 하고 기록하게 하는 것입니다. 생각하는 게 즐거울까요? 생각을 주입받는 게 즐거울까요? 수동적인 것이 좋을까요? 능동적인 것이 좋을까요? 강의를 듣는 게 즐거울까요? 강의하는 것이 즐거울까요? 나는 2020년 3월 9일 낮에 내게 수학 컨설팅을 받은 지 2개월 된 제자의 이야기를 듣고 놀랐습니다. "선생님, 제가 수학 강의를 집에서 하고 있어요." 나는 되물었습니다. "누가?" 초등학교 5학년 학생은 제 귀를 의심하게 하는 말을 하였습니다. "제가요." "우와 멋지구나."라고 한 후 학생에게 이런 말을 해 주었습니다. "그럼, 네가 강의한 것을 영상으로 찍어 보자."라고요.

　지금은 상식을 뛰어넘는 것이 중요하다고 생각합니다. 지금까지의 상식은 강의는 선생이나 교수 또는 강사들이나 하는 것으로 생각해 왔습니다. "어린아이가 무슨 강의를 할 수 있지?" "나 같은 사람이 무슨 강의를 하나?" 하는 생각이 지배적이었다면 달라진 세상을 읽어 내는 힘을 길러야 합니다. 나는 누구든 강의를 할 수 있다고 보는 견해입니다. 빨리 배우려면 남을 가르치면 더 빨리 이해를 한다고 말들을 합니다. 나는 초등학교 5학년 학생에게 글의 제목처럼 말을 했습니다. "강의만 듣지 말고 강의해 볼래?" 사람들은 불가능하다고 말할지 모릅니다. 내게 온 제자 중에 유치원 졸업을 앞두고 온 아이가 있습니다. 현재는 초등학교 입학 전의 상황에 있는 8살 아이입니다. 수많은 학생은 영어 철자를 익히기 위해, 아니 외우기 위해 연습장에 계속해서 철자 하나씩 써 가면서 익힙니다. 나는 이런 노동을 하는 학생들은 보면 안타깝기만 합니다. "저렇게 하지 않아도 되는데." 하는 마음이 듭니다.

나는 초등학교 입학 전에 있는 제자에게 Dictation의 원리를 알려 주었습니다. 대체로 초등학교 고학년이나 중학생 이상의 학생들에게 알려 주는 것을 유치원을 갓 졸업하고 초등학교 입학도 하기 전의 제자에게 알려 준다는 게 말이 될까 생각할지 모르겠습니다. 나는 언제나 새로운 시도를 하는 것이 즐겁기만 합니다. 이런 시도는 나를 위함이 아닌 제자들과 학생들을 위해서 합니다. 나는 학생들이 수동적인 교육을 받지 말고 능동적으로 배움에 도전하라는 교육철학을 담아 진행하는 것입니다. 8살 제자는 "아이~ 못해요."라고 말을 하지만 나는 그 제자가 해낼 수 있는 길을 제시해 주었습니다. 답을 알려 주지 않고 길만 제시해도 겁 없이 쓱쓱 써 가면서 Dictation을 해냅니다. 외국에 오래

살다 온 학생도 Dictation을 부담스러워하는 경우도 봤습니다. 어렵지 않다고 말해 준 후 생각이 트이도록 하면 스스로 시도하면서 자신 안에 무한한 능력이 있음을 깨닫고는 합니다.

공부라는 것은 자신의 무지를 깨닫는 것도 있겠지만 자신 안에 무한한 능력이 있다는 것을 알게 되는 것입니다. 공부하며 스스로 무능하다고 생각되면 그 사람은 공부에 흥미를 잃게 될 것입니다. 공부를 통해 "내가 아직 부족하구나." 하는 마음이 일어나게 되는 것과 공부를 하면서 "나 자신도 하면 된다."라는 비밀을 경험하는 것이 중요합니다. 자신도 되게 하려면 직접 강의를 할 것처럼 준비하면 됩니다. "뭐라고요? 문제도 제대로 못 푸는데 어떻게 스스로 강의를 할 정도의 수준까지 올린다는 말입니까? 말이 된다고 생각하세요." 이런 틀에서 벗어나면 됩니다. 사고의 전환이 일어나야 합니다. 부정적인 생각을 품고 학생들에게 혹은 자녀에게 "너는 못 해, 네가 뭘 하겠니?" 이런 암묵적인 시선이나 말로서 묵사발 낸다면 그 이야기를 들은 자녀나 학생은 주도적인 배움의 길에 들어선다는 것을 경험하기는 쉽지 않습니다.

나는 절대 학생들에게 불가능한 것을 제안하지 않습니다. 그렇다고 방법을 알려 주지 않습니다. 길을 제시할 뿐입니다. 그 길을 걸어가도록 돕습니다. 스스로 한 걸음씩 걸어가는 학생과 제자는 배움의 즐거움에 빠져 행복해합니다. 공부의 맛이 무엇인지를 서서히 경험하게 되는 것입니다. 여기에서 한 걸음 더 나아가 스스로 강의를 한다면 그보다 더 정확한 배움은 없을 것입니다. 누군가에게 지식을 전수 받는 것은 머리를 쓰지 않아도 됩니다. 하지만 누군가를 가르치려고 한다면 몇 배에서 수십 배의 강의 준비를 해야 합니다. 가르치는 자들이 왜 그렇게 강의를 잘하는지 아직도 모르십니까? 가르치는 이들은 어떻게 하면 학생들에게 더 쉽게 가르칠까? 어떻게 하면 학생들의 귀에 쏙쏙 들어가게 전달할까? 어떻게 해야 학생들이 더 집중을 잘할까를 끝없이 생각합니다. 다양한 전략과 전술을 다 동원합니다. 이런 과정에서 강사들은 자신도 모르게 실력이 향상되는 것입니다.

대한민국 1타 강사들은 그냥 되는 것이 아닙니다. 그들은 끊임없는 연구와 도전을 합니다. 남들보다 더 큰 노력을 한다는 것입니다. 그렇다면 학생들이 1타 강사처럼 되지 말라는 법이 있습니까? "법은 없지만 가능할까요?"라고 생각한다면 절대 이뤄낼 수 없을 것입니다. 나는 고등학교에 입학한 제자에게 한 가지 제안을 했습니다. 고등학교에 가면 친구들을 전략적으로 사귀는 원리를 알려 주었습니다. 내 고등학교 시절은 전략적 사귐 따위는 없었습니다. 그냥 마음만 맞으면 친구가 되었습니다. 그래서였을까요? 고등학교 친구는 애경사 때에 만나는 게 전부인 경우가 되었습니다. 나는 내가 깨달은 지혜로 친구들을 전략적으로 사귈 것을 제안한 후 사업 계획서를 구상하는 원리와 비밀 유지 계약서를 활용하는 법을 알려 주었습니다. 추가로 한 가지 더 제안도 하면 학생의 심장에 열정이 불타오르도록 했습니다.

내가 이렇게 말하는 이유가 있습니다. 세상을 수동적으로 대하지 말고 능동적으로 대하라는 것입니다. 단순한 이야기로만 끝나는 것이 아니라 실제로 경험하도록 하게 하는 나만의 교육 방식이기도 합니다. 일반적인 학생들은 듣는 것은 익숙합니다. 지시하는 것은 잘 따라 합니다. 지금의 사회는 시키는 것을 잘하는 것보다 스스로 창조해내는 인재를 선호합니다. 대한민국은 아니라고 우길지라도 세계는 그렇게 흘러가고 있습니다. 듣는 자보다 더 진일보하는 학생들은 실행하는 학생들입니다. 무엇이든 시도해 보는 학생들이 세상을 이끌고 갑니다. 강의를 듣는 데 힘을 쏟기보다는 강의를 해 보는 데 시도하는 학생이 선두에 서게 될 것입니다. 강의를 듣는 것은 남이 만들어 놓은 콘텐츠를 보며 값을 내는 것이라면 강의를 하는 것은 스스로가 콘텐츠를 만들어 가는 것입니다. 지금은 자신의 것이 중요한 시대가 된 것입니다. 남의 것만을 사들이는 사람보다는 자발적이고 능동적으로 무엇인가를 생산해 내는 것이 중요합니다. 예전에는 불가능하게 보였던 것들이 지금은 누구나 다 할 수 있습니다.

"강의하라고요?" "어떻게요?" 예, 좋은 답변입니다. 어떻게 해야 할까요? 여기서부터 시작되는 것입니다. 강의는 SKY 나온 공부의 신(神)의 전유물이 아닙니다. 누구든 다 할 수 있습니다. 그 시작은 "어떻게 하지?" "무엇을 준비하지?" 이 질문에서부터 가능성의 문이 열리는 것입니다. 여기에서부터 공부하기 위한 동기가 일어나게 되는 것입니다. 공부를 왜 해야 하는지를 모르겠다면 한 번 시도해 보면 어떨까요? 자, 이제부터 기획해 보시기 바랍니다. "전혀 모르겠습니다." 이렇게 말을 하는 학생이 있다면 희망이 넘치는 학생입니다. 이유는 간단합니다. 공부를 전혀 모르는 학생이라면 더 기회가 많은 것입니다. 공부를 전혀 못 하는 수많은 학생에게 희망을 줄 수 있기 때문입니다. 공부를 잘 히거니 성적이 높게 나오는 학생블은 성적이 낮거나 공부를 못하는 학생들의 심정을 이해를 못 합니다. 무엇이든 콘텐츠가 됩니다. 잘되고 성공한 것들만 콘텐츠가 되는 세상이 아닙니다. 안 되는 것과 실패한 것들도 콘텐츠가 될 수 있습니다.

공부를 못하거나 성적이 낮은 학생들은 자신의 실례를 들어가면 강의를 준비하면 어떻게 될까요? 수많은 독자층을 확보하지 않을까요? 세상은 도전하는 자의 것입니다. 이제 강의를 들으려고 하기보다는 강의를 하려는데 모든 것을 걸어 보기를 바랍니다. 초등학교 5학년 학생도 가능한데 누구인들 못 하겠습니까? "나는 불가능해요."라고 한다면 그 불가능하다는 생각부터 바꿔 보면 가능해집니다. 불가능(不可能)과 불가능(昢可能)을 비교해 보시기 바랍니다. 여기에서 불(昢)은 새벽녘이 동이 떠오르듯 한 불입니다. 불가능(昢可能)으로 세상을 바꿀 수 있습니다. 배움에 지친 수많은 학생에게 희망을 줄 수 있습니다. 이제 듣는 데 시간과 자원을 투자하기보다는 강의하는 데 투자하도록 해 보시는 것은 어떨까요? 흥미롭지 않습니까? 무엇이든 듣고 보는 사람보다 실행하는 사람이 행복합니다.

이상(理想)적 교육과 이상(異常)한 교육

내가 세운 교육철학과 경험한 교육의 실제를 만나는 사람들에게 전달하며 컨설팅 사례를 이야기하면 소수의 사람은 "그거 이상(理想)적이긴 한데 가능한가요?"라고 말을 합니다. 나는 묻고 싶습니다. "학생스스로 공부가 되는 것이 이상(理想)적이라고 생각하십니까?"라고 말입니다. 가능할 뿐 아니라 당연히 되는 것을 포기하고 학생들 스스로 노예로서의 길을 가는 것이 이상(異常)한 것이 아닌가 하는 생각이 듭니다. 2020년 3월 현재 교육이란 이름으로 엮인 다수는 이상(理想)과 이상(異常)을 구분을 짓지 못하고 살아가고 있는 듯합니다. 가르침을 받는 것은 정상적이고 학생이 스스로 공부하는 것을 이상(理想)적으로 생각하는 논리의 모순적인 모습들을 볼 때면 말문이 막힙니다. 학생이 스스로 공부가 가능토록 하는 것이 불가능하다고 보는 것이 이상(理想)적인 교육일까? 이상(異常)한 교육일까요?

조금 다른 각도로 생각을 하신다면 내가 하는 말이 무엇을 의미하는지 충분히 알 수 있을 것입니다. 나는 교육 이상(理想)주의자가 아닙니다. 지극히 현실적이며 이상(異常)한 불의를 보면 견디지 못하는 성격 탓에 더 나은 길이 있는 것을 알려 주어야만 직성이 풀리는 것뿐입니다. 한국의 교육뿐 아니라 세계의 교육도 소수의 나라를 빼고는 거의 모두 이상(異常)한 교육에 머물러 있습니다. 미국의 대표적 하버드 대학을 중심으로 몇몇 대학들이 미래사회에 맞는 교육으로 전환 중입니다. 하버드 대학교의 의과대학에서는 스스로 공부하는 방식으로 전환을 했습니다. 나는 훨씬 전에 미국의 하버드 대학보다 앞서 이들이 취한 방식으로 학생들이 스스로 공부하도록 컨설팅을 하고 있었습니다. 내 어린 시절은 미국 것은 더 좋다는 것이라는 생각이 무의식중에 자라왔습니다. 나만 그럴까 싶습니다. 대한민국의 사람들은 내 나라에서 만들어 내는 것은 무엇인가 부족할 것이라는 생각이 지배적이지 않을까요? 이러다 보니 교육은 당연히 미국에서 온 것이 무조건 좋으리라 생각할 것입니다.

내가 하버드대학교보다 먼저 스스로 공부하는 원리를 발견하여 실행했지만 내게 찾아온 학생들은 소수에 불과합니다. 하버드대학교에서 실행한 것을 내가 배워서 했다고 한다면 사람들은 내게 줄을 서서 찾아올 것입니다. 내가 학생들이 스스로 학습하도록 하는 교육 원리를 이상(理想)적인 교육으로 생각하는 분들이 많다는 것입니다. 공교육 교사들은 믿지 않는 것은 기본입니다. 공교육 밖의 교육 현장에 있는 분들도 다르지 않게 생각하는 경향들이 짙습니다. 나는 이것을 편견이라고 정의를 내리겠습니다. 지금의 교육에 꼭 가르치는 선생이 있어야 하는 이유는 무엇일까요? "옛날부터 그렇게 해왔으니까?" "당연한 것 아닌가?" 학문한다는 것은 기본적으로 당연한 것이 없다는 전제를 가지고 접근을 해야 합니다. 최소한 교육을 비판 없이 받아들이게 되면 우리의 교육과 나라의 미래는 발전이 없게 되기 때문입니다. 머지않을 미래에 교육의 쓰나미가 올 것이라는 글을 쓴 적이 있습니다. 교육의 쓰나미가 오게 되면 교육계에 있는 이들의 설 자리가 급작스럽게 사라질 수도 있습니다.

지금부터라도 교육에 몸담은 이들은 자신의 미래를 준비해야 합니다. 어느 순간 가르치지 않아도 되는 원리가 온 나라를 뒤덮을 것입니다. 이는 인공지능(AI)이 왔기 때문에도 아니고 인터넷 강의가 발전했기 때문도 아닙니다. 지금의 자기 주도 학습기관들이 우후죽순처럼 늘어나는 것이 그 징조 중의 하나일 것입니다. 앞으로는 이보다 더 강화된 교사 없는 교육시스템으로 전환될 것입니다. 이런 교육의 발전은 사교육 시장에 변화를 끌어낼 것입니다. 교육 플랫폼에도 많은 변화가 있을 것입니다. 논술학원들도 시대의 변화에 대해 대비를 해야 합니다. 논술학원을 대체할 대한 새로운 플랫폼이 나타나게 될 것입니다.

머지않아 자신이 배운 것을 동영상으로 올리는 학생들이 늘어나게 될 것입니다. 학생들은 스스로 배우며 익히고 서로 생각을 나누게 될 것입니다. 학생들은 그렇게 할 수 있음에도 불구하고 자신들이 스스로 알에서 깨어 나오지 못하고 있는 실정에 불과합니다. 자신들의 능력이 어떠한지를 알게 되는 순간 그들은 스스로 서게 될 것입니다. 나는 학생들이 스스로 세상을 바꿔 가는 능력자임을 깨닫게 하는데 하나의 돌을 놓고 있을 뿐입니다. 몇 년 전부터 나와 같이 뜻을 같이하는 교육컨설턴트들께서 각자의 위치에서 나와 같은 생각을 품고 돌을 놓고 있습니다.

내가 세운 고기봉미래교육전략연구소는 학생들이 새로운 시도를 실행하는 것을 즐거워하는 모험가들을 양성하는데 온 에너지를 쏟고 있습니다. 스스로 하는 학생들이 많아질수록 그들은 세상을 주도하는 주최자가 될 것입니다. 남의 지식을 받아 적은 학생들은 취업하려고 온 시간과 에너지를 쏟는다면 스스로 실력을 쌓은 학생들은 창업이나 창직(創職)을 하는 쪽으로 선회를 하게 될 것입니다. 미국의 실리콘밸리에는 수없이 많은 젊은 청춘들이 창업을 위한 도전을 끊임없이 하고 있습니다. 중국에도 상상을 초월하는 숫자의 젊은 청년들이 창업을 위해 새로운 도전을 하고 있다고 합니다. 대한민국에서도 "안정적 삶을 위해 공무원이 되겠습니다."라는 학생들이 많아지기보다는 "세상을 바꿔 보겠습니다." "세상을 깜짝 놀랍게 해 보겠습니다." "내 능력의 한계가 어디인지를 경험하고 싶습니다."라고 하는 젊은이들이 많이 나왔으면 하는 바람입니다. 그 시작은 스스로 공부를 하고 성취감을 경험하였을 때에 가능해지는 것입니다.

그 시작은 가르치는 교사가 필요 없는 세상을 경험한 학생들이 많아질 때 가능한 것입니다. 나는 이상(理想)적인 교육을 말하지 않습니다. 무엇이든 스스로 해내는 현실적인 교육을 말하는 것입니다. 내가 10년 넘게 진행해 온 이것을 이상(理想)으로 본다면 그렇게 바라보는 이의 사고 체계가 이상(異常)한 것은 아닐까 싶습니다. 대한민국에서 스스로 공부를 해내는 학생들을 많이 배출할수록 이런 교육의 영향을 받은 학생들이 많아질수록 학생들은 교육 콘텐츠를 자체적으로 개발할 것으로 생각합니다. 이들이 이렇게 콘텐츠를 개발하는 것으로 인해 교육 스타트 업 사업이 일어나게 될 것입니다. 나는 몇몇 젊은 학생들에게 교육 콘텐츠 제작에 대해 제안을 했습니다.

세상은 빠르게 변화하고 있습니다. 우리는 이상(異常)한 교육이 아닌 이상(理想)적이라 생각하는 것을 현실 교육 사회에 보편화시켜야 합니다. 사람들은 안 된다고 불가능하다고 말할지 모릅니다. 세상은 부정적인 말을 하는 사람들에 의해 발전해 온 적이 없습니다. 생각을 받아 그대로 실행한 사람들에 의해 세상은 발전해 왔습니다. 나는 몇 명의 학생들을 통해 새로운 시도를 경험하고 있습니다. 이 학생들이 분명 자신들의 미래뿐만 아니라 계속해서 교육의 현장에 오는 후배들을 위해서도 꼭 해낼 것으로 생각합니다.

내 자녀들이 이상(理想)적인 세상에 살아가는 모습을 보고 싶다면 기존 형태의 교육이 아닌 새로운 교육으로 갈아타야 합니다. 공교육 학교는 몰라도 학원의 강사들은 빠르게 변화하는 교육 세상을 감지해야 합니다. 학부모들도 자신 자녀들의 미래를 위한다면 속전속결로 변화하는 교육의 흐름을 읽어 내어야 합니다. 교육 쓰나미는 벌써 와 있습니다. 피부로 느끼지 못하고 있을 뿐입니다.

공부가 뭐길래

 공부가 무엇일까요? 사람들은 왜 자신의 자녀들에게 공부하라고 강요를 할까요? 표면적으로 볼 때 대한민국의 학부모들이 더욱 열성적인 것 같지만 그렇지도 않다고 생각합니다. 세계 소수의 귀족층의 부모들은 은밀하게 자녀들에게 다른 교육을 합니다. "다른 교육이라니요?"라는 질문을 하신다면 아직 공부의 의미를 전혀 모르고 있는 게 분명합니다. 대한민국의 다수의 학부모가 생각하는 공부란? 초등학교, 중학교, 고등학교 시절에 높은 점수를 받아 한국에서 유명한 대학인 SKY를 졸업하고 하늘을 날아가는 것과 같은 인생을 살아가라는 것일 것입니다.

 SKY를 졸업하기 위해 치열하게 공부를 하면 인생의 문제가 풀린다고 생각하시나요? 너무 순진무구한 발상은 아닌가 하는 생각이 듭니다. 세상은 바뀌었습니다. 바뀐 세상에서 안 바뀐 것이 있다면 학부모들의 자녀 교육관입니다. 어쩌면 세상을 바라보는 시각도 정지되어 있을지도 모르는 일입니다. 내 자녀의 교육을 위해 모든 것을 바치면 부모의 역할을 다했다고 할 것입니다. 시간과 재정을 다 들였는데 공무원이 되겠다는 자녀들이 속출하고 있습니다. 대기업에 취업했다고 좋아하는 것이 전부입니다. 이렇게 되려고 온 힘을 다해 공부를 시켰다면 공부를 한 게 아닙니다.

앞서 귀족교육이라는 표현을 썼습니다. "지금 어느 시대인데 귀족이라는 표현을 씁니까?"라고 말을 한다면 아직 현실을 제대로 직시하지 못하고 있는 자신을 되돌아보시기 바랄 뿐입니다. 귀족이라는 말은 현대를 살아가는 말로는 적절하지 않은 단어는 분명합니다. 귀족이라는 단어를 지금의 언어로 바꾸면 상류층으로 해석하면 어떨까 생각해 봅니다. 지금은 상류층과 하류층으로 나눠집니다. 곧 머지않아 중산층의 몰락을 예고한 바 있습니다. 중산층의 몰락이 올 것을 대비하여 공부한 소수의 중산층은 상류층으로 진입하게 될 것이고 그렇지 못하고 주어진 치즈만 열심히 소비한 중산층의 사람들은 어느새 쌓아 둔 치즈가 다 사라진 것으로 인해 충격을 받을 것입니다. 『누가 내 치즈를 옮겼을까?』라는 책을 어린이용으로 읽어 보시기 바랍니다. 어린이용이 더 마음에 확 와닿습니다.

자녀를 공부시키려면 공부가 무엇인지에 대한 정확한 정의부터 내려야 합니다. 무엇을 공부해야 할까도 생각해야 합니다. 이웃들이 자녀들에게 영어 공부시키고 수학 공부시키고 논술학원 보내니 나도 보내야겠다는 심사라면 공부에 관한 생각을 다시 세워야 합니다. 더구나 귀족들 곧 상류층들은 자녀에게 무엇을 어떤 방식으로 공부를 시켰고 시키는지를 알아야 합니다. 아쉽게도 대한민국의 상류층인 대기업 자녀들의 인격을 보면 제대로 된 교육을 하지 않는 것이 분명하니 대한민국의 기준으로 찾게 되면 실망할지 모릅니다. 아니 기준이 사라지게 되니 조심해야 합니다. 외국의 사례를 찾는 것이 더욱 확실할 것입니다. 자녀에게 제대로 된 공부를 시키려고 한다면 앞의 몇 가지 질문에 대한 정의부터 내리고 시작해도 늦지 않습니다. 조카가 초등학교, 중학교, 고등학교 시절에 똑 부러지게 공부를 잘했습니다. 미래가 어떻게 될까? 상당히 궁금했습니다. 평범한 대학을 졸업 후 공무원 9급에 합격을 했고 수년째 공무원으로 근무하다 근간에 7급 공무원 시험에 합격했다는 이야기를 들었습니다.

아내 친구의 아이가 영재 소리를 듣고 자랐습니다. 아니 아내의 친구가 자녀를 그렇게 키워냈습니다. 옆의 사람들 모두 부러워할 정도로 잘 길러 내었습니다. 나는 "저렇게 공부를 하면 어느 대학에 갈까?"라고 생각했습니다. 주변에서는 모두 SKY는 기본으로 갈 것이라고 생각을 했습니다. 전교에서 1등을 한 번도 놓쳐 본 적이 없고 과학 경시대회에서도 영재로서 인정을 받았던 그 아이는 인하대학교에 들어갔습니다. 나는 영재라는 아이가 인하대학교에 갔다는 소식을 듣고 웃음이 나왔습니다. 내가 아는 선배가 자기 아들이 공부를 안 하고 놀기만 한다고 한번 봐 달라고 해서 8주간 공부 컨설팅을 한 적이 있습니다. 당시에 그 학생은 공부하는 게 아니라 공부하는 원리도 몰랐고 무엇을 어떻게 해야 할지도 몰랐던 아이였습니다. 내게 8주 동안 공부를 컨설팅을 받은 후 소식이 끊겼습니다. 그렇게 시간이 흐른 후 선후배 모임이 있다는 공지를 받고 참석을 했습니다. 그 선배의 형수께서 내게 다

가와 정중하게 고맙다는 인사를 하는 것이었습니다. "당시에 아이를 잘 지도해 주셔서 인하대학교에 갔습니다. 진심으로 감사드립니다." 라고 말입니다. 어렸을 때부터 영재교육을 한 학생이나 내게 몇 달 공부에 대해 컨설팅을 받은 학생이나 별반 차이가 없었습니다.

8주라는 한시적 시간을 말을 한 부분을 오해하지 않아야 합니다. 모든 것이 8주 만에 끝나는 것이 아닙니다. 8주 만에 모든 공부를 다 뗄 수 있도록 한다면 나는 분명 인간이 아닐 것입니다. 불가능하다는 것을 말하는 것입니다. 학부모들께서는 자녀가 수년간 학원에 다닐 때는 아무 말도 하지 않았을 것입니다. 내게 맡기면서는 왜들 그렇게 급하게 생각을 하시는지 모르겠습니다. 무엇이든 천천히 생각하고 관찰하고 시행하면서 가야 합니다. 급하게 하면 모든 것이 다 풀릴 것 같지만 그렇지 않습니다. 나는 학생들을 만나면 공부 철학을 말해 줍니다. 배움이 무엇인지 전해 줍니다. 그렇다고 일방적으로 "오늘은 배움에 관해서 설명할 거야. 받아 적어라."라고 말하는 것은 아닙니다. 나는 학생과 두런두런 이야기를 나눕니다. 공부하면서 삶에 대해서 미래사회에 대해서 주제는 다양합니다. 학생이 친구와 있었던 이야기를 하면 성심성의껏 들어 주기도 합니다. 나는 학생들이 공부라는 것을 깨닫게 하는 데 다양한 것을 적용합니다. 공부는 한 사람의 인격을 바로 세워가는 과정이며 몸으로 체험하는 긴 호흡이 필요한 것입니다. 지혜로운 학부모님과 학생은 나와 긴밀한 이야기를 나눕니다.

모든 어머니와 이렇게 긴밀하게 대화를 하지는 않습니다. 딱 두 분 정도 됩니다. "이제 공부가 무엇인지를 조금 알게 되었습니다. 높은 점수를 받으면 좋겠지만 그렇지 않아도 이제는 불안하지 않습니다. 우리 아이가 무엇을 어떤 길을 가야 할지를 찾은 것 같습니다. 저도 꾸준히 공부하면서 너무 많은 것을 하고 싶다는 것을 알게 되었습니다. 감사합니다."라는 말씀을 해 주었습니다. 어머니의 이야기를 듣는데 "조금 깨달은 바가 있어 다행이다."라는 생각이 들었습니다. 공부를 제대로 시키려면 "공부가 뭐지?"라는 질문부터 다시 해야 하지 않을까 싶습니다.

'공부 잘하면 출세한다.' '공부 잘하면 성공한다.'라는 등식은 깨진 지 오래되었습니다. 오로지 성적과 SKY에만 목을 매고 살아가는 학부모와 학생을 만나면 이 책을 추천해 드리고 싶습니다. 『꽃들에게 희망을』 쉬운 책 같지만 쉽지 않은 책인 것은 읽어 보신 분들은 알 것입니다. 달라진 세상에서는 공부에 대한 정의도 달라져야 합니다. 자녀가 입신양명(立身揚名)하기를 바란다면 학부모께서 공부가 무엇인지부터 알아야 합니다. 남들도 다 하는 공부의 라인에 서서 같이 뛴다면 승산은 적기 때문입니다. 재정적 탄환이 많은 분은 "너를 충분히 밀어줄 수 있어. 계속해 봐."라고 한다고 해서 되지 않는 것이 공부입니다. 공부가 무엇일까요? 공부를 시키는 근본적인 이유는 무엇인가요? 공자가 말하기를 "배우고 익히면 즐겁지 아니한가?"라고 한 이것 때문에 시키는 것은 분명 아닌 듯해 보이는데 말입니다. 내가 공부를 계속하면서 깨닫게 된 것은 공부는 즐겁다는 것은 알게 되었다는 것입니다. 지금 공자가 한 말이 무슨 의미인지를 조금씩 알아 가고 있습니다.

말, 공부의 힘

나는 말을 잘하는 사람들을 만나면 존경심이 내면에서 일어납니다. 사람들은 누구든 수없이 많은 사람을 매일 만날 것입니다. 나 또한 다양한 분야의 사람들을 만나고 있습니다. 나는 만남 자체를 소중하게 생각합니다. 누구를 만나든 그 만남의 순간을 소중하게 생각하며 상대방을 대면합니다. 지나간 사람들보다 내 앞의 자리에서 머물며 나와 함께 이야기하시는 분들을 가장 가치 있게 생각합니다. 만남에서 가장 중요하게 생각하는 것은 말입니다. 내가 말에 대한 강의를 오랫동안 진행해 왔기 때문인지 언어 구사에 대해 많이 민감합니다. 나는 이벤트 하듯 강의를 진행하지 않습니다. 어떤 사람도 이벤트를 통해 언어가 바뀌지 않기 때문입니다. 사람의 말이 바뀌려면 인격이 변화되어야 합니다. 이는 긴 시간 함께 하며 그들의 사고체계와 인격이 변화되도록 다독여 주어야 합니다.

나는 말을 중요하게 생각하기에 말을 잘하는 사람을 만나 보고 싶을 때가 많습니다. 사람들은 "말을 잘하는 사람들이 많지 않나?"라고 생긱힐 깃입니다. 나는 이 부분을 구분하고 싶습니다. 상대보다 말을 많이 하는 것은 말을 잘하는 것이 아닙니다. 상대보다 많이 아는 것을 이야기하는 것도 말을 잘하는 것이 아닙니다. 요즘 소셜 미디어를 통해 1인 방송으로 자신의 멋진 말솜씨를 구사하는 사람들이 참 많습니다. 이들 중에는 아나운서보다 말을 현란하게 잘하는 사람들도 있습니다. 가끔 동영상을 보며 '이 사람 참으로 말을 잘한다.'라고 생각할 때가 있습니다.

하지만 내가 보는 말을 잘하는 사람의 기준은 이런 것입니다. 자신의 입술을 열지 않고 상대방의 마음을 열 수 있는 능력의 소유자입니다. 말을 적게 하고 상대방의 마음을 열 수 있도록 하는 자가 말을 잘하는 사람입니다. 대다수 사람은 이 부분이 잘 안 됩니다. 일반적으로는 상대방의 말만을 들을 때 자신을 향해 초라하다고 생각하는 경향이 있습니다. 보통의 내공이 있지 않고서는 상대의 말을 묵묵히 듣기는 쉽지 않습니다. 내가 만나고 싶은 사람은 이런 사람입니다. 말은 적게 하는데 편안함이 있으며 상대방의 마음을 읽어 내는 사람입니다. 내가 보기에 말을 잘한다는 사람의 기준은 듣기를 잘하는 사람입니다. 상대방의 말을 듣되 겉으로 듣는 것이 아니라 상대의 심중을 읽으며 들으려는 것을 의미합니다.

질문하고 싶습니다. "학부모께서는 자녀의 말에 귀를 기울이는 편에 속하십니까?" 우리의 자녀는 언제부터인가 자신의 말에 귀 기울이지 않는 사람들의 틈바구니에 살아가고 있습니다. 사람은 홀로서기가 불가능한 존재들입니다. 사람이 무엇을 하든 누군가가 마음을 잡아줘야 홀로서기가 가능해집니다. 마음이 흔들리는 사람은 무엇이든 해낼 수 없을 뿐 아니라 되지도 않습니다. 지금 학생들의 마음은 많이 흔들리지 않나 하는 생각이 듭니다. 학생들의 마음이 흔들리는 것은 말을 들어 주는 사람들보다는 조언하는 사람들이 많이 있기 때문은 아닐까요? 학생들은 이를 일명 '잔소리'라고 합니다. 학생들은 어른들보다 세상을 적게 경험하였기 때문에 실수를 많이 하는 것은 사실입니다. 문제는 어른들은 작든 크든 실수 자체를 용납하지 않으려고 합니다. 오직 그 실수를 콕 집어 고치려 합니다. 그것도 말로서 가능하다고 생각한 듯합니다.

누군가의 인생을 바꾸려 한다면 말이 필요 없습니다. 사랑을 주면 됩니다. 자녀에게는 다른 관점으로 다가가야 합니다. 자녀가 공부하게 하는 힘은 수많은 말이 아닙니다. 불가에서 묵언 수행하듯 묵묵히 지켜봐 주는 것입니다. 기다려 주는 것입니다. 무언으로 믿어 주는 것입니다. 수많은 현란한 언어와 논리적으로 오밀조밀하게 말을 했다고 해서 자녀가 정신 차리고 공부에 임하지는 않습니다. 오로지 끊임없이 믿어 주고 침묵으로 사랑해 주어야 합니다. 속이 뒤틀리는 마음이 생긴다면 아직 말의 의미를 제대로 알지 못하는 것입니다.

나는 듣기의 달인들을 만난 적이 있습니다. 이들은 맛깔스럽게 상대방의 말을 들어줍니다. 듣는 데 소질이 뛰어난 사람입니다. 듣는다는 것에도 귀만 열고 듣는 사람이 있는가 하면 마음마저 열고 듣는 사람이 있습니다. 귀만 열고 듣는 사람은 상대방의 마음에 화가 쌓이게 합니다. 귀만 열고 듣는 사람 중에는 자신의 말할 기회만을 잡고자 상대방의 마음을 읽지 않고 듣는 경우가 있습니다. 이것은 진정으로 듣는 것이 아닙니다. 자녀들과 대화를 나눌 때 이렇게 하면 자녀들은 마음을 닫아 버립니다. 듣는다는 것은 상대방을 무조건 지지하며 듣는 것이어야 합니다. 여기에서 힘의 부여가 시작되는 것입니다.

자녀가 공부를 안 한다고 못 한다고 닦달하기 전에 학부모님들은 각자의 말을 되짚어 보면 어떨까 하는 생각을 해 봅니다. 내가 하는 컨설팅에서는 대화를 중요하게 생각합니다. 나는 대화를 거부하는 학생을 컨설팅한 경우가 종종 있습니다. 나는 공부를 안 하고자 하는 학생에게도 도움을 주고자 받아들인 적이 있습니다. 너무 깊은 상처로 인함인지 끝까지 말문을 열지 않는 학생은 결국에는 공부도 하질 않습니다. 끝까지 침묵하고 떠나갑니다. 이런 경우에는 공부하려는 의지를 일으키기가 여간 쉽지 않습니다.

말은 사람의 기를 살리기도 하고 꺾기도 합니다. 좋은 말은 사람을 세웁니다. 거짓말은 사망에 이르게 합니다. 자신만 죽이는 것이 아니라 상대방도 죽게 합니다. 자신의 기분에 의해 거짓을 말하는 것은 옳지 않은 것입니다. 얼마나 많은 깊은 마음의 상처가 있으면 거짓을 말할까요? 자녀들을 위해 좋은 스승이나 교사를 찾는다면 건강한 언어를 구사하는 분들을 찾아보시기 바랍니다. 긍정적인 메시지를 사용하는 분을 찾아야 합니다. 자녀는 필요한 과목을 배우러 가는 것이 아니라 그 가르치는 자의 인격까지 배우게 되기 때문입니다. 학생이 쉽게 비난하는 교사 밑에 계속 있으면 학생 자신도 모르게 비난하는 사람으로 변해갑니다.

자녀나 학생이 공부하는 데 힘을 부여하고 싶다면 먼저 어른이 먼저 건강한 언어를 활용해야 합니다. 그 언어는 소리 언어와 몸짓 언어가 있습니다. 소리 언어 이상으로 몸짓 언어도 중요합니다. 몸짓 언어로 상대를 무시하게 되면 상대는 정말 빠르게 인식합니다. 소리로 느끼는 것보다 몸으로 느끼는 것도 만만치 않게 상대를 무기력하게 만듭니다. 자녀나 학생이 공부하는 데 힘을 주고 싶다면 긍정 언어를 구사해 보시기 바랍니다. 칭찬은 고래도 춤춘다고 하지 않습니까? 말은 구체적으로 해 주어야 합니다. 칭찬도 두루뭉술하게 하는 것이 아닌 사실적이며 섬세하게 해 주어야 합니다. 이런 말을 듣는 학생의 마음속 깊은 곳에서 자신감이 심어지게 됩니다. 공부로 인해 무기력해진 학생들이나 자녀들을 어떻게 도울까 고민이 된다면 '잔소리'가 아닌 긍정의 언어를 구사할 길을 찾는 것이 더 빠를 것입니다.

공부, 되는 학생과 안 되는 학생
그리고 안 하는 학생

내게 찾아와 공부에 대해 문의하시는 학부모는 아이가 실력이 뛰어나니 더 월등하게 만들어 달라고 찾아오기보다는 나락으로 떨어져 가는 아이에게 작은 불씨라도 줄 요량으로 오는 경우의 비중이 더 높습니다. 내게 유치원 영어부터 고등학교 1학년 때까지 영어학원에서 공부한 학생과 어머니께서 내게 찾아왔습니다. 키가 180m 정도 되는 아주 잘생긴 남학생이었습니다. 영어 점수는 180에서 0을 하나 빼고 1을 더한 19점이었습니다.

나는 이 학생을 테스트하기 전까지는 이해할 수 없었습니다. 나는 학생의 어머니에게 질문했습니다. "어떻게 이게 가능하지요?" 학생의 어머니는 한숨을 푹 쉬며 영어 유치원 때부터 고등학교 1학년 때까지 영어를 쉬지 않고 다녔다고 하셨습니다. 나는 영어로 힘들어하는 학생들의 공통점을 알고 있어서 기초적인 면을 조금 손질하면 실력이 늘어날 수 있다고 말씀드렸습니다. 이 학생도 영어의 약한 부분을 해결해 주자 물속에서 헤엄치는 물고기처럼 아름답게 유영을 하는 것이었습니다.

나를 만난 지 3개월이 지나자 중간고사 시험에서 60점으로 상승했습니다. 그 후 기말고사에서 100점을 맞았습니다. 강서고등학교와 같은 수준이 높은 고등학교 학생이 아니라 부천에서 자신의 학교가 명문이라고 하는 부천 북고등학교 학생이었습니다. 이 학생이 100점 점수를 받은 후 이 학생에게 전해 들은 말은 "샘, 우리 엄마가 그러는데요. 왜 그러고 사냐고 하시던데요?" 이 말은 내가 부자로 살 수 있는데 그렇게 살지 않고 있는 모습을 보고 한 말이었습니다.

나는 이 한마디의 진심에 행복했습니다. 나는 "영어의 바닥에서 허우적거리는 또 한 명을 구조해 내었구나." 하는 생각도 함께 들었습니다. 이 학생은 가끔 전화합니다. 몇 년 지난 후 더 넓은 영어의 세계로 나갔다고 있다고 연락이 왔습니다. "스승님, 당시에 진심으로 감사했습니다. 제게 스승님은 선생님 한 분과 또 다른 한 분 두 분뿐입니다."라는 말을 하는 제자의 고백을 듣는데 마음에 행복이 밀려왔습니다. 나를 만나 영어의 숙제가 풀렸다며 좋아하시는 학부모와 학생들의 얼굴을 떠올려 보면 지금도 흐뭇합니다. 영어의 숙제가 풀렸다는 말을 오해하시는 분들이 있습니다.

누구든 자신의 기준에서 생각하고 해석하고 말을 합니다. 나 또한 예외가 아닌 부족한 사람에 불과합니다. 어떤 이의 기준은 영어의 숙제가 풀렸다는 것을 영어 점수가 IBT 120점을 맞는 것으로 생각하는 것을 염두에 두고 해석할지 모릅니다. 이를 과잉해석이라고 할 수 있습니다. 내가 말하는 숙제가 풀렸다는 것은 영어가 막히게 되는 아주 작은 부분부터 말하는 것입니다. 물론 나를 통해 영어 실력이 월등히

향성된 학생들이 적잖게 많았습니다. 나를 만나면 모든 학생이 다 된다고 오해하지 않기를 바랍니다. 이 말은 나를 만나도 안 되는 학생들이 있다는 말입니다. 주로 나를 신뢰하지 않고 내게 온 학생들입니다.

나는 신(God)이 아닙니다. 만약 신(God)이 인간 각 개인의 공부에 개입한다고 해도 못 해낼 부분이 있을 것입니다. 아무리 쉽고 좋은 것을 알려 줘도 공부를 안 하는 학생들은 신(God)의 경지에 있어도 그들을 바꿔 놓을 수 없습니다. 내가 하는 말을 믿지 않고 따르지 않는 학생을 일으킬 능력은 나에게는 없습니다. 내가 볼 때 신(God)도 이 부분은 안 될 것이라고 봅니다.

내가 이렇게 교육에 관한 글만 쓸 것이라고는 생각한 적이 없었습니다. 내가 말하는 교육에 관한 글들이나 경험들은 어떤 이들의 마음을 불편하게 하기도 하는 듯합니다.

내가 말하는 교육은 책에서 읽어 낸 방법론적인 것이 거의 없습니다. 내 삶에서 묻어 나온 것을 담담히 적어 내는 것입니다. 이는 한 치의 거짓이 없는 진실을 쓸 뿐입니다. 먼저 언급했듯 사람은 자신의 눈높이에서 해석하는 경향이 있기에 기준점이 높은 이들은 내 글을 읽으며 '이게 말이 되나?'라고 할지 모릅니다. 기준점이 낮게 바라보는 시각에서는 '그래 이게 맞는 듯하다.'라고 할 것입니다. 내가 경험한 이야기는 절박한 분들이 보면 문을 두드리고 싶게 만들지만 높은 실력을 갖춘 이들이 보면 피식하고 실소를 금치 못하는 것일 수 있습니다.

내 글을 읽어 주실 때에 눈높이를 낮춰 주시면 내가 하는 말들의 진실이 보일 것입니다. 나는 거창하게 말한 적이 없을 뿐 아니라 포장해서 말하고 싶지 않습니다. 나의 약점은 너무 도덕적 잣대가 높아 스스로 자신을 채찍질한다는 것입니다. 내가 나는 옭아매지만 내가 만나는 학생에게는 반대로 합니다. 내 교육 컨설팅 철학에 맞지 않기 때문입니다. 나는 내가 경험한 것을 전수하여 드러난 사실을 말할 뿐입니다. 나를 만난다고 모든 학생이 영어가 원어민처럼 다 되는 것은 아닙니다. 아마 내게 찾아와 주시는 학부모들도 이런 기본 상식은 갖고 올 것입니다. 대다수는 나를 통해 높은 점수의 경지에 오르기 전에 더 화려하고 대형학원으로 가는 것을 수없이 경험했을 것입니다.

실례를 하나 들자면 오랜 시간 영어를 했고 높은 레벨을 유지하는 학생이 내게 찾아와 주었습니다. 영어에 틈새가 심하게 있었지만 나는 내게 찾아와 준 어머니의 아이들을 받지 않겠다고 했습니다. 어학원에서 상위 레벨에 있는 학생이 내게 배울 게 무엇이 있냐고 정중히 거절했습니다. 두 아들을 둔 어머니는 내가 빠져나가지 못하게 하는 한마디를 하셨습니다. "선생님 틈새가 있지 않습니까? 이 틈새를 찾아 주세요. 계속 학원에 다녀도 점수에 변화가 없습니다. 선생님이 왜 그런지 그 틈새를 찾아 주세요." 나는 틈새를 잡기 위해 6개월간 기초부터 꼼꼼히 점검하며 영어의 틈새를 다 메워 주었습니다. 하루는 동생인 학생이 흥분된 목소리로 내게 전화를 했습니다. "선생님 어학원 부원장님께서 우리 학원에 너처럼 영어 잘하는 학생이 있었다니 놀랍구나 하고 칭찬해 주셨어요. 저를 잘 지도해 주셔서 감사합니다." 늦은 밤 10시가 넘은 시각에 전화하고는 내게 연신 "감사합니다."라는 말을 했던 학생은 결국은 어학원으로 갔습니다. 나를 떠나간 학생을 향해 무엇이라고 말하려고 한 말은 아닙니다. 기초와 기본이 잡히면 다수는 떠나곤 합니다.

한때 애제자였던 학생들은 "샘, 왜 홍보를 안 하세요? 제발 홍보지라도 만들어 주세요. 저희가 돌리겠습니다." 나는 무슨 배짱이 있었는지 "내게 오는 학생들은 내가 맡은 아이들이니 너희들처럼 대할 거야. 진심은 통한다잖아. 기다려 보자." 이 말을 하고 묵묵히 매번 새로운 학생들에게 희망을 주고 있습니다.

목동에서 한 통의 전화가 걸려왔습니다. 어렵게 학생의 어머니와 학생을 만났습니다. 학생은 생각한 대로 영어 기초가 전혀 안 잡혔습니다. 나는 학생이 기초과정을 잘 마치도록 했고 학생도 또한 그렇게 잘 따라 주었습니다. 문제는 그다음 주부터였습니다. 공부를 원리를 알려 준 대로 공부를 해 오지 않는 것이었습니다. 아니 전혀 하지 않는 것이었습니다. 한 주씩 지나는데 전혀 공부에 흥미를 보이지 않았습니다. 학생의 어머니는 학생이 잘 따라 주기를 누구 보다 원했음에도 불구하고 학생은 하는 척만 했습니다. 딱 한 달 만에 그 학생과 나는 결별했습니다. 학생의 어머니께서 오히려 미안하다는 말씀을 하셨습니다. 학생이 공부를 안 하는데 어머니가 미안할 일은 아니라는 생각이 들었습니다. 이 학생의 특징은 마음을 닫고 공부를 한 경우입니다. 공부하려는 의지가 없는 학생이 스스로 공부하는 능력을 갖추게 하는 힘은 내게는 없습니다.

나는 이 학생에게 내가 컨설팅한 대로 매일 공부를 꾸준히 하기만 하면 된다고 말하고 사례까지 들어 주었습니다. 하지만 학생은 제대로 듣지 않은 듯합니다. 이때 끝까지 버티는 학생을 보며 '나랑 맞지 않나 보다.' 하는 생각을 했습니다. 아이큐가 일반적인 수치까지 되는 학생들은 축복을 받고 태어난 것입니다. 이들이 복의 가치를 알지 못하는 게 안타까울 뿐입니다. 머리가 아무리 좋아도 본인이 공부하고자 하는 마음을 갖고 하지 않으면 아무리 좋은 것도 선하게 활용될 수 없는 것입니다. 말을 물가에 끌고 갈 수는 있어도 물을 먹게 할 수 없다는 말이 새삼 진리로 느껴집니다.

공부, 파생(派生) 상품인가?
파생(罷省) 상품인가?

나이를 한 해씩 먹어가며 배움의 가치를 느끼고 체험하고 있습니다. "그래 배움이 이렇게 재미있었던 것이었구나." 하고 말입니다. 하루라도 글을 쓰지 않으면 손가락에 곰팡이가 생길지도 모르는 일입니다. 순간마다 책에 시선을 고정하면 행복해지는 것을 새삼스레 더 경험하고 있습니다. 학생 시절 써 왔던 한자를 10칸 노트를 구매한 후 다시 연필로 한 획씩 써 가는 맛은 새롭기만 합니다. 스마트 폰의 라디오 어플 FM 93.1에서는 클래식 음악이 흐릅니다. 밤 11시가 넘은 시간은 내게 가장 행복한 시간입니다. 공부의 주제는 다양하고 하면 할수록 잠을 청할 수 없게 만듭니다.

오늘은 문득 이런 생각이 들었습니다. 학생들이 하는 공부가 파생(派生)일까? 파생(罷省)일까? 하고 말입니다. 나는 대한민국의 교육을 바라보며 앞으로의 머지않은 미래에 파생(罷省) 상품이 될 것을 미리보고 있습니다. 이는 내 직관에서 온 것은 아닙니다. 많은 학자의 소리를 통해 들은 것과 미래사회에 관한 공부를 하며 얻은 통찰력입니다.

이런 상황에서 학부모님들은 파생(派生)이 될지 파생(派生)이 될지도 모르는 교육에 전부를 걸고 있는 듯합니다. 지금 학교에서 받는 공교육 자제가 파생(罷省) 상품이 될 것은 분명합니다. 나는 이미 이 교육의 실체를 알기에 더욱더 안타까울 뿐입니다.

내 자녀가 받은 교육이 파생(派生) 상품이 되게 하려면 교육의 패러다임을 바꿔야 합니다. "성적이 우수하기만 해라. 너는 유명한 고등학교에 갈 것이고 이어 명문대를 나와 성공할 기회가 많아질 것이다."라고 자녀들에게 말한다면 그것이 진정으로 파생(派生)이 될지 파생(罷省)이 될지를 어떻게 장담하는지 궁금합니다. 인구론 학자들도 미래학자들도 머지않은 미래에 장년 인생이 중년이 되고 노년이 되고 지금의 어린이와 청소년들이 사회의 주역이 되었을 때 자신들이 배운 공부가 파생(派生)으로 자리를 잡을 것이라 확신을 한다면 대단히 용감한 분이라고 생각합니다. 단, 이 말을 기억하면서요. '무식하면 용감하다.'

나는 한 고등학생에게 제안했습니다. "우리 세상을 즐겁게 만들어 볼까? 친구들을 모아 봐라. 젊은 너희들과 사업을 해 보고 싶구나." 하고 말입니다. "공부해야 할 학생들에게 사업이라니요? 제정신입니까?" 이런 질문을 던지는 이들에게 묻고 싶습니다. 지금 시대에 공부하는 이유가 무엇인가요? 공자가 말한 대로 배우고 익히면 즐겁기 때문인가요? 아닌 것은 다 알지 않습니까? 자본주의 사회에서 사람들은 오직 금융 재원을 늘리는 데 혈안이 되어 있습니다. 단지 우리나라 사람들은 겉으로는 점잖은 척하며 돈을 갈구합니다. 지금은 이 개념도 바꾸어야 한다고 생각합니다. 어린아이들에게 돈이 무엇인지를 정확히 알려 주어야 합니다.

내가 새롭게 알게 된 사실이 있습니다. 목동의 어머니 중에는 자녀에게 신용카드를 한 장씩 주어 필요할 때마다 사용하라는 권한을 주었다는 소리를 듣고 놀랐습니다. "돈을 다룰지도 모르는 아이에게 돈을 어떻게 써야 할지도 알려 주지 않고 카드를 쉽게 쓰는 법을 먼저 익히게 하고 있구나." 하는 생각이 들었습니다. 돈은 잘 쓰는 법을 익히지 못하면 모을 수 없습니다. 이는 목동뿐일까요? 아니라고 생각합니다. 다른 지역의 아이들도 카드가 있느냐 없느냐의 차이일 뿐 돈을 다루는 법을 익힌 적이 없을 것입니다. 오히려 돈을 터부시하는 경향이 있습니다.

어렸을 때 돈을 업신여기며 어른이 되면 돈을 사랑하는 데 모든 시간을 낭비합니다. 돈은 인격은 없으나 자신을 업신여기는 사람에게는 다가오지 않습니다. 나는 가끔 제자와 아이들에게 "돈을 사랑하지 말고 돈을 좋아하라."라고 말해 줍니다. 돈을 사랑하면 돈에 노예가 되어 돈을 활용할 줄 몰라 돈에 끌려다닙니다. 하지만 돈을 좋아하면 돈의 주인이 되어 마음껏 돈을 종처럼 쓸 수 있다고 말해 주고는 합니다. 돈을 머슴처럼 활용하는 법은 제대로 된 금융 지식에 관한 교육을 받을 때 가능합니다. 바른 교육 없이 부자로서의 길은 갈 수 없습니다. 아무리 뛰어난 스펙을 쌓아도 결국에는 돈을 다루는 사람 밑에서 그가 주는 몇 푼의 돈을 받아 가면 인생을 허비하게 됩니다.

나는 학생 제자들에게 이런 부분을 말해 주었습니다. 공부가 파생(派生) 상품이 되게 하려면 '공부해서 성공하자'가 아니라고 말해 줍니다. '사업하면서 공부하자'로 전환해야 한다고 말해 줍니다. 공부만을 위해 뛰면 시간의 소중함을 모르게 됩니다. 기회의 소중함을 깨닫지 못합니다. 자신이 만나는 사람들의 가치를 잊게 됩니다. 공부를 사업하듯 하도록 해야 합니다. 사업을 놀이처럼 하는 사람은 없습니다. 사업은 이익을 내는 게 목표입니다. 이익이 창출되지 않는 사업은 망한 사업이라고 보면 됩니다. 지금 우리의 학생들은 이런 파생(罷省) 상품을 만들어 내고 있으면서 아까워하지 않습니다.

자신의 재정이 줄줄 새어 나가는 것을 깨닫지 못하고 있습니다. 이를 깨닫게 하는 것은 역으로 시도하면 됩니다. "공부는 사업이다."라고 하면 생각이 달라질 것입니다. 공부하면 파생(派生) 상품이 되어 온다는 것을 경험하게 해 주어야 합니다. 부모가 다 지원해 주니 돈의 가치며 시간의 중요성 따위 관심이 없는 것입니다. 모든 것이 당연히 주어지는 것으로 오해하고 있습니다. 우리 집은 공짜로 용돈을 주는 법이 없습니다. 작은 것이라도 일을 하면 그 일에 대가로 몇백 원씩 주었습니다. 명절 때에 어른들에게 받은 용돈도 스스로 관리하게 합니다. 하루는 둘째 아이가 "친구들이 다 스마트 폰이 있는데 사 줄 수 있나요?"라고 물었습니다. 나는 "물론 사 줄 수 있지? 단, 조건이 있어. 스마트 폰 요금은 네 용돈으로 내라." 이때 이후로 스마트 폰 이야기는 전혀 하지 않습니다. 값없이 주어지는 것이 없음을 깨닫게 하기 위한 금융 교육이었습니다.

아이는 매일 "어떻게 하면 돈을 벌까? 무엇을 하면 돈이 될까?"를 궁리합니다. 가끔 길거리에 식당이나 커피숍이 세워지면 "저 집은 된다.

안 된다." 이야기를 나눕니다. 공부가 파생(派生)되게 하는 것은 생활 속에서 일어나야 합니다. 지금의 학생들에게 교육과 금융 지식 공부가 융합되도록 시도해야 합니다. 이 공부는 어린 학생들에게 금융 지식에 대해 눈을 뜨게 하고 공부를 금융 지식과 접목해 금융 지식을 익혀 공부에 몰입력을 올리도록 시도하는 게 좋다고 생각합니다. 편하게 공부를 하면 자신이 하는 것에 가치를 모르게 됩니다. 치열하게 공부하도록 하는 것은 물질이 있는 곳에 마음이 있도록 하는 것입니다. 공부를 대충하거나 하기 싫어하는 것은 눈에 보이는 파생(派生) 상품이 없기 때문일 것입니다. 공부하는 데에만 전부를 걸면 파생(罷省) 상품으로 전락할 확률이 높은 세상을 걸어가고 있습니다.

지금부터 자녀들에게 금융 지식을 알려 주어야 합니다. 공부하는 것도 금융과 연관이 있다고 말해 줘 봐야 이해를 하지 못합니다. 자녀의 통장에 교육비를 넣어 주고 "네가 조금 매일 성실하게 공부해서 사교육을 받는 시간을 줄이고 다른 곳에 투자하면 이 모든 것은 다 네 것이 된다."라고 시도해 보시는 것은 또 다른 흥미가 있지 않을까 싶습니다. 자녀의 통장에서 교육비로 돈이 빠져나가는 것을 보게 하며 네가 성실히 하면 이 돈으로 다른 곳에 투자할 수 있고 수익을 올릴 수 있음도 경험하게 해 주어야 합니다.

지금 자녀가 공부하는 것이 훗날 파생(派生) 상품이 될 것인지 파생(罷省) 상품이 될 것인지를 따져 봐야 할 때가 아닐까 싶습니다. 공부에서 중요한 것은 금융을 다루는 법을 알려 주어야 합니다. 공부도 금융을 다루는 방법을 전해 주어야 합니다. 영어를 배움도 수학을 배움도 국어도 과학도 한국사도 책을 읽는 것도 모두 파생(派生) 상품을 만들기 위함임을 직간접적으로 말해 주어야 합니다. 현재의 공부는 금융과 전혀 상관이 없어 보이는 식으로 공부를 하니 재미가 없는 부분이 있을 것입니다. 자녀들은 어느 날 어른이 되어 세상에서 살아가게 되지만 어떻게 살아갈지 헤매게 됩니다. 파생(派生) 상품을 만들 것인가? 파생(罷省) 상품을 만들어 낼 것인가는 지금의 교육에서 시작하는 것이 최고일 것입니다.

나는 신(臣)입니다

나는 신(臣)입니다. 공부의 신(神)은 아닙니다. 나는 언제나 누구에게든 군림하는 자세를 취하며 살고 있지 않습니다. 손아랫사람을 만나도 나보다 덜 배웠다고 생각되는 사람을 만나도 나는 늘 낮은 자세로 귀를 열고 마음을 열고 들으려 합니다. 이 부분도 들으려고 애를 쓰고 낮아지려고 힘을 쓸 뿐 아직은 100% 몸에 배지는 않습니다. 행복한 것은 잘 된다는 것입니다. 내가 사람들을 만나 강의를 하고 컨설팅을 할 때도 나는 늘 말합니다. "당신은 할 수 있습니다." 나는 그 힘을 찾아주는 역할을 합니다. 각 개인은 에너지가 있음을 놓치고 살고 있거나 아예 없다고 생각하며 살아가기도 합니다.

작년에는 몇 명의 목회자들을 만나 혁신적 사고 전환을 위한 M.T.P(Moonshot Thinking Project) 컨설팅을 일요일마다 4시간 이상씩의 시간을 할애하며 3개월간 진행을 했습니다. 이때 자신의 자리에서 회복을 꿈꾸며 더 나은 미래를 대비하고자 하는 목회자들께서 참여했습니다. 나는 매주 1시간 30분의 시간을 소비하며 나를 기다리는 분들에게 찾아갔습니다. 목회자들께서는 처음에는 어색했지만 조금씩 안정을 찾아갈 뿐 아니라 스스로 공부를 하며 "이 나이에 이렇게 새롭게 배움을 갖는 게 너무 좋습니다."라고 말씀하셨습니다. 이렇게 말씀하시는 목회자들의 이야기를 들을 때에는 기쁨이 더했습니다. 목회자들과 만남에서 스스로 공부하도록 하며 생각한 것을 말하게 하고 미래를 예측하게 하고 자기 생각을 두려움이 없이 쓰도록 하고 각자의 분야가 다르니 그 분야에 맞게 공부하게 하는 과정까지 컨설팅했습니다.

이 자리에는 나보다 연배가 높은 분도 참석했습니다. 내가 해야 할일은 목회자들의 사고가 전환되도록 돕는 것으로 생각했습니다. 목회자 중에는 박사학위 소지자도 있었고 외국에서 박사학위를 받아오신분도 있었습니다. 유창하게 영어를 구사하시는 분도 있었습니다. 학부모들이 선호하는 SKY 출신자도 있었습니다. 처음의 만남에서는 약간의 긴장감이 느껴졌습니다. 한 주씩 시간의 흐름과 함께 참석하신목회자들은 내가 당신들을 가르치러 온 것이 아님을 인식했는지 적극적으로 따라 주며 참여를 해 주셨습니다. 내가 하는 교육은 어른이건유치원 아이, 초등학생, 중학생, 고등학생, 대학생들이든 그들의 생각을 깨우는 데서 시작됩니다. 생각의 깨어짐은 외부에서 내부로 주입되는 것이 아니라고 생각하기에 내부에서 외부로 분출되어 나오도록 합니다.

가르치는 강의도 오랜 시간 해 봤던 터라 말하기는 쉽습니다. 잘 듣는 학생들을 만나면 강의는 더 재미있습니다. 이해가 안 되는 것은 잘들었다고 생각했는데 변화가 없는 것이었습니다. 이때마다 나는 생각했습니다. "이것은 옳지 않은 방식이다." "그럼 무엇일까?" "무엇이 사람을 변화되게 할까?" "사람을 변화시키는 힘은 어디에서 올까?" 그 능력은 외부에서 주어지는 것이 아니라 내부에서 주어지는 것임을 알았습니다. 이 원리를 알고 난 후부터는 신(臣)이 되기로 했습니다. 상대의 마음을 열고 들어가 그의 내면에 힘을 부여하기 위해서는 섬김이 수반되어야 합니다. 배우는 자들의 마음속 깊은 곳까지 갈 수 있다면 가서 그들의 마음을 세워 줘야 합니다. 이 과정은 긴 과정입니다. 노량진의 학원가에 붙은 단기 속성과정은 아닙니다.

나와 함께 했던 목회자 중에 수료 몇 주 전부터 재미있는 현상이 나타났습니다. 참여하신 목회자의 한 아내이신 사모께서 교육 현장에 찾아왔습니다. 몇 주 남지 않았지만 참여해도 되냐고 미리 연락을 준 후 와 준 것입니다. "다 끝나가는 시점에 오시는 이유가 뭐지?" 하는 생각이 들었습니다. 감사하게도 그 목회자의 아내 되시는 사모께서 내게 이렇게 말씀을 해 주셨습니다. "이곳에서 공부하고 온 뒤로 남편이 바뀌었습니다. 감사합니다. 남편의 생각을 바꾸게 한 분이 누군지 뵙고 싶었습니다." 나는 그 감사의 말씀에 마음이 날아갈 듯 행복했습니다. 그밖에 함께 했던 목회자들께서 자신이 이끄는 조직에 변화가 있다는 소식을 매주 나눠 주었습니다.

내 마음은 더 굳혀졌습니다. "그래 나는 신(臣)이다." 사람들의 생각에 변화를 주기를 원한다면 신(臣)이 되어야 합니다. 사람이 신(神)의 자리를 침범할 때에 모든 관계는 깨어집니다. 사람은 신(臣) 자리에 서야 합니다. 더욱이 가르치는 자리에 있다면 더욱 그래야 한다고 생각합니다. 대부분은 지시하듯 학생을 대합니다. 신(神)의 자리에서 군림하게 되는 것 같지만 결국에 그 공부의 신(神)으로 여겼던 선생과 헤어지고 나면 다시 원래대로 돌아가고 맙니다. 유능한 공부의 신(神)을 만나면 성적이라는 기록은 남겼지만 그것도 유용 가치가 별로 없습니다. "성적이 유용 가치가 없다고요?" 성적이 높다고 자신감이 상승하여 있지는 않습니다. 오히려 상대적으로 두려움에 빠지게 됩니다. "누구는 나보다 더 잘한대." 하고 말입니다.

나는 내게 컨설팅을 받는 학생들에게 하는 말이 있습니다. "너의 길을 가라." "당신의 길을 가십시오." "당신이 되십시오."라고 말입니다. 더 나아가 당신 안에 강력한 에너지가 있음을 인식하게 합니다. 이는 내가 100번 긍정적인 강의를 해 봐야 세워지지 않습니다. 스스로 경험하게 합니다. 공부도 스스로 하게 하는 이유가 여기에 있습니다. 바이러스의 창궐로 인해 만나지 못하는 학생들이 있습니다. 한 학생의 소식이 들려옵니다. "선생님, 수학 문제를 푸는 데 안 풀려서 계속 풀어봤습니다. 어떤 문제는 일주일간 고민을 했습니다. 배운 개념에도 없는 문제였는데요. 계속 생각하니깐 문제가 풀렸습니다." 이런 소식에 기운이 솟아납니다. 나는 학생에게 말해 주었습니다. "그래 이제 공부가 무엇인지를 알겠니?"라고 말입니다.

분명히 이 학생은 스스로 어려움을 뚫고 일어났기 때문에 어떤 문제가 와도 하나씩 뚫어낼 것으로 생각합니다. 나는 공부하는 이들이 이런 투지를 가져야 한다고 생각합니다. 그럼 학생이 이런 투지가 어디에서 올까요? 내가 "넌 할 수 있어."라고 1,000번을 읊조려도 안 됩니다. 나는 이 학생이 스스로 공부하도록 신(臣)의 역할을 했을 뿐입니다. 한 초등 제자는 나와 문자를 주고받으며 자신이 공부한 것을 내게 보여 줍니다. 스스로 하는 즐거움에 빠져 놀이처럼 공부합니다. 어느 제자는 수학의 인수분해를 알기는 아는 데 문제를 풀면 틀리는 부분이 있다는 말을 해 주었습니다. 나는 제자에게 그 부분을 컨설팅해 주었습니다. 한 주가 지난 후 제자 아이는 화색이 도는 표정으로 내게 말해 주었습니다. "이제 쉬워요. 잘 이해되고 풀려요." 공부는 스스로 깨우쳐야 합니다. 바이러스가 창궐하자 교육부도 대안을 못 찾고 있고 학원도 온라인 강의를 준비하는 모양입니다.

나와 만나지 못하는 제자들이나 혹은 만나는 제자들이나 학생들은 크게 염려하지 않습니다. 우리는 매일 스스로 공부를 해 왔기 때문입니다. 한 초등학생 5학년 제자와 이야기를 나누는데 이런 이야기를 해 주었습니다. "선생님, 내 친구가요. 코로나 19로 인해 학교도 못 가고 학원도 못 가고 하는 시간이 길어져서 너무 심심하대요. 그런데 노는 것도 지겹대요." 나는 학생에게 물었습니다. "너는 어떠니?" "저는 재미있어요. 매일 스스로 공부할 게 있으니까요. 그리고 공부를 하는 법도 아니까요. 엄청 바빠요." 나는 이들에게 신(臣)이 되고자 결심하며 매일을 살아갑니다. 나는 누구를 만나든 군림하지 않으려 합니다. 이유는 사람 위에 사람 없고 사람 밑에 사람이 없기 때문입니다. 배우는 학생들도 신(神)의 위치에 있으면 얻는 게 없을 것이지만 신(臣)의 위치에 서면 얻어갈 것이 많아집니다. 이는 어느 선생이나 스승을 만나든 같습니다. 스스로 신(神)이 되는 순간 그는 모든 것을 잃게 될 것입니다.

언제나 나보다 남을 세우는 말과 삶을 살아가는 신(臣)으로 살고자 할 때 우리는 신(信)사회를 경험하게 될 것이고, 더 나아가 신(新)세계를 매일 경험하게 될 깃입니다. 배움의 변화는 사신의 내년 안에서 시작이 되는 것입니다. 자신이 바뀌지 않는 가르침은 종이에 쓰인 증명서에 불과합니다. 지금의 세상은 증명서 쪼가리에 감탄하는 세상이 아닙니다. 자녀가 스스로 할 수 있는 교육에 모든 것을 걸어도 부족함이 없을 것입니다. 아니 스스로 하는 법을 익혀야 훗날 어른이 되어 살아가게 될 때 그는 신(新)물질을 만들든 아니면 신(新)제품을 개발하든 해낼 수 있습니다. 세상은 주도적인 공부를 한 사람들이 이끌게 되어 있기 때문입니다.

자녀의 미래 직관력이 답입니다

강한 것 같지만 가장 약한 것이 사람이 아닐까 생각합니다. 예외는 누구도 없다고 봅니다. 사람은 누구나 자신의 미래를 알고 싶어 하여 점쟁이를 찾아 나서기도 합니다. 개신교인들은 예언가라는 사람들을 찾아가 기도를 받고 미래를 예언해 달라고 합니다. 내가 이 두 가지를 거론한 이유는 이렇습니다.

나는 불교와 무속적 신앙이 섞인 가정에서 자랐습니다. 나의 어머니의 마음속에는 무속이 뼛속부터 새겨져 있었습니다. 고등학교 3학년 때였습니다. 점괘를 잘 본다고 하는 점쟁이가 나의 점괘를 말해 주었습니다. "너는 고등학교 3학년이 제일 위험한 때이다. 저녁에 밤길을 조심해야 한다. 사람을 조심해라." 나는 당시에 밤에도 잘 다녔고 사람들을 만나는 것도 거리낌이 없었습니다. 고등학교 3학년 때에 아무런 일도 일어나지 않았습니다.

또 하나의 이야기는 청년 때에 겪은 이야기입니다. 나의 어머니는 무속에 가까운 것을 따랐지만 나는 초등학교 때에 간간이 교회라는 곳을 몰래 나갔습니다. 중학생이 되어 꾸준히 나가게 되었고 청년 때에는 열정적인 신자가 되었습니다. 하루는 함께 교회에 다니는 교회 교사께서 내게 미래를 예언해 주는 분을 소개해 주겠다는 말을 듣고 귀가 솔깃하여 길을 따라나섰습니다.

나는 그 교사를 따라 어느 가정집으로 들어갔습니다. 그곳에는 예언 기도를 한다는 여자 분이 앉아 있었습니다. 그 여자분은 내 손을 잡더니 혼자서 기도를 하는 것이었습니다. 잠시 후 내 앞의 미래를 예언해 주었습니다. 내 성격이 온순하고 착해 내가 가고자 하는 길을 가면 정신병에 걸린다는 충격적인 이야기를 해 주었습니다. 나는 '예언 기도라는 것을 받지 않았더라면'이라는 후회가 밀려왔습니다. 교회 교사께서는 실망하지 말고 다른 곳에 또 다른 예언 기도하는 분이 있으니 그분을 만나 다시 기도를 받자고 했습니다. 나는 어디가 내 길인지를 알고 싶어 점쟁이를 찾아가듯 길을 따라나섰습니다. 두 번째 분도 여자분이었습니다.

이분은 내 손을 잡고 기도를 하더니 하나님이 크게 쓸 사람이라는 말을 해 주었습니다. 교회 교사와 나는 "어떤 기도하는 분이 그러는데 성격이 온순해서 정신병에 걸릴 수 있다는데요."라고 말했습니다. 그랬더니 예언가라는 분이 화를 내면서 "무슨 소리냐 아니다. 큰 인물이 될 사람이다."라고 말해 주었습니다. 첫 번째 말보다는 두 번째 예언 기도라는 말에 기분은 조금 바뀌었습니다. 이날 이후로 깨달은 바가 있었습니다. "인간이란 이렇게 나약한 존재이구나." 하고 말입니다. 또 한 가지는 이날 이후로 예언 기도라는 것을 믿지 않기로 했고 지금까지 미신적인 것은 하나도 신뢰하지 않습니다. 물론 점쟁이들의 말도 마찬가지입니다. 나는 팔자라는 게 없다고 보는 사람입니다.

사람들은 이렇듯 말에 묶이는 경향이 강합니다. 온라인의 발달로 남이 달아 올린 댓글에 묶이는 때도 있습니다. 가짜 정보가 넘쳐나는데 사람들은 가짜 정보를 경험도 하지 않고 무턱대고 받아들입니다. 오래전에 동문인 한 사람을 만날 일이 있었습니다. 이때 다른 동문이 내가 만나고자 하는 선배 동문에 대해 나쁘게 말을 하는 것이었습니다. 나는 이때 미동도 하지 않고 조언을 하는 동문에게 내 의견을 말해 주었습니다. "내가 직접 만나 경험하겠습니다. 그만 말씀하십시오." 아르바이트 중에 댓글 아르바이트라는 게 있다는 게 신기할 따름입니다. 사람들의 선택할 권리를 혼란케 하는 아주 교활한 직업이 아닐 수 없습니다. 앞서 말했듯이 사람들은 약한 면이 있어서인지 아니면 시간을 줄이려는 마음에서인지 그 댓글에 달린 사실을 아무런 비판적 의식이 없이 수용합니다. 이런 행태들로 인해 건강한 사회가 좀먹게 되는 것입니다.

내 블로그에는 A4 용지 2페이지 분량의 글들이 300개 이상 있습니다. 거의 매일 블로그에 글을 한 편씩 올리니 방문자들이 하루도 빠짐없이 찾아옵니다. 이런 상황이라 그런지는 몰라도 내 블로그에 자신들의 기업의 글을 올릴 수 있도록 해달라고 하는 메시지가 오기도 하고 파워 블로그가 되게 하는 방법을 알려 주겠다고 하는 문자도 옵니다. 자신 기업의 글을 올리겠다는 사람들은 매월 60만 원~100만 원까지의 수익은 보장해 줄 테니 내게 계약을 맺자고 전화가 오기도 합니다. 나는 선의의 피해자가 나올 수 있을까 봐 절대 수용하지 않습니다.

지금은 어느 때보다 직관력이 있어야 합니다. 사물과 사건, 현상을 바로 뚫어 보는 눈이 없으면 모든 것을 다 잃거나 진짜를 보고도 놓칠 수 있습니다. 나는 인터넷에서 귀한 선생님을 몇 분 뵌 적이 있습니다. 이분의 글을 읽으면 진정성이 느껴지곤 합니다. 문제는 학부모들, 구체적으로 말하자면 어머니들은 못 보는 경우가 더 많습니다. 그것을 단정할 수 있는 것은 각 개인의 자녀 교육으로 인한 어려움을 호소하는 글을 올립니다. 좋은 선생님이나 학원을 찾는다는 것이 일반적입니다.

어느 곳에서든 보석은 존재합니다. 보석을 보는 눈을 가진 사람들은 돌 속에서도 보석을 찾아냅니다. 보석을 볼 수 있는 직관력이 없는 이들은 보석을 보여 줘도 구분을 못 합니다. 나는 학부모님들이 직관력을 길러야 한다고 생각합니다. 누구의 말만을 믿고 따르는 사람이 아니라 스스로 찾아 결정하는 힘을 길러야 한다고 생각합니다. 이것은 자녀에게 전수해 주어야 합니다. 미래사회는 거짓 정보들로 넘쳐납니다. 어린 시절에는 뉴스는 모두 사실인 줄만 알고 살았습니다.

지금도 그렇게 믿고 살아가는 사람들이 적지 않습니다. SNS의 발달로 인해 아무런 생각이 없이 남들이 퍼 나르는 정보를 그대로 수용하여 자신의 정신이 황폐해지는 사람들이 눈에 띕니다. 나는 이들은 사건이나 사물을 바로 볼 수 있는 직관력이 없기 때문이라고 생각합니다. 직관력을 키우지 않으면 남들이 디자인한 인생의 쳇바퀴에서 시간을 허비하게 됩니다.

누군가의 조언이나 경험담을 듣는 것도 나쁘지는 않다고 생각하지만 진짜 중요한 것은 자신의 직관을 믿는 것입니다. 현재 성공의 대열에 선 사람들은 남의 말에 귀를 기울이는 팔랑 귀를 가진 자들이 아닙니다. 자신의 직관을 믿고 세상을 만들어 간 사람들입니다. 우리는 故 스티브 잡스에게서 삶의 지혜를 얻으면 유익하리라 생각합니다.

故 스티브 잡스는 생전에 이런 말을 남겼습니다.

"당신의 시간은 제한되어 있습니다. 그러므로 누군가 다른 사람의 삶을 살기 위해 인생을 낭비하지 마십시오. 다른 사람이 생각해서 내린 결론과 함께 살지 마십시오. 당신의 마음과 직관을 따를 만한 용기를 가지십시오. 다른 모든 것은 이차적입니다."

남의 말에 귀를 기울이는 순간 우리 자신의 미래는 없어지게 되는 것입니다. 세상을 볼 수 있는 직관을 키우셔야 합니다. 자녀에게도 세상을 뚫어 볼 수 있는 힘을 키우도록 해야 합니다. 내게 인문학을 컨설팅받는 제자들과 학생들에게 내가 해 줄 수 있는 것은 세상을 뚫어 보는 직관력을 기르게 하는 것입니다. 많은 제자가 나를 거쳐 갔습니다. 이들 중에는 세상을 직접 뚫어 보고 사람을 뚫어 보고 사물을 바로 보는 훈련을 받은 자들로 길러졌습니다.

자녀의 장래가 밝기를 바라신다면 학부모 스스로 직관력을 길러야 합니다. 무엇이 진짜이고 누가 진짜인지 가짜인지를 구별해야 합니다. 이것을 기르는 힘은 직접 경험하는 것과 간접적으로 경험하는 것이 있습니다. 간접 경험은 끊임없는 독서를 통해 지혜를 얻는 방식입니다. 직접 직관력을 키우려면 남의 말에 귀를 기울이는 것에서 벗어나야 합니다. 남들이 추천하는 것을 따르기보다는 스스로 선택하고 경험하는 연습을 자주 하게 되면 무엇이 진짜인지를 보는 눈이 길러집니다.

직관력이 잘 길러진 자가 세상을 주도해 나갈 것입니다. 남들의 말에 팔랑 귀처럼 흔들리는 자는 평생 흔들리게 됩니다. 나중에는 무엇이 진짜인지를 구분을 못 하게 됩니다. 자신의 직관을 믿고 가시기 바랍니다. 그 길이 틀릴 수 있습니다. 한 번의 실패는 그만큼 성공의 기회가 가까워졌다는 신호인 것을 기억해야 합니다. 실패할 것을 두려워한다면 직관력은 길러지지 않습니다. 무엇이든 스스로 경험하는 것이 중요하다는 것을 꼭 기억하시기 바랍니다.

공부가 제일 쉬웠어요

나는 학생들에게 마인드맵을 손쉽게 하는 법을 컨설팅해 주곤 합니다. 컨설팅한 지 4회가 되었을 때였습니다. 시간으로 따지면 1시간 정도 익힌 것입니다. 이 경험을 한 학생이 내게 이렇게 말을 합니다. "공부가 재밌어요." 자녀의 공부 시간이 절대 부족하지 않을까 좌불안석이신 학부모들이 계십니다. 학생들에게는 공부 시간이 없는 게 아니라 쉴 시간이 없는 상황입니다. 어느 학생은 매일 수학에만 6시간씩 문제 풀이만 공부했다고 하고 다른 학생은 하루에 수학 문제만 4시간 풀었다는 말에 말문이 막히곤 합니다. 지금 우리의 학생들에게는 절대적으로 공부 시간이 부족한 것이 아니라 생각할 시간이 부족하다고 보는 견해입니다. 학생의 공부 시간을 확보하려면 쉬는 시간을 주어야 합니다. 쉬는 시간을 통해 지식이 익어 지혜가 되는 과정을 겪도록 해야 합니다. 학생이 공부 시간을 더 확보하려고 한다면 학습을 스스로 하게 하면 가능합니다. 배움이란 100% 자신이 한 것만이 자신의 것이 되기 때문입니다.

공부란 참으로 쉽고 재미있는 게 맞습니다. 나는 수많은 학생의 입에서 "공부가 재밌어요."라는 말을 수없이 들어 왔습니다. 나는 이것을 '알아 가는 즐거움'이라는 표현을 자주 합니다. 사람이 살아가면서 여러 가지 즐거움이 있는데 그중에 하나는 배움의 즐거움입니다. 사람은 궁금한 것을 꼭 해결하려고 하는 면이 있습니다. 이것은 알고자 하는 욕구는 물론이거니와 알아 가고자 하는 즐거움이 있기 때문입니다. 공자께서 말하기를 "學而時習之(학이시습지), 배우고 익히면 즐겁지 아니한가."라고 하셨습니다. 이 선인의 말이 무색해진 이유는 배우고 익히는 법을 알지 못하고 공부에 전념하기에 배우는 것도 익히는 것도 즐겁지 않은 것입니다.

어떤 이들은 내게 이렇게 항변할지 모르는 일입니다. "공부가 쉽고 재미있다니 말이 됩니까?" "누구 약 올립니까?" "우리 집 아이는 공부를 안 해서 골머리를 앓고 있습니다. 말이 되는 소리를 하세요."라고 생각하신다면 지금 그 자녀는 제대로 공부를 하고 있지 않은 게 분명합니다. 원래 공부는 어려운 게 아니었습니다. 공부는 사람으로서 태어나 즐거운 놀이와 같은 것이었습니다. 이 즐거운 놀이를 어렵게 꼬아 놓은 것이 문제가 된 것입니다. 알아 가는 즐거움을 싫어하는 사람들은 없습니다. 귀천도 없거니와 지능의 높고 낮음과도 상관이 없습니다. 사람들은 누구든 다 알고자 하는 욕구가 넘쳐납니다.

공부의 맛을 아는 아이들은 공부를 놀이처럼 합니다. 공부가 놀이가 되는 비결은 스스로 문제점을 발견하고 해결까지 하는 경험이 잦아질 때 공부는 유희가 되는 것입니다. 이런 환희를 겪은 적이 많아질 때 배움을 멈추지 않게 됩니다. 강압적으로 공부를 하는 학생의 경우는 성적은 오를 수 있지만 결국에는 공부를 놓아 버리는 경우가 발생합니다. 학생들은 점수 제조기가 아닙니다. 공부하는 기계도 아닙니다. 부모의 그늘 속에 자신의 주장을 펼치지도 못하고 노예처럼 공부하는 수많은 학생이 많이 있습니다. 이들에게는 공부란 노동입니다. 노동의 신성함을 알고 하는 자와 노동을 하늘의 저주로 알고 하는 자와는 하늘과 땅 차이의 의식구조를 갖고 임하게 되는 것과 비슷할 것입니다.

다수의 학부모는 자녀가 앎의 즐거움에 빠지기를 누구보다 간절히 소망하고 있습니다. 문제는 자신의 아이가 더 잘해야 한다는 마음이 더해져 조바심이 더 일어나는 것에서 문제가 발생합니다. 학부모의 급한 마음은 자녀들에게 불안함을 유발하게 만드는 요인이 됩니다. 뿌리가 불안하면 나무 기둥도 가지도 흔들리게 됩니다. 이런 흔들림 속에는 좋은 열매가 맺힐 수 없습니다. 나무가 튼튼해지려면 뿌리가 깊고 넓게 자리를 잡고 있어야 합니다. 잔바람에 뿌리까지 흔들린다면 그 나무는 큰 나무가 될 수 없습니다. 당연히 열매를 기대할 수 없게 되는 것입니다. 뿌리 깊은 나무는 좋은 열매를 맺습니다. 거센 폭풍우와 바람도 묵묵히 이겨냅니다. 학부모의 역할은 흔들리지 않는 것이어야 합니다. 깊게 뿌리를 내리지 않으면 나무는 자라지 못하고 행복하지도 않게 되어 서서히 병들어 죽어 가게 됩니다.

알아 가는 것에도 기다림이 필요합니다. 지식이 소중하다고 생각하여 마구 밀어 넣는다고 쌓이는 것이 아닙니다. 오히려 새로운 것을 경험하는 즐거움을 알도록 해 주어야 합니다. 새 지식을 습득하고 그 속에서 지혜를 얻는 재미가 있음을 체험하도록 해 주어야 합니다. 누구에게든 학습에 대한 좋은 기억을 많이 남겨 주어야 합니다. 나는 거의 매일 책을 읽는 편에 속합니다. 누가 읽으라고 해서 읽는 게 아닙니다. 나는 매일 글을 쓰려고 노트북에 손을 댑니다. 어떤 이들은 힘든 과정이라고 생각할지 모르겠습니다. 늦은 밤에 책을 잡고 글을 쓰는 즐거움은 누구에게도 빼앗기고 싶지 않은 또 다른 나의 일상이기 때문에 멈춰지지 않게 됩니다. 알아 가는 즐거움 때문입니다.

배움의 맛을 알게 되면 누구든 다 해낼 수 있습니다. 공부한다는 것은 식욕(食慾)만큼이나 강한 식욕(識慾)이 일어나게 하는 것입니다. 인간은 배움을 통해 논리적 사고를 하고 서로 토론을 통해 정신을 살찌우게 할 수 있습니다. 말의 유회를 통해 상대와 정신적인 교감을 나누는 즐거움을 경험하게 됩니다. 이 과정은 자신의 존재감을 경험하게 합니다. 현재 대한민국에서 이런 경우는 극히 드문 모습이 되고 말았습니다. 대한민국의 학생들에게는 이런 지적인 놀이의 기회가 점점 사라지고 있습니다. 물론 토론식 수업을 시도하는 곳도 있습니다. 논리적 사고를 길러내기 위한 교육기관도 있습니다. 이런 곳의 공통점은 늘 긴장감이 흐릅니다. 내가 너보다는 앞서야 한다는 경쟁심리가 깔려 있기 때문입니다. 토론 자체를 즐기는 것이 아니라 상대를 찍어 누르기 위한 핏대를 세우는 혈투를 벌이는 경우가 더 많습니다. 이보다 더 슬픈 현실은 오로지 학습 문제집에 얼굴을 묻고 열심히 문제만 풀어낸다는 것입니다. 배움이라는 것을 통해 자신의 무지를 깨달으며 앎의 기쁨을 성험해야 하는데 오히려 상대를 업신여기는 도구로 활용하는 예도 적지 않습니다. 이런 불순한 의도로 공부를 하게 되면 정신이 탁해지고 마음이 경화되고 맙니다. 결국에는 학습을 통해 지적인 순환이 일어나지 않게 됩니다.

대한민국의 대학생들은 지적인 향유를 즐기기며 생각을 키우고 있을까요? 지금 대학이라는 문화는 오직 취업을 위한 각축장이 되고 말았습니다. 철학적이며 인문학적인 사유를 하는 대화가 사라진 지는 오래되었습니다. 오히려 이런 것을 논하는 것은 학교에서 외면을 당할 수 있게 됩니다. 이렇게 된 것은 배움의 신비를 경험하지 못한 결과물입니다. 배움에 희열에 빠진 것이 아니라 고등학교 시절까지 공부한 모든 것을 다 잊고자 하는 일종의 일탈로만 비칩니다. 우리의 학생들은 공부가 재미있다는 것을 경험한 것이 아닙니다. 오히려 지긋지긋한 공부를 이제 안 해도 된다는 잘못된 경험에 빠져 자신의 미래를 대비하지 않은 쪽으로 흘러가고 있습니다.

고등학교를 졸업하고 대학교를 졸업하고 성인이 되면 어른들이 가끔 던지는 말들이 있습니다. "세상에서 공부가 제일 쉽다. 공부는 하기면 하면 되잖아."라고 말입니다. 사회라는 곳으로 진입을 하게 되면 공부가 얼마나 재미있고 소중한지를 새삼 깨닫게 되지만 그때에는 공부하려는 환경이 만들어지지 않아 더 멀어지게 되는 것입니다. 지금 자녀들에게 꼭 전수해 주어야 할 것은 성적을 올리도록 밀어붙이는 것이 아니라 공부가 얼마나 재미있는지 경험하게 해 주는 것입니다. 이것은 학부모로서 꼭 놓치지 않고 해 주어야 합니다. 자녀를 사랑하는 모든 학부모의 사명으로 생각해야 합니다. 자녀의 미래를 생각한다면 말입니다.

6장

공부, 미래를
향해 가는 길

버스는 계속 옵니다

기회가 지나가면 다시 올까요? 오지 않을까요? 기회는 언제나 다시 옵니다. 사람이 살아가면서 몇 번의 기회가 올까요? 나는 기회는 무한대로 온다는 것을 새삼 깨달았습니다. "무한대로 기회가 온다고요? 일반적으로 3번이라고 하는 말은 들었어도 무한대는 처음 듣는데요?"라고 생각하십니까? 나는 무한대라는 것을 경험하고 있습니다. 내 생각과 삶이 교과서는 아니지만 내 경우에 비밀을 알았습니다. 기회를 버스로 비유하자면 버스는 끊임없이 오지만 버스에 승차할 비용이 없다는 것입니다. 기회도 마찬가지라고 생각합니다. 끊임없이 오는 버스를 탈 승차권이 없으면 기회는 놓치게 되는 것입니다. 사람들은 버스가 언제 오는지에만 관심이 있는 듯합니다. 이로 인해 기회라는 버스가 왔을 때를 대비하여 승차할 기회비용을 준비하지 않는 듯합니다. 기회를 엿보는 자보다 더 중요한 것은 기회를 살 수 있는 승차권을 준비하는 것이 더 현명한 방법입니다.

내가 보는 시각에서 분명한 것은 인생의 여정에서 모든 사람에게 3

번의 기회만 주어지지 않는다는 것입니다. 정보가 권력인 시대에는 더욱 그랬습니다. 지금은 정보 시대를 지나고 있습니다. 농업시대와 기술 시대를 넘어선 지 한참 되었습니다. 기술과 정보 시대가 공존하는 대한민국에서 또 다른 시대를 습득하라고 현대인들의 마음을 흔들어 놓고 있습니다. 지금 정보 시대도 적용하기 어려운데 또 다른 시대를 준비해야 하는 지금을 살아가는 현대인들에게는 위기일 수 있고 기회 변화가 많이 생겼다고 볼 수 있습니다. 이 새 시대에는 어떤 부류의 사람들이 기회의 버스를 타게 될까요?

나는 지식을 넘어 지혜를 얻은 사람들이 세상의 새로운 성공이나 부를 창출하는 부류에 들어서게 되리라 생각합니다. 많이 쏟아지는 정보들로 인해 어떤 세상이 오리라는 것은 어느 정도 예측을 하고 있을 것입니다. 모든 예측이 맞지는 않겠지만 큰 줄기의 예측은 맞아 들어가고 있습니다. 과학기술의 발전으로 인해 사람들은 점점 편리한 삶을 누리고 있습니다. 이 편리함이 두뇌에까지 미치고 있습니다. 몸이 편해지면 비대해집니다. 정신이 놀면 두뇌가 텅텅 비워지게 됩니다.

현재까지의 수많은 성공하는 자들의 삶을 보면 기본적으로 독서광이었다는 것은 이구동성 말합니다. 그럼 모든 독서가가 일반적으로 말하는 성공의 삶을 살고 있을까요? 통계적으로 볼 때 성공한 사람들의 공통적인 특징은 독서광이었다는 것은 부인할 수 없는 사실입니다. 이런 말을 들은 학부모 중에는 "그럼 답은 나왔네요. 우리 자녀들에게도 독서를 시켜야겠네요."라는 답변에 나도 놀라 "독서를 시킨다고요?"라는 말이 나오고 말았습니다. 독서력은 시킨다고 해서 되지 않습니다.

독서가 아닌 다른 공부도 시키는 지시 행위인 강요로 시작하게 되면 놀이가 아닌 노동이 된 것입니다.

"공부가 놀이라고요?" 딴죽을 거는 사람들이 있을 것을 생각해 말을 하자면 공부는 놀이처럼 보이지는 않는 게 현실입니다. 알아 가는 즐거움을 경험하면 공부는 놀이 수준까지는 아니어도 노동은 아니라는 것은 알게 된다고 보는 견해입니다. 대개 학부모들의 공부 범위는 국, 영, 수, 사, 과까지 아닐까 생각합니다. 여기에서 독서는 제외된 것이 틀리지 않을 것입니다. 초등학교 시절까지 꾸준히 책을 읽으라고 장려하고 책을 사 주고 읽어 주고 했던 학부모들이 중, 고등학생이 되면 자녀에게 이젠 공부해야지 하면서 대부분은 독서를 빼 버립니다. 책을 즐겨 보는 학생으로서는 황당할 수 있고 책에 관심이 없는 학생들에게는 미동도 없을 것입니다.

기회비용은 무엇으로 가능할까요? 누가 계속 오는 버스를 탈 수 있을까요? 버스 요금이 준비된 사람만이 탈 수 있습니다. 버스는 누구든 다 탈 수 있습니다. 단, 버스의 종류가 다르다는 것은 분명합니다. 고급 버스를 타는 사람들은 그에 걸맞은 요금을 준비한 사람들일 것입니다. 그럼 이들은 이 비용을 얻기 위해 피나는 노력을 했으니까 가능하다고 보십니까? 일정 부분은 맞지만 다 맞는 말은 아닙니다. 고급 버스에 승차하는 사람들의 라인은 따로 있기 때문입니다.

항공사에서 부를 가진 자들을 위한 VIP 로비는 따로 있습니다. 그곳은 각종 서비스를 누릴 수 있는 것들이 갖춰지어 있습니다. 백화점에 가면 VIP룸이 따로 있습니다. 일반인들은 상상하지도 못할 서비스를

VIP 고객은 환대를 받습니다. 은행도 마찬가지입니다. 은행 기준에 맞는 VIP 고객은 로비에서 번호표 뽑고 기다릴 필요가 없습니다. VIP 고객 상담실로 안내를 받게 됩니다. 교육도 마찬가지입니다. 부를 누르는 자녀들은 시작점이 다른 교육을 받는다는 것입니다. 출발선이 다른 수준이 아닙니다. 공교육의 틀에서 뛰는 학생들은 같은 라인에서 누가 잘할까를 생각하면서 뜁니다. 부자들의 자녀들은 완전히 다른 라인에서 뜁니다. 부자들이 부유함을 계속 대물림한 방식은 교육에 있습니다.

그럼 이들은 태어날 때부터 다른 인생이 주어졌을까요? 그런 이들도 있겠지만 그렇지 않은 예도 있습니다. 미국의 적지 않은 부자들은 자수성가한 이들이 많다고 합니다. 기회의 땅이라는 말이 통하는 곳인가 하는 생각이 듭니다. 버스는 타는 것만이 중요한 것이 아닙니다. 버스를 타기 위해 준비해야 합니다. 모두 그럴 것입니다. 준비하기 위해 꾸준히 교육도 하고 있습니다. 하지만 라인이 다르다는 것은 기억하셔야 합니다. 남들과 같은 라인에서 뛰어 봐야 도토리 키 재기 꼴밖에 안 됩니다. 고급 버스를 타려면 남들이 준비하는 승차권을 구매해서는 절대 고급 버스라는 기회가 왔을 때 탈 수 없습니다.

고급 버스를 타려면 그에 걸맞은 공부를 해야 합니다. 현재, 공교육에서 피 터지게 등급 전쟁을 하고 있을 때 진짜 부자들은 기회를 얻기 위해 진짜 공부 또는 다른 공부를 자녀에게 시킵니다. 일반적인 학부모들의 눈에는 영어, 수학 등급을 높이는 것이 급선무인 것처럼 보입니다. 영어만 잘하면 미래가 풀릴 것으로 생각하는 학부모들이 있습니다. 100% 맞는 말은 아닙니다. 이유는 영어를 잘하는 미국에서 태어나

자란 이들 중에도 노숙자들이 있으니 말입니다.

영어가 도움을 주는 것은 사실입니다. 영어라는 버스표를 하나 샀다고 해서 고급 버스에 승차할 수 있는 것은 아니라는 것입니다. 고급 버스를 타려면 영어라는 도구를 통해 질이 다른 공부를 해야 합니다. 영어를 잘 구사한다는 것은 더 좋은 승차권을 사들일 기회의 폭이 넓어지는 것은 맞습니다. 그렇다고 영어 자체가 더 좋은 승차권은 아니라는 것은 기억해야 합니다.

수학을 대학 입시용으로 생각하는 이들이 적잖이 많은 듯합니다. 수학을 대학 입시용으로만 생각하는 우스운 교육을 보면 무엇이라 말을 해야 할지 모르겠습니다. 영어이든 수학이든 분명 고급 버스를 탈 기회의 표로 활용하면 좋겠습니다. 영어나 수학을 통해 잘 활용할 수 있도록 눈을 가져야 할 때라고 생각합니다. 영어를 통해 좋은 기업에 들어가는 것이 성공이라 생각하지 않기를 바랍니다. 내 주변에는 우리나라를 넘어 세계에서도 알아주는 S 기업에 다니는 중년의 아빠는 언제 명예퇴직을 당할지 몰라 마음 졸이며 회사에 다니고 있습니다.

영원히 명예퇴직을 당하지 않는 버스를 타야 합니다. 자신의 인생을 타인의 클릭으로 위치 이동이 되지 않도록 해야 합니다. 이런 버스표를 구매해야 합니다. 그 표는 공부하는 것입니다. 그 공부는 생각하는 공부이어야 합니다. 성적만을 올리는 공부는 나와 다른 사람 간의 경쟁 구도에서 벗어나지 못하게 되는 것입니다. 누구와도 경쟁하지 않는 공부를 해야 합니다. 나만의 길을 가는 공부를 할 수 있도록 자녀에게 전수해 주어야 합니다. 그 공부는 깊게 생각할 수 있도록 도와주는 것입니다. 지식은 넣어 줄 수 있어도 생각은 주입하기 쉽지 않습니다. 생각은 개인의 내면에서 일어나도록 도와야 합니다. 기회 버스는 계속 옵니다. 자녀가 스스로 생각하도록 하는 힘을 길러 주길 원하는 학부모라면 일차적으로 성공은 하신 것입니다.

우리 아이가 왜 이럴까요?

"우리 아이가 왜 이럴까요?"라는 질문 앞에 먼저 해야 할 물음이 있습니다. "내가 왜 이럴까요?" 학부모들은 자녀의 마음에 문제가 생기면 현상만을 바라보고 그 문제를 해결하려고 합니다. 어떤 것이든 현상이 일어난 원인을 파악해야 합니다. 원인 없는 증상은 없습니다. 이런 경우를 종종 보게 됩니다. 군대에 입대하기 전에는 아무런 문제가 없었던 아들이 군대에 가서 정신질환에 걸렸다고 말을 합니다. 어느 병이 든 순간 걸리지는 않습니다. 면역체계가 서서히 무너진 후에 병균이 침투해 들어와 걸리기도 합니다. 암에 걸린 분들도 순간 암에 걸리는 것이 아닙니다. 우리의 식습관과 언어 습관, 스트레스 관리를 어떻게 했느냐 또는 운동과 사회적 환경과 자연적 환경에서도 영향을 받습니다.

아이가 무기력에 빠져 있는 경우는 아이에게서 문제를 찾을 것이 아니라 최우선은 가정을 돌아봐야 합니다. 자녀가 까칠하다면 자녀의 성격적 결함보다는 그 자녀를 양육하는 부모를 봐야 하는 게 맞으리라 생각합니다. 자녀가 공부를 못하는 것도 속상한데 아예 아무것도 하지 않으려고 한다면 그 원인은 학원이나 학교에서 문제점이 있는 것이 아니라 아이의 내면에 문제가 있는지 없는지를 먼저 점검해 봐야 합니다. TV 프로그램에 '공부가 뭐길래'라는 것이 방영됩니다. 한 유명 방송인이 자녀를 잘 키워 어렸을 때는 제법 공부를 잘했다고 합니다. 학년이 올라가면서 진짜 공부를 해야 할 시기에 공부를 놓아 버렸다고 하는 유명 방송인 부부가 속상해하는 이야기를 봤습니다.

아이가 공부를 안 한다고 빠르게 심리적 문제인지를 인식하고 심리 상담소나 정신과에 의뢰하시는 학부모들이 있습니다. 개인적인 소견은 아이의 심리만 상담받기보다는 부모가 상담심리를 받으라고 권해 드리고 싶습니다. 부모 상담은 꼭 부모의 양가 부모에게서 영향을 받았던 것을 전제로 받아야 합니다. 문제의 원인은 바로 눈앞에 보이는 현상만이 실체가 아니기 때문입니다. 진정한 문제는 대물림에서 오기 때문입니다. 근원적인 문제를 해결해야 자녀가 심리적 안정을 하게 되어 공부하는 것도 자신감을 느끼고 무엇을 시도하든 행복하게 살아가는 자양분을 얻게 됩니다. "우리 아이 왜 그럴까요?"의 질문을 하는 학부모가 계신다면 이 질문이 선행되어야 합니다. "내가 왜 이럴까요?"

부모로서 자녀에게 교육을 강요한다면 다시 물어봐야 합니다. "내가 왜 이러지?" 혹은 아빠께서 자녀를 교육이라는 주제로 다그친다면 "남편이 왜 저럴까?"를 생각해 봐야 합니다. 문제아는 없고 문제 가정만 있다고 합니다. "한 아이를 키우려면 한 마을이 필요하다." 아프리카 속담은 워낙 유명하니 다 알고 계실 것입니다. 한 아이가 자라 성인이 되어 사회적 구성원이 되는 것에는 단순하게 먹이고 입히고 교육이라는 명분에 따라 지식을 주입한다고 되는 것이 아닙니다. 사람은 지식과 지혜를 다 포함된 교육을 받아야 제대로 된 인격체로 형성이 될 수 있습니다.

자녀가 남들보다 더 나은 점수를 받은 아이가 되는 것도 좋겠지만 남들만큼은 못한 점수를 받아도 자녀가 남들을 배려할 줄 알고 섬김을 잘한다면 그 아이의 강점을 살리는 더 빠른 길이라고 생각합니다. 나는 근본적인 질문을 하고 싶습니다. "우리 아이 왜 이럴까요?"도 아니고 "내가 왜 이럴까요?"도 아닌 "우리 사회 왜 이럴까요?" "누구를 위해 무엇을 위해 경쟁에서 살아남아야 할까요?" "태어날 때부터 아이에게 등급을 조장하는 이 사회에서 아이들은 몇 명이나 살아남을까요?"라고 물어야 한다고 생각합니다. 어느 부모도 자신의 자녀를 소중하게 여기지 않는 분은 없을 것입니다. 모두 자신의 자녀를 소중하게 여겨 교육이라는 것을 시키고 있는 것은 분명합니다. 문제는 이 교육이 자녀의 마음에 심한 내상을 입게 할 수 있다는 것입니다.

나는 제대로 된 교육은 마음이 풍성한 사랑으로 채워져야 가능하다고 생각합니다. 나는 내가 만나는 학생들에게 제일 먼저 해 주는 것은 힘을 부여하는 것입니다. 이 과정은 영어로 인해 내상을 입은 학생들에게 "걱정하지 말고 나를 신뢰하고 따라오라."라고 말해 줍니다. 내가 만난 학생 중에 이런 아이가 있었습니다. 얼마나 공부에 눌려 살았는지 자존감은 바닥에 있었습니다. 웃음기는 하나도 없는 얼굴로 나를 바라보고 있는 그 학생에게 영어의 기초 부분부터 다시 시작해야 함을 알려 주고 진행을 했습니다. 그런데 이해력이 떨어지는 듯했습니다. 나는 내심 불안함이 몰려왔습니다.

나는 순간 "앗 이런 일이? 이 상황을 어떻게 하지?" 하는 생각이 스며들었습니다. 학생은 아주 조금씩 기초 과정을 풀어내었습니다. 작은 것 하나씩 풀어낼 때마다 나는 학생 앞에서 "거봐 잘했네!" "그래 바로 그거야!" 하면서 소리를 쳤습니다. 학생은 내 행동에 아랑곳하지 않고 묵묵히 자신이 할 것만 해내고 있었습니다. 나는 학생에게 물었습니다. "어렵니?" 학생은 뜻밖의 답변을 했습니다. "예." 나는 '어떻게 할까? 조금 더 가 보자.' 하는 마음으로 며칠 기다려 보기로 했습니다.

이 학생과 두 번째 만남이 시작되었습니다. 나는 수학은 어떻게 잘 이해되냐고 물었습니다. "첫 번째 공부할 때는 무슨 소리인지 이해가 안 되었습니다." 나는 다시 마음을 졸였습니다. 학생은 "두 번째 공부하는데 무슨 말을 하는지 조금 이해가 되었어요." 안도의 한숨이 나왔습니다. 그렇게 영어도 다시 진행했습니다. "조금 어때?"라고 묻자 학생은 힘없는 목소리로 "조금 돼요."라고 답을 주었습니다. 1시간이 흘렀고 조금 깊이가 있는 원리를 알려 주었습니다.

처음과는 다르게 쓱쓱 풀어내는 것이었습니다. 나는 다시 "잘하네." 하고 큰소리로 칭찬을 해 주었습니다. "틀려도 상관없어."라는 말도 계속해서 해 주었습니다. 시간이 지나니 점점 겁을 내지 않고 풀어내는 것을 보며 "많이 힘들었겠구나." 하는 내 마음의 소리가 들려왔습니다. 나는 공부라는 것을 연결고리 삼아 학생에게 용기를 심어 주며 "넌 소중한 사람이야. 그것을 기억해야 해."라고 말해 주었습니다. "넌 성적보다 더 가치가 있는 사람이야."라고 말해 주었습니다. 지금 자녀가 풀이 죽어 있다면 "우리 아이가 왜 그럴까?"라고 생각하시기보다 "내가 아이를 어떻게 대했을까?"를 생각해 보시면 답이 더 빨리 나올 것입니다. 지금 자녀에게는 마음을 보듬어 안아 줄 누군가가 필요한 것입니다. 마음은 한 번 깨지고 상하면 회복이 어렵습니다.

세상의 모든 아이는 내적으로 강한 힘이 있으면 외부의 어떤 위기와 어려움도 이겨 낼 수 있습니다. 그 시작은 공부의 성적으로 평가되는 것은 아닙니다. 자녀를 한우의 등급처럼 취급하게 되면 학부모가 원하시는 것과는 전혀 다른 이상한 괴생물체가 만들어집니다. 이 괴생물체는 성격장애로 나타날 수 있습니다. 남에 대한 배려를 전혀 하지 않는 사람으로 길러질 수 있습니다. 자녀가 사회에서 건강한 일원이 되게 하고 싶다면 학부모가 먼저 건강한 사람으로 마음의 치유를 받아야 합니다. 건강한 가정에서 마음이 튼튼한 자녀가 길러지는 것입니다.

영어를 못 하는 분명한 이유

'뛰려고 들기 전에 걸음마부터 배우라.'는 말을 로버트 기요사키가 자신의 책에 인용했습니다. 나는 이 말을 전적으로 동의합니다. 누구도 이 말에 이의를 제기할 사람은 없을 것입니다. 당연하고 이치에 맞았기 때문입니다. 아이가 걸음마를 걷기 위해 선행되는 과정이 있습니다. 이 과정을 건너뛰거나 제대로 하지 않는 아기들은 대체로 신체적 지능적 장애가 발생하게 됩니다. 이렇게 나타난 장애는 나이가 들어가면 해결될 줄 생각합니다. 어른들은 말합니다. "괜찮아. 조금 늦는 것뿐이야. 다 그렇게 크는 거야." 이 말에 안심은 되는 듯하지만 그래도 무언가 아쉬움이 남습니다.

시간은 약이 아닙니다. 나이가 들어가며 해결될 문제로만 보게 되면 훗날 억장이 무너지는 것을 매일 경험해야 합니다. 아기의 발달을 도울 시기를 놓쳐 장애인으로 살아가는 아이들이 넘쳐납니다. 이들 부모의 아픔은 자녀가 기초가 전혀 안 된 상태인데 "괜찮아 다 그렇게 크는 거야."라는 말을 믿고 방치한 결과에 따른 것도 있을 것입니다. 장애 아이가 태어나면 평생 장애아로 살아갈 것이라고 사람들은 굳게 믿는 성향이 있습니다.

다른 길은 있을 것이라는 생각은 아예 하지 않습니다. 분명 길이 있음에도 불구하고 그 길은 없을 것이라고 확신을 하는 듯합니다. 나는 장애 아이를 길러내는 학부모들을 생각하며 어떻게 하면 장애 아이들이 정상 범주에 들어올 수 있을까? 하는 고민을 하며 추적 조사를 하여 그 길이 있음을 찾아내었습니다. 나는 한 어머니와 이야기를 나누었습니다. 이 어머니는 유아교육 전공을 하셨고 유치원을 오랫동안 운영하신 경험이 있으신 어머니였습니다. 유아교육 전공자의 어머니에게 장애 유아 교육에 대한 비전을 나누었습니다. 내가 이런 나눔을 갖는 이유는 나의 바람이기 때문입니다. 내 삶의 모토는 '당신이 행복해지는 것입니다.' 이것은 내 삶의 모토가 된 지 오래입니다. 나는 나를 만나는 학생이나 학부모가 행복해질 수 있다면 하는 마음으로 살아갑니다.

내가 만나는 학생들이 행복하면 나는 더 바랄 게 없을 정도로 기분이 좋습니다. 현실은 그렇지 않습니다. 대한민국의 학생들이 영어로 인해 수학으로 행복해하지 않습니다. 이를 포괄적으로 묶어 공부라는 것으로 행복해하지 않습니다. 공부는 지겨운 것도 재미없는 것도 아닙니다. 공부는 재미있는 것입니다. 학생들은 글을 쓰는 것도 노동으로 생각합니다. 글을 쓴다는 것은 놀이입니다. 밥 먹고 글만 쓰라고 하면 평생 글만 쓰고 싶습니다. 재미있기 때문입니다. 이런 재미를 근간의 미국 유학을 준비 중인 학생에게 알려 주었습니다. 이 말은 글쓰기가 얼마나 맛이 있는지를 깨닫게 한 것입니다. 한 중학생에게도 글쓰기는 쉽다는 것을 전해 주었습니다. 그 학생도 장문의 글을 줄줄 써나갑니다. 이것이 가능한 것은 학생 스스로가 가치가 있음을 깨닫게 되는 순간 가능해지는 것입니다.

이를 통해 나를 만나면 글쓰기 기술을 배울 수 있겠구나 하는 오해를 하시면 안 됩니다. 내 글의 전체적인 핵심은 누구도 가르침을 주지 않는다는 것입니다. 나를 만나는 학생들은 나를 만나면서 스스로 하는 것이 무엇인지를 경험하게 되고 실력이 향상되는 것을 깨닫게 되며 자신 안에 엄청난 내공이 있다는 것을 알게 됩니다. "그럼 기술만 익히면 되는가요?" 하고 쉽게 떠나는 학생들이 있습니다. 그 학생들은 더 이상의 발전이 아닌 퇴보한 이야기를 많이 들었습니다. 일정 수준에 이르기 전까지는 학생이 함께하는 것이 학생에게 유익합니다.

다시 돌아가 말을 이어 하자면 학생들이 공부라는 것을 지겨워하는 이유는 분명합니다. 마치 장애를 갖고 태어난 아기가 제 시기에 할 것을 바르게 경험하지 못했기 때문입니다. 어떤 분들은 이렇게 말을 합니다. "말도 안 되는 소리를 하네요. 남들은 다 하는데 못하는 아이들이 문제가 있는 게 아닐까요?" 일정 부분은 맞는다고 생각합니다. 전혀 부정하는 것은 아닙니다. 이들은 소수에 불과합니다. 소수의 문제를 보편적인 것으로 평가하게 되면 학생들은 공부라는 것이 지옥에 들어가는 것처럼 생각하게 됩니다. 배움이라는 것이 먹기 싫은 음식을 먹어야 하는 것처럼 느껴지는 것입니다.

학생들이 영어를 못 하는 이유를 찾아야 합니다. 학생들은 100%의 기초가 안 잡혀 고전을 면치 못하고 있는 것입니다. 이 문제를 해결하지 못해 대한민국의 사교육 시장에서는 한 해에 20조 원이라는 어마어마한 교육비가 해마다 지출되는 것입니다. 이것은 영어를 어설프게 잘하는 자녀를 둔 어머니들의 처지에서도 답답함을 호소하기도 합니다. "영어를 잘하기는 하는 것 같은데 무엇인가 부족합니다." "우리 아이는 영어책을 읽기는 읽는데 어떤 부분은 못 읽습니다." "우리 아이는 원서 읽기는 되는데 문법이 약합니다." "우리 아이는 영어 단어 암기가 약합니다." 영어에 대한 다양한 문제를 안고 있는 학부모들의 이야기를 들으면 안쓰럽기만 합니다.

그럼 어떤 사람들은 "그럼 선생님을 만나면 다 된다는 소리인가요?" 나는 아니라고 말을 하고 싶습니다. 심리적인 장애가 생긴 학생을 만난 적이 있었습니다. 이 초등학생 아이는 영어의 기초과정을 떼는데 한두 개의 단어를 풀어내고는 책상 밑으로 들어가 소리를 질렀습니다. 마구 소리를 지릅니다. 달래도 소용이 없었습니다. 나는 기겁을 했습니다. 이런 경우는 처음이었기 때문입니다. 어떻게 도와야 할지를 몰랐습니다. 한 시간을 그렇게 단어 3~4개를 공부하고는 책상 밑에 들어가 소리를 지르는 게 일상이었습니다. 이 학생의 누나는 곧잘 공부를 잘했습니다. 하지만 동생의 이상 행동을 달래야 하는 문제로 제대로 하지 못했습니다. 그렇게 두 달이 흘렀습니다. 학생의 어머니는 대전으로 이사를 해야 할 상황이 되어 이제는 못 하게 되었다고 하시면서 "다 될 것처럼 말했잖습니까?" 나는 "자초지종을 계속 말씀드렸잖아요."라고 말을 해도 막무가내였습니다. 이때 꽤 진땀을 뺐습니다.

학생의 어머니께서 아이의 상황을 말해 주었다면 나는 받지 않았을 것입니다. 하려고 하는 학생들만 된다고 했는데 그 말은 듣지 않은 듯합니다. 나는 아이큐 70대인 학생들을 3명이나 만났고 지능이 낮아 보이는 중학생도 받아 컨설팅 해봤습니다. 쉽냐고요? 정말 어렵습니다. 심장이 타들어 가는 날도 있었습니다. 말로 표현하는 학생은 그런대로 할 만합니다. 소통되지 않는 경우는 어렵습니다. 말을 하지 않는 학생은 도저히 어떻게 도와야 할지 모르겠습니다. 나는 순진한 마음에 누구나 다 받았습니다. 특히 영어 실력이 바닥인 경우도 받아 도우려고 했습니다. 이유는 못 하는 근본적인 원인을 알기 때문입니다.

마치 유아가 발육할 시기에 성장 과정에서 꼭 거쳐야 할 것을 놓치면 다음 단계에서 문제가 발생하여 평생 장애를 안고 살아가는 것을 아는 것과 같이 학생들이 영어를 기초부터 차근차근 밟아 가지 못하게 되면 어느 순간 영어가 막히는 것을 보게 됩니다. 자신의 실력의 한계에 부딪히게 됩니다. 나는 그 학생이 아무리 외국에서 살다가 왔든 IBT 성적이 110점을 맞든 관심이 없습니다. 내가 세운 틀에 넣고 시험을 쳐 봅니다. 그러면 대다수가 다 걸려 들어오는 게 신기한 것이 아니라 당연한 것으로 여겨집니다.

기초를 잡은 후에는 그다음 과정으로 넘어가 문제점을 진단해 들어갑니다. 실력이 어느 정도 있는 학생들은 그간 배웠던 영어 공부 과정을 다 버리고 가는 것이 아닙니다. 틈새만 잡아 주면 되기에 실력 향상은 순간 올라가는 예도 있습니다. 어느 초등학생은 중학교 수준에 머물러 있었지만 몇 달 되지 않아 수능 영어단어를 공부하고 있고 영어 원서는 원래 읽었던 부분을 더욱더 수월하게 읽기도 합니다. 더 나아가 수능 영어 독해에 진입했습니다. 실력이 된다면 초등학생도 순간 고등학교 영어이든 그 이상의 단계도 갈 수 있습니다. 영어는 언어이기 때문입니다. 나는 영어가 덜컹거리는 소리를 내는 학생들이 있으면 아이가 접하지 않았던 단어장이나 영어책을 주고 읽어 보라고 권하면 문제가 보일 것이라고 통화하는 어머니들에게 말씀드리기도 합니다.

내 말을 우습게 여기는 분들도 있고 깊이 있게 생각하여 받아들이는 분들도 있습니다. 대다수는 가볍게 받아들이는 것을 보고 있습니다. 공부는 거창하게 할 필요도 없고 화려할 것도 없습니다. 단순하다고 보면 딱 맞습니다. 공부는 거품을 제거한 후 보면 현실이 보이게 됩니다. 강서고등학교에 다니는 학생이 내게 왔습니다. 모의고사 영어는 4등급이었고 학교의 내신 등급은 더 낮았습니다. 독해는 더듬더듬하듯 했습니다. 영어 읽는 것은 거의 모든 학생과 다를 바가 없었습니다. 영어 단어 암기를 어려워했습니다. 나는 학생에게 물었습니다. "하고자 하는 의지는 있니?" 나는 학생의 어머니에게 말했습니다. "자녀는 어느 정도 하는 것 같지만 기초가 전혀 안 되어 있는 경우가 많습니다. 이 부분만 매어 주면 쉽게 잘할 것입니다." 역시였습니다. 기초를 잡는데 2시간을 소요했습니다.

그 후로는 조금 신경전이 있었습니다. 이 신경전은 학생들과 간간이 겪는 것입니다. 내가 가르치지 않으니 학생들은 믿고 따르지 않으려는 신경전입니다. 나는 "믿고 따르라! 분명 알고 경험하는 게 있을 것이다."라는 말을 해 주었습니다. 학생은 내 말을 신뢰한 후로는 엄청난 속도로 단어 양이 늘어났고 독해는 술술 풀리는 자신을 스스로 보고 있습니다. 나는 단순한 한 마디의 질문을 했습니다. "선생님 만나기 전과 후 달라진 점은 무엇이니?" 학생은 "영어단어 암기가 쉬워졌어요. 독해가 술술 돼요." 나는 학생에게 이번 모의고사 때에 한 번 너 자신의 실력을 시험해 보라고 했습니다. 두 달간 컨설팅한 후 이 학생의 영어 등급은 모의고사에서 2등급으로 올랐고 학교의 내신 등급도 3등급으로 올랐다고 했습니다. 장애 아이로 태어나 장애인의 딱지를 달고 살아가는 것도 영어가 안 되는 것의 시작도 기초를 놓쳤기 때문입니다. 공부를 꾸준히 해도 실력이 늘지 않는다면 기초부터 다시 되짚어 보면 실마리가 잡힐 것입니다.

공부, 양보다 질이 먼저입니다

  학생들이 공부하느라 모든 에너지를 다 쏟는 곳이 대한민국이 아닐까 싶습니다. 좋아서 하는 공부는 문제가 되지 않습니다. 하지만 강요 때문에 하는 공부는 화(禍)를 부르게 됩니다. 강요에 의한 것인지 아닌지는 자녀와 부모 간에 이야기를 나누어서는 알 수 없습니다. 자녀는 자기 생각을 마음껏 표현하는 가정에서 자라기보다는 자기 생각을 숨기며 자라는 경우가 적지 않기 때문입니다. 가정이 억압된 상태로 계속 유지되는 가정을 전문적으로 '역기능 가정'이라고 할 수 있습니다. 가정은 무엇이든 용납되어야 합니다. 잘못했을 때도 체벌보다는 그 이유를 먼저 들어 봐야 합니다. 이유를 묻는 것은 피할 기회를 주고자 함입니다.

  한 가지, 예를 들어 드리겠습니다. 자녀가 부엌에서 일을 보다 어머니가 소중하게 아끼는 그릇이나 컵을 깨뜨렸다고 과정을 했을 때 두 가지의 반응이 나올 수 있습니다. 그릇보다 자녀의 마음을 먼저 생각하는 어머니는 "괜찮아? 안 다쳤어? 놀랬지?" 자녀보다는 그릇에 마음이 있는 어머니는 이렇게 말할지도 모르는 일입니다. "야~ 내가 조심하라고 했지? 너는 어찌 하는 짓마다 그 모양이니? 저리 비켜. 아휴 내가 못 살아 진짜." "야~ 내가 너 그럴 줄 알았다. 알았어. 이게 얼마짜리인 줄 알아." 이런 경우는 요즘은 없겠지요? 두 번째 어머니와 같은 표현을 들은 자녀는 자신을 그릇만도 못한 인간으로 생각할 수 있습니다.

나는 교회 학생들과 송년 모임을 한 적이 있습니다. 그날은 한 해를 마무리 짓는 날이어서 학생들이 송년의 밤을 갖자고 제안을 하여 담임 목사님과 학부모들에게 허락을 받아 학생 회원들이 교회의 교육관에 모였습니다. 모임이 시작되기 전에 큰 사고가 났습니다. 교회에서 소중하게 여기는 액자가 바닥에 떨어져 유리가 산산조각이 난 것입니다. 나는 당시에 밖에서 일하다 그 이야기를 전해 들었습니다. 한 학생이 허겁지겁 내게 달려와 "큰일 났습니다. 오늘 모임 끝났습니다. 우리는 이제 다 죽었습니다." 나는 학생을 진정시킨 후에 자초지종을 묻고 사건의 현장으로 달려갔습니다. 한 학생이 굳은 자세로 서서 있었고 다른 학생들은 그 학생을 향해 수군거리고 있었습니다. 벽에 걸려 있던 액자가 바닥에 떨어져 유리가 산산조각이 난 것이었습니다. 액자를 깨뜨린 학생은 얼굴이 하얗게 질려 있었습니다. 나는 이때가 중요하다는 것을 알고 있었습니다. 나는 문제를 일으킨 학생 앞에 다가가 "안 다쳤니? 괜찮아. 유리가 몸이 상할 수 있으니 우선 모두 비켜라."라고 그 학생과 다른 학생들에게 침착하라고 지시를 했습니다. 이렇게 말한 후 주변의 학생들에게 깨진 유리를 치울 수 있는 도구를 가져와 달라고 한 후 하나씩 일을 처리하였습니다.

문제는 그 후였습니다. 밤새워 놀이할 생각을 품고 있던 학생들은 모두 풀이 죽어 있었습니다. 나는 이 상황을 어떻게든 해결해야 했기에 곰곰이 생각하며 학생들에게 힘이 될 수 있는 게 무엇인지를 생각했습니다. 이때 발견한 것은 액자 속의 사진은 전혀 손상을 입지 않았습니다. 유리만 파손되었을 뿐 모든 것은 온전했습니다. 나는 학생들에게 말했습니다. "내일 담임 목사님께 내가 나중에 이야기할 테니 일단은 놀아라. 유리는 내일 아침에 내가 갈아 놓으면 되니 너희들은 신경 쓰지 말고 놀아라." 학생들은 이내 얼굴이 밝아졌습니다. 학생들의 마음을 진정시킨 결과 모든 일정은 잘 마무리되었습니다. 다음 날 나는 문제를 일으킨 학생과 함께 담임 목사님께 찾아가 자초지종을 말해 드렸습니다. 담임 목사님께서는 흐뭇하게 웃으시면 괜찮다고 하셨고 사실대로 말해 주어 고맙다는 말씀을 해 주었습니다.

공부는 누구를 위해 해야 할까요? 공부는 자녀에게 유익이 되라고 하는 것인데 학생들은 공부라는 것을 하며 유익이 되기는커녕 해악이 되는 상황은 아닐까요? 앞에 말을 했던 것처럼 학생의 입장에 서서 대변해 주어야 하는데 그런 경우가 많을까요? 적을까요? 학부모들은 은근히 공부의 양을 많이 주는 학원을 선호합니다. 학습량이 많으면 좋은 줄 압니다. 문제도 많이 풀면 좋은 줄 생각합니다. 대한민국에는 뷔페 음식점이 성행합니다. 이상한 음식 문화가 있기 때문은 아닐까 싶습니다. 질보다 양으로 경쟁을 하는 문화입니다. 적게 먹으면 손해를 봤다고 생각하는 음식 문화 의식입니다. 3만 불 시대를 앞둔 대한민국의 음식문화도 이제는 양으로 승부를 겨루는 시대가 아니라 음식의 질

(質)과 문화를 담은 것으로 승부수를 걸어야 한다고 음식 전문가들을 만나면 이야기를 합니다.

공부도 마찬가지입니다. 공부는 질(質)로서 승부가 가능합니다. 당연히 시간을 많이 투자하면 늘어나는 것은 사실입니다. 문제는 시간을 어디에 투자하느냐에 따라 달라집니다. 문제 풀이에만 시간을 투자하는 것은 공부하는 것처럼 보이지만 실질적으로는 아닙니다. 학생이 공부하느냐 하지 않느냐를 알 수 있는 것은 기본 개념에 집중하는지 아니면 문제 풀이에만 몰입하는지를 보면 알 수 있습니다. 대개는 문제 풀이에만 집중합니다. 문제 풀이 많이 한다고 인생의 문제를 풀어내는 힘이 생기는 것은 아닙니다. 공부란 훗날 어른이 되어 어떤 문제가 발생했을 때 풀어내는 힘을 키우기 위해 하는 것으로 생각합니다.

문제 풀이에 모든 것을 건 학생이 어른이 되면 사회에서 다양하게 다가오는 문제들을 잘 헤쳐나갈 수 있을까요? 지금의 수학 문제들은 수학 문제를 풀어내는 애플리케이션을 하나 사게 되면 어렵지 않게 해결됩니다. 아이들이 단순하게 하는 계산식 문제는 스마트기기만 있으면 쉽게 해결됩니다. 공부하는 것은 학교에서 제공해 주는 문제를 풀어내기 위해 하는 것이 아닙니다. 이런 공부에만 집중하게 된다면 아이는 점점 수동적으로 되고 길들여지는 것입니다. 누군가에 의해 만들어지는 것입니다. 공부하는 목적 중의 하나는 인간으로서 자신을 찾아가는 과정을 겪는 것입니다. 공부는 자신이 누구인지를 알게 되면서부터 본격적으로 시작되는 것인데 누군가의 지시로 문제만 풀어낸다면 그 학생은 "내가 누구일까?"라는 질문조차 못 하고 인생을 살아가게 됩니다.

내가 근간에 만난 학생 중에 천재와 같은 아이가 있습니다. 어린 나이임에도 불구하고 학원에서 숙제를 많이 내주자 엄마에게 물었다고 합니다. "엄마, 내가 문제 푸는 기계예요? 나 학원 안 다닐래요." 학생의 어머니는 거주하시는 동네의 학원을 20여 군데를 방문했다고 합니다. 학원들은 당연하다는 듯이 자신들의 학원이 더 많은 문제를 내준다는 식으로 이야기를 해 주었다고 합니다. 학생의 어머니는 "이것은 아니다." 싶었다고 합니다. 나는 학생의 어머니를 만난 자리에서 말씀드렸습니다. "대단한 관점을 갖고 계십니다. 일반적으로 볼 수 없는 것을 보신 것입니다." 학생의 어머니는 그런 와중에도 불안 요소가 사라진 것은 아니라고 말씀하셨습니다. 나는 학생에게도, 어머니에게도 대안을 제시해 주었습니다. 막연하게 말하지 않고 구체적으로 무엇을 어떻게 해야 할지를 알려 주었습니다.

나는 대안이 없는 비판은 하지 않습니다. 회의 시간에도 그런 모임은 하지도 말라고 말합니다. 회의할 때도 대안이 있는 것만 말해도 시간이 부족하기 때문입니다. 대안이 없는 것을 말하는 것은 누구나 할 수 있습니다. 교육이든 일반 회의에서든 대안을 제시해 주는 것이 중요합니다. 대안 없이 공부의 시간만 늘린다고 되지 않습니다. 오늘 한 5학년 학생의 어머니에게 기쁜 소식을 들었습니다. "우리 아이가 그러는데요. '공부는 별로 하는 게 없는 것 같은데 실력이 늘어 신기해 엄마.'" 그랬다고 합니다. 오늘 또 다른 초등학교 5학년 제자 아이는 이런 이야기를 해 주었습니다. 현재 수능 영어 독해 공부를 하는데 수능 영어 독해가 너무 재미있어서 5~6장씩 풀었다는 말을 해 주었습니다. 독서는 인문학의 한 분야인 세계 문학 전집을 읽고 있습니다. 물론 어린 이 문고판은 아닙니다.

수학은 기본 개념을 나 떼고 시금은 『수학사가 들려주는 수학 이야 기』 책의 전집을 마인드맵으로 정리를 하고 있습니다. 감사한 것은 엄청 재미있다고 하면서 잘 해내고 있습니다. 묻지도 않았는데 "선생님 한자도 공부하고 있어요."라고 말을 합니다. 나는 제자 아이에게 늘 하는 질문이지만 "공부 재미있지?" 어린 제자는 "예, 재미있어요." 나는 되물었습니다. "예전에도 재미있었니?" 제자는 "아니요. 그때는 재미없었어요. 그런데 지금은 점점 재미있어요."라고 말을 합니다. 공부는 스스로 하는 게 제일 좋은 것이며 재미를 경험할 수 있습니다. 공부량을 늘리지 않아도 스스로 알아서 자꾸 늘려가는 제자를 보면 그냥 미소가 지어집니다.

수학을 못 하는 분명한 이유

수학을 잘하는 학생도 있고 수학을 못 하는 학생도 있습니다. 하나 더 추가하면 수학을 하려고 해도 안 되는 학생이 있습니다. 이 세 부류의 학생 중에 제일 안타까운 학생은 해 보려고 시도를 해도 안 되는 학생입니다. 누구는 그럴 것입니다. "에이, 그런 학생이 어디 있습니까? 안 하니까 안 되는 것이겠지요." 해도 안 되는 학생을 만났습니다. 이 학생은 수학 개념 공부를 열심히 했음에도 수학의 개념조차 이해가 안 된다고 했습니다. 내 말이 이해가 안 될 수 있겠지만 진짜 아무리 해도 안 되는 학생이 있었습니다. 이런 학생은 교사가 발견하기 이전에 학부모가 먼저 찾아내어야 합니다. 우리 아이가 수학 문제를 못 풀었고 틀렸다는 것에 상심하기 이전에 다시 되짚고 가야 할 것이 있습니다. "너 문제는 이해하니?" 개념을 스스로 읽게 한 후 "이게 무슨 말을 하는지는 아니?"라고 질문 후 자녀에게 설명해 보라고 하시면 됩니다. 마치 진단 도구 같은 것입니다.

자녀가 수학을 아무리 공부를 해도 성적이 오르지 않은 때에는 수학 개념 정립이 되지 않아 그럴 확률이 높습니다. "우리 아이는 학원에서 개념 설명 많이 들었는데 잘 안 돼요." 공부한다는 것은 잘 들었다고 해서 모두 완성되는 것은 아닙니다. 학문한다는 것은 스스로 찾아보고 생각하는 과정을 통해 개념 정립이 됩니다. 듣는 것만으로는 수학 문제를 접할 때 막히는 부분이 많아집니다. 일종에 구멍이 생긴다고 보시면 됩니다. 나는 전국의 수학의 1등급 학생들을 길러내었습니다. 그들에게 꼭 한 말은 "공부는 네가 하는 것이다. 그것도 강하게 말이다." 나는 초등학생을 만나면 "천천히 하자."라고 격려를 아끼지 않습니다. 고등학생이 되면 강도가 달라집니다. 고등학생들은 두뇌 강도도 달라져 있으므로 강하게 밀어붙입니다. 전국의 모의 평가에서 1등급을 맞은 고등학교 2학년 학생은 어느 날 울음보가 터졌습니다. "공부가 너무 힘들어요." 그날 학생은 펑펑 울었습니다. 이 학생에 대해 이런 소식이 들려왔습니다. "그 학생은 쉬는 시간에도 공부만 한대요."

고등학생이 수학의 등급을 올리거나 유지하려면 대충해서는 절대 가능하지 않습니다. 엄청난 에너지가 소요됩니다. 질적인 부분과 양적인 부분이 모두 채워져야 합니다. 이것을 스스로 한다고 생각해 보시기 바랍니다. 나는 수학은 다른 과목보다 더욱 스스로 찾아가야 하는 학문이라고 주장을 하고 싶습니다. 수학을 가르치는 교사들께서 활용하시면 좋을 듯싶습니다. 꼭 학생 스스로 하도록 기다려 보시기 바랍니다. 문제를 풀어내지 못하면 질문을 하면 됩니다. 못하는 이유가 발견되면 다시 생각하는 질문을 하시면 생각보다 학생이 고민하다 문제의 해결점을 찾게 되는 것을 보게 될 것입니다. 수학은 옆에서 도와 주면 줄수록 깊게 생각하는 힘을 잃게 되어 점점 힘을 잃어버리게 되어 있습니다.

수학을 잘하려면 초등학교 때부터 개념을 탄탄히 잡아야 합니다. 이모든 것은 개인이 해결해야 합니다. 개념을 꼭꼭 씹어 섭취해야 합니다. 가끔 생각하기 싫어 몸부림치는 학생들이 있습니다. 답답해하는 학생들이 있습니다. 그때 교사들은 본인들의 직업의식에 의해 알려 주게 됩니다. 이때부터 학생은 자기 뇌를 움직이지 않게 됩니다. 교사나 강사의 역할은 학생이 스스로 생각하게 만들어야 합니다. 절대 알려주어서는 안 됩니다. 알려 주면 줄수록 수학을 하는 힘을 잃게 되기 때문입니다. 일주일이 걸리고 한 달이 걸려도 알려 주어서는 안 됩니다. 자세히 설명을 듣고 수학을 공부한 경우에는 깊이 있는 수학을 해내지 못합니다. 한 제자 아이가 수학을 공부하다가 문제를 틀렸습니다. 나는 틀린 이유를 찾아내게 설명을 해 보라고 했습니다. 학생은 잠시 문제를 다시 보더니 제대로 식과 답을 정리하였습니다. 원인을 설명하지 못하는 것은 아는 것이 아니기에 계속해서 요구합니다.

학생은 수학을 다 풀어내고 설명을 한 후 이런 말을 내게 해 주었습니다. "이 맛에 수학을 공부하는 거예요." 하면서 학생이 웃습니다. 나는 학생의 그 말에 흐뭇했습니다. "그래 그 맛을 꼭 기억해야 한다. 안 풀린다고 좌절하지 말고 계속 고민하고 해답지로 가지 말고 개념으로 되돌아가 봐라." 안 풀리면 빠르게 답지를 펼쳐 보며 이해를 구하는 학생이 있습니다. 내게는 용납되지 않습니다. 학년이 어려도 해답은 못 보게 합니다. 습관이 될 것을 막는 것입니다. 생각하는 힘을 잃게 되면 수학은 점점 어렵게 느껴집니다. 결국에는 수학을 포기하는 학생이 되고 맙니다.

학생들이 수학을 못 하는 이유는 멀리 있지 않습니다. 개념 강의를 들어도 수학이 안 되는 이유도 명확합니다. 스스로 해야 하는 힘을 길러내지 않았기 때문입니다. 공부를 포기한 한 학생의 어머니께서 내게 자신의 자녀를 맡기면서 던진 말씀입니다. "이 아이는 학원에서도 포기한 아이입니다." 나는 이런 학생들을 만나면 겁이 납니다. "학원에서도 포기한 학생을 내게 왜 데리고 왔을까?" 나는 학생을 만나 내가 생각하는 공부의 개념부터 학생이 이해할 수 있는 눈높이에서 설명했습니다. 나는 말할 때마다 꼭 하는 말이 있습니다. "나를 신뢰하고 따라오기만 하면 된다. 너는 그냥 내가 말하는 대로 하루의 분량만큼의 공부만 하면 된다. 문제집 풀이는 없다." 학생들이 제일 좋아하는 부분은 문제 풀이 없다는 말입니다. 연산을 풀어내는 것 외에는 문제 풀이는 아예 없다고 말을 합니다. 학생은 동의했고 학생과 미지의 길을 걸어 들어갑니다. 한 달 두 달 그렇게 시간은 흘러갑니다. 별말이 없이 잘 따라옵니다. 나는 학생에게 묻습니다. "어때?" 학생은 "생각보다 쉬워요." 나는 이 목소리에 힘을 얻어 "쉽지? 거봐, 너는 할 수 있다고 했잖아." 학생이 배시시 웃습니다.

안 하려고 하는 경우와 지능이 떨어지는 경우를 빼놓고는 수학은 개념만 집중적으로 공부하게 하면 수학의 문제는 어렵지 않게 풀립니다. 단, 어설프게 개념 공부하게 한 후 문제 풀이에 접근하는 것은 금물입니다. 나는 문제 풀이도 학생이 풀고 싶을 때까지 두고 봅니다. 이 말은 학생이 수학에 대한 자신감이 생기면 문제를 풀지 말라고 해도 스스로 풀어 보곤 합니다. 수학, 개념 공부를 스스로 하게 하는 것이 관건입니다. 특히 고등학교 올라가기 전이라면 더욱 개념에 몰입할 수 있도록 개념 관련 서적만 읽도록 해도 도움이 됩니다.

공부, 재미있어서 더 많이 했어요

"공부가 재미있어서 더 많이 했어요." 공자도 아니고 한 초등학교 5학년 아이가 내게 한 말입니다. 나는 만나는 학생들에게 늘 하는 말이 있습니다. "공부는 재미있는 거야." 이런 말을 처음 들은 학생들은 내가 하는 말을 믿지 않습니다. 나는 학생들에게 말하는 것이 있습니다. "공부가 왜 재미없는지 아니? 그건 네가 공부를 스스로 한 게 없어서 그래." "운동하는 게 더 재미있을까요? 보는 게 더 재미있을까요?" 모두이거나 아니면 하나이겠지요. 나로서는 자신이 직접 경험해 보는 게 더 재미있다고 생각합니다.

어떤 학부모는 이렇게 말을 하는 학부모들도 있습니다. "공부를 재미로 하나요? 해야 하니까 하는 거죠." 공부는 해야 하니까 한다면 다시 질문하고 싶습니다. "해야 하니까 할 공부는 무엇일까요? 영어요? 수학이요?" "지금 어른이 되어 살아가는 데 영어와 수학을 못 해서 어려움을 겪는 이들이 몇이나 계실까요?" 어른이 되어 살아가는 데 큰 불편함을 느끼지 않고 사는 이들이 더 많습니다. 단지 영어, 수학이라는 매개를 통해 더 나은 미래로 갈 수 있을 것이라는 확신도 없는 미지의 길로 들어가고 있는 것에 불과합니다.

영어나 수학 점수가 높으면 미래가 보장될까요? 성적은 보장될 수 있습니다. 높은 점수는 한국에서만 유명한 대학 졸업장은 얻을 확률은 높아집니다. 여기까지인 경우가 다반사입니다. 이젠 공부의 규칙이 달라졌다고 보시면 됩니다. 어렵게 공부를 했는데 어른이 되어 유익하게 활용하지 못하는 학생들이 대다수입니다. 영어를 잘해 자신이 원하는 회사에 취업은 할 수 있습니다. 말 그대로 취업이라는 것입니다. 자신에게 주어진 시간과 기회를 이웃 사랑하는 마음으로 살아가는 것일까요? 아닙니다. 소위 말해 가진 자를 위해 헌신하는 현대판 노예가 되는 것입니다.

내 자녀가 나보다 더 행복한 삶을 살아가라고 공부를 시키고 있는 것은 모든 학부모의 같은 생각일 것입니다. 그 같은 생각이 오직 공부 잘해 좋은 직장에 들어가야 한다고 주입하거나 말을 하고 계신다면 그 학부모들께서는 무의식중에 자녀에게 "너는 공부 잘해 현대판 노예가 되어야 한다."라고 말하는 것과 같습니다. 자녀가 대우가 좋은 직장에 들어가면 그렇지 않은 것보다는 훨씬 좋은 것은 맞지만 자유는 반납해야 합니다. 자신이 그렇게 열성을 다해 한 공부가 고작 고용인 밑에 들어가 그들이 지시하는 인생으로 살아가는 것이 되어서는 안 된다는 것입니다. 자유인과 노예의 차이는 이렇게 정의를 내리고 싶습니다. 내가 하고 싶은 일을 하는 것은 자유인이고 자신의 의사 결정과 상관없이 남의 지시 때문에 하는 것은 노예의 인생입니다.

부자들과 가난한 사람들(중산층이라고 생각하는 사람들 포함)은 자신의 인생을 살아가는 게 아니라 남의 인생에 뒷일을 하는 것에 불과한 경우가 많습니다. 학부모들께서는 이런 난제에서 벗어나기 위해 자녀에게 교육하는 것이 아닌가? 하는 생각을 하곤 합니다. 공부하면 할수록 열심히 몰입하면 할수록 평생 노예로서의 삶을 살기 위한 준비라면 그런 공부는 지양해야 한다고 생각합니다. 나는 학생 중에 말이 통하는 아이들과 이야기를 나눕니다. "너는 너 자신이 돼라." "남 밑에 들어가 일할 생각은 하지도 마라." "기회는 무한하고 시간은 유한하다."라고 말을 해 줍니다. 영어와 수학을 하든 무슨 공부를 하든지 "네가 주체가 되기 위해 하는 것이다."라고 말을 해 줍니다.

　배움에 있어서 주체가 되려면 재미가 있어야 합니다. 지금 재미있어야 미래에도 계속 재미있는 것입니다. 내게 온 초등학교 5학년 학생은 나와 이야기를 많이 합니다. 마음이 많이 열려서인지 자신의 일상을 말해 줍니다. 한번은 주식에 관한 이야기를 나누었습니다. "어린아이한테 주식 이야기를요?"라고 생각할 수 있지만 통하면 무슨 이야기든 다 나눕니다. 미국 대학 입학허가서를 받아 둔 학생과 초등학교 5학년 학생과 셋이 함께 이야기를 나누기도 했습니다. 초등학교 5학년 학생이 수능 영어 독해가 너무 재미있어서 하루에 한 장만 공부할 분량을 며칠 사이에 26페이지를 공부했다고 말을 하니까 미국대학에 합격한 예비 대학생이 초등학교 5학년 학생을 엄청나게 부러워하는 눈치였습니다. 이런 공통분모를 찾아 예비 대학생과 초등학교 5학년 아이와 같이 셋이서 이런저런 이야기를 나누었습니다. 내가 학생들에게 쉬는 시간을 줄 때는 주로 머리를 쓰게 하는 대화를 많이 합니다.

　미국 대학의 입학 허가를 받아 둔 학생과도 이런저런 이야기를 많이 나눕니다. 학생이 이런 말을 해 주었습니다. "선생님, 이제 왜 공부를 해야 하는지를 알겠어요. 진짜 공부할 게 많네요. 신기해요. 이렇게 공부하고 싶은 마음이 일어나는 게요." "예전에는 작심삼일이었는데 지금은 계속 유지가 되네요." 이 예비 대학생에게서 새벽 1시에 메시지가 왔습니다. "저 지금 독서실에서 공부하고 있어요. 선생님과 이야기를 나눈 후 정말 공부가 재미있다는 말을 실감하고 있어요." 나는 강요에 의한 공부는 시키지 않습니다. 학생들이 재미를 발견하게 하는 공부의 원리를 경험하게 할 뿐입니다.

　공부를 억지로 하게 되면 공부의 노예가 됩니다. 이로 인해 수동적인 인생으로 이어져 사회생활도 남들이 시키면 하는 사람으로 전락할 수 있습니다. 억지로 강요 때문에 공부한 우리나라의 학생들이 대학에 가면 공부를 놓아 버리고 술잔을 들게 되는 이유가 공부의 주인이 되어 본 적이 없기 때문이라고 생각합니다. 대학에 들어가 신세계를 경험한 순진무구한 학생들은 진짜 공부할 대학생의 시기에 퍼마시고 놀다 3학년 즈음 되면 아차 하고 먹고살아야 하는 궁여지책으로 자격증을 취득하는 공부나 공무원 시험공부에 기웃거리게 됩니다. 어떤 경우에는 스펙만을 올리는 데 에너지를 쏟게 됩니다. 자격증이나 스펙이 나쁘다는 것이 아니지만 이것에만 집중하면 자신을 잃어버리게 되는 것입니다. 인생에도 길이 있습니다. 자신의 길을 잃은 인생은 아무리 풍요로운 삶을 살아도 사는 게 사는 것 같지 않은 생을 살아가게 되는 것입니다.

　자녀나 학생이 주체적으로 공부를 하는 인생이 되도록 하는 것이 학부모로서 또는 교사들로서 해야 할 역할이라고 생각합니다. 공부의 주체가 되어야 공부를 부릴 수 있습니다. 공부의 노예가 아닌 공부의 주인이 되는 경험을 하도록 해야 합니다. 공부의 주인은 공부에 억눌리지 않습니다. 오히려 공부하는 것을 즐기게 됩니다. 배움을 두려워하는 것은 아직 배움을 정복하지 못한 것입니다. 알아 가는 것을 즐거워하는 것은 학문과 친구가 되었거나 주인이 되었다고 보는 견해입니다.

　학생들이 "공부가 재미있어졌어요." "공부가 이렇게 재미있는 줄 몰랐어요."라고 말하는 소리를 들으면 내 마음은 기쁨이 넘칩니다. 아쉬움은 학부모들의 기준은 "너 이거 왜 틀렸니?" "이런 것도 못 하니?" "이 문제 더 풀어!" 여기에 초점이 맞혀져 있다는 것입니다. 아이에게 이런 지적을 한다는 것 자체가 노예근성을 길러 주는 것이라는 것을 기억해야 합니다. 노예는 지적받을 행동만 합니다. 윗사람 눈치만 봅니다. 시키지 않으면 안 합니다. 주인의 자녀는 생각 나누는 법을 배웁니다. 자신의 의견을 표현하는 법을 배웁니다. 나는 학생들이 조금 틀리는 부분이 있어도 두려워하지 않도록 독려합니다. 나는 학생을 신뢰합니다. 그 신뢰는 막연한 확신이 아닙니다. 그동안 함께 진행해 오면서 학생이 변화되는 과정을 봤기 때문에 오는 신뢰입니다. 나는 학생을 문제 풀이 기계로 전락시켜 대하지 않습니다. 학생은 문제 풀이 기계로 취급하는 형태를 띠면 학생은 훗날 현대판 노예로 살아갈 확률이 높아집니다. "말이 지나치네요. 현대판 노예라니요."라고 하실 수 있을 것입니다.

너무 격하게 반응하지 마시고 곱씹어 보시면 보이는 게 많을 것입니다. "내 생애에 자유로운 삶이 있었는가? 내가 다니는 직장에서 자유로운가?" 내 자녀에게 나와 같은 미래를 주지 않기 위해 공부라는 것을 시키는데 자녀가 공부를 지겨워한다는 것은 지금 자녀들에게 노예근성을 심어 주는 것이라는 것입니다. 노예는 즐겁게 일하지 않습니다. "어떻게 하면 쉴까?" "어떻게 하면 일을 적게 할까?" 비생산적인 생각만 합니다. 더 많이 일해 봐야 자신에게 떨어지는 배당금은 적거나 정해져 있다는 것을 알기 때문에 받는 만큼만 일하려고 합니다. 이러기에 노예는 주인의 자산 증식에 관심이 없습니다. 주인은 다릅니다. 일도 놀이처럼 합니다. 일하는 것을 즐깁니다. 자신에 대해 주인의식을 갖고 사는 사람들은 공부도 열심히 합니다. 비록 회사에 몸을 담고 있어도 그렇게 살아가는 이들도 없지는 않습니다. 주인의식을 갖고 일하는 사원들은 훗날 진정한 주인이 되는 날이 옵니다.

이제는 교육의 규칙이 바뀌었습니다. 자녀를 세상의 주인으로 살아가게 하는 교육을 하는 것은 "공부가 재미있어요." "알아 가는 게 이렇게 좋은지 몰랐어요." 이런 고백이 나오도록 하는 쪽으로 선회하시는 것이 훨씬 유익한 투자가 될 것입니다. "공부하는 거 지겨워요." "문제 푸는 거 짜증 나요." 이런 말을 자꾸 되뇌면 자녀는 배움의 즐거움을 맛보지 못한 것입니다. 이때가 주의해야 할 때입니다.

나는 예비 대학생 제자에게 말했습니다. "내가 이 비밀을 네 나이 때에 알았다면……" 하고 말입니다. 그 예비 대학생은 내게 이렇게 말을 합니다. "선생님, 나는 지금 선생님과 함께 하는 고등학교에 들어간 내 동생이 부러워요." 나는 어른들에게 묻고 싶습니다. "공부하시나요?" "만약 하지 않고 계신다면 공부에 대해 좋지 않은 추억이 있었던 것이 있었던 것은 아닌가요?" 어른들은 공부를 안 하면서 자녀들에게 혹은 학생들에게 공부하라고 하는 것은 어불성설이라고 생각합니다. 언행 일치를 위해 나는 매일 공부하고 글을 씁니다. 내가 이렇게 매일 공부 하는 이유는 나를 만나러 오는 제자들에게 더 나은 스승이 되기 위함 이고 또 하나는 내 삶의 주체는 나이기 때문이며 공부의 재미를 알았 기 때문입니다. 주인 의식을 갖고 사는 이들은 무엇이든 다 재미있어 집니다. 자녀에게 자신에게 주어진 삶의 주인이 되게 하시면 훗날 행 복하게 웃는 자녀를 매일 보게 될 것입니다.

개념은 창(槍)입니다

우리가 흔히 쓰는 말이 있습니다. "야, 생각 좀 하고 살아라." 이것을 다르게 말을 하면 "개념을 갖고 살자."라는 말이 됩니다. 요즘 말로는 "정신 놓지 말고 살아가라."라는 말이 될 수도 있습니다. 정신 줄을 놓으면 어른이든 아이든 제대로 된 생활을 할 수 없게 됩니다. 더욱 학생이 정신 줄을 놓으면 국어, 영어, 수학, 과학, 사회, 한국사든 무엇이든 풀어낼 수 없습니다. 혹, 풀어내어 성적이 높다고 하더라도 실생활에서 어떻게 활용하지를 모르게 되며 말짱 도루묵이 되는 것입니다. 교육이라는 것은 사회생활에서 어떻게 활용할 것인가는 기본이요. 자아정체성을 찾아가는 것에 밑거름이 되는 것이 핵심인데 이런 근본적인 물음은커녕 답은 근접도 못 하는 경우가 있습니다. 이는 개념 세우는 게 무엇인지조차 모르고 공부를 했기 때문일 것입니다.

지금의 현실은 정신 줄을 놓았든 갖추었든 따지지 않고 학생들에게 무조건 문제를 다량으로 풀게 만든다는 것입니다. 수학 강사 정승제는 말합니다. "수학의 개념에 대한 이해 없이 문제를 푼다는 것은 밑바닥이 뚫려 있는 컵에 물을 붓는 격이에요." 문제를 많이 풀면 개념이 세워질까요? 문제 푸는 요령을 가르치는 곳도 있습니다. 요령은 순간을 모면하기에는 좋습니다. 진짜 공부는 요령을 익히는 게 아니라 문제를 뚫고 가는 원칙을 익혀야 합니다. 공부에는 꼼수가 없습니다. 스스로와 싸워 이겨야 합니다. 내게 온 지 2달째 되는 대학교에 합격한 예비 대학생은 예전과 다르게 하루에 9시간 공부를 하면서 공부가 재미있어졌다는 말을 합니다. 지금 대학생들이 매일 9시간씩 공부를 할까요?

이유는 간단합니다. 내가 한 것은 학생 스스로 개념을 찾도록 한 것뿐입니다. 인터넷 동영상을 올려놓는 플랫폼에 수많은 각자의 경험들이 담긴 공부법들이 계속 올라옵니다. 그중에 유독 눈에 띄는 것은 "문제를 다량으로 풀었더니 성적이 올랐다."라는 식입니다. 공부에 대한 방향을 못 잡고 가는 학부모들이나 학생들의 처지에서는 "그래 저거야." 하고 자녀들을 문제집 속에 우격다짐으로 넣을 수 있습니다. 이때 되는 예도 있겠지만 개념이 세워지지 않는 학생들에게는 실패할 확률만 높이게 됩니다.

개념이 정립이 안 된 학생 대다수는 문제 앞에 무력화되는 자신을 발견하게 됩니다. 결과적으로 "나는 못 해요. 나는 안 돼요. 나는 할 수 없어요." 이 정도까지 진행되기도 합니다. 이 정도가 되면 돌이킬 수 있기는 하지만 쉽지 않은 상태가 되는 것입니다. 이 상황에서 멈추면 그나마 다행이지만 스스로 학문을 익히는 것에 두려움을 갖게 되는 경우가 많아집니다. 더 진일보하여 자존감마저 낮은 아이로 전락하여 스스로 말하기를 "전 이제 아무것도 해낼 수 없어요."라고 말하는 학생들이 있습니다. 이것은 공부에 대한 자신감이 거의 상실되어 공부에 대한 두려움을 갖게 만듭니다. 학부모들은 이런 자녀들을 바라보며 마음만 졸입니다. 이런 학생들은 대개 중학교 시절에 최상위에 있다가 고등학교에서 자신의 등급이 반 토막 또는 하위 등급으로 떨어졌을 때 나타납니다. 자신의 힘으로 성적을 유지하지 않았을 때 나타나는 현상입니다.

이렇게 한 번 떨어진 등급에서 쉽게 올라가지 못합니다. 등급과 함께 자존감마저 바닥을 치게 됩니다. 이렇게 처참하게 자신의 등급이 무너진 학생이 어른이 되면 세상을 향해 나가는 것 자체를 두려워하게 됩니다. 기본 개념을 놓침으로 인해 오는 손실은 너무 크다는 것을 기억해야 합니다. 이제 대한민국의 청년 실업률이 500만 시대가 오고 있다고 합니다. 500만의 실업자 대열에 서지 않으려면 스스로 서는 법을 익혀야 합니다. 내가 공부는 스스로 해야 한다는 말을 자꾸 반복적으로 하는 이유가 여기에 있습니다. 자립이 되지 않는 학생은 늘 불안한 삶을 살아가게 되어 있습니다. 이는 모든 것에 기본 개념을 제대로 이해하고 있지 않다고 보면 됩니다.

기본 개념은 공부에서나 생활에서 가장 핵심적인 요소입니다. 개념을 잡고 살아가야 세상을 읽어낼 수 있습니다. 배움이란 이 중요한 것을 세우기 위해 하는 것입니다. 이것은 암기를 통해 습득할 수 있는 성질의 것이 아닙니다. 경험해야 합니다. 개념을 익히는 것을 경험해야 합니다. 개념이 왜 중요한지를 몸소 체험해야 합니다. 학부모들께서는 자녀의 어린 시절 사진첩을 열어 보시면 잔잔히 입가에 미소가 지

어질 것입니다. "내가 할 거야." "쥐 봐, 나도 할 수 있어." 이렇게 자신
감 있게 무엇이든 다 해낼 수 있다고 하던 아이의 모습이 그려지지 않
습니까? 그렇게 자신감이 넘쳤던 아이가 이제 훌쩍 자라 학부모 앞에
서 우두커니 서서 "나는 할 수 없어요." "내가 그런 것을 어떻게 해요."
"나는 불가능해요." "설명해 주세요." "이해가 안 돼요." 부모로서 이런
이야기를 듣는다는 것은 밀려오는 슬픔을 막을 길이 없게 만드는 것입
니다. 분명히 어렸을 때는 똑똑했는데 자신감도 넘쳤는데 "왜 하필 지
금은 다 못한다고 할까? 이유가 뭘까?" 좋은 선생님을 소개해 줘도 효
과를 본 적이 없다면 학부모의 마음은 더 어두워질 것입니다.

사람이 살아가는 데 가장 근본적인 것이 무엇일까요? 생각을 정립하
는 것이라고 봅니다. 깊게 사고하지는 않아도 기본적인 개념은 정립이
되어 있어야 한다고 생각합니다. 기본이 안 되어 있으면 사회적 물의
를 일으키거나 사회에서 도태되기 때문입니다. 아무리 똑똑해도 시대
적 개념을 제대로 이해하고 있지 않으면 자연스럽게 밀려나게 되어 있
습니다. 기억해야 합니다. 시대를 읽어 내는 개념도 갖추어야 합니다.
시대의 흐름을 읽어 내지 못하며 세상을 살아가게 된다면 그것은 자녀
가 융통성이 없는 존재가 되어 결국에는 사회에서 존재감이 없는 자로
살아가게 됩니다. 학교 다닐 때 우수한 성적도 중요하고 지속해서 변
화하는 세상 흐름을 읽어 내는 힘도 정립해 놓아야 합니다. 그렇지 않
으면 무용지물이 된 지식을 끌어안고 망연자실하게 무너지는 자녀를
목격하게 될지도 모르는 일입니다. 지금은 개념이 있는 사람과 그렇지
않은 사람으로 나뉘는 게 확연하다고 생각합니다.

생각도 시대적 상황을 읽어 내는 개념이 정립된 사람들은 세상의 중심에 서서 잘 살아남게 될 것입니다. 변화하는 시대에 대한 개념이 없거나 희미해진 사람들은 어떻게 살아가야 할지를 몰라 헤매게 되어 있습니다. 그들 중에는 명문대 출신자들도 있습니다. 이해가 됩니까? 일반적인 상식선에서 말하면 지방대나 전문대학의 출신자도 아닌 명문대를 졸업한 자들이 갈 길을 찾지 못해 헤매는 세상이 지금입니다. 시대를 읽지 못한 결과입니다. 시대적 개념은 세상을 뚫고 나가는 창(槍)과 같은 것입니다. 이 개념의 창(槍)이 무디어지면 변화하는 세상을 뚫고 나갈 수 없게 됩니다. 개념이 창(槍)과 같이 이빨이 날카로워지도록 날마다 창(槍)을 갈고닦아야 합니다. 뭉뚝해진 창(槍)으로는 세상의 문제 속에서 뚫고 나갈 수 없게 되는 것입니다. 학교에서나 학원에서 한 번이나 몇 번 듣고 써 본 개념으로는 세상을 뚫고 나갈 수 없습니다. 세상은 그렇게 쉽게 문을 열어 주지 않습니다. 개념은 스스로 지속해서 숙지해야 합니다. 누가 해 주는 것으로는 아는 것 같지만 결론적으로 자신의 것이 아니므로 잊어버리게 됩니다. 개념은 몸이 기억해야 합니다.

우리의 학생들의 약점은 한 번 배우고 교육과정이 넘어가면 다 떼었다고 생각하는 경향이 있는 듯합니다. 이는 교육과정 정도로만 여기고 잊어버리는 것에서 형성된 듯합니다. 초등학교 때에 개념을 배우고 중학교 시절에 조금 더 심화 과정을 익힙니다. 이때 새로운 학문을 접하듯 공부합니다. 중학교 때까지는 어느 정도 버팁니다. 고등학교에서는 계속 숙지해 놓아야 할 개념을 놓쳤기 때문에 이제는 도대체 무슨 말을 하는지조차 전혀 모르게 되는 것입니다. 중등 과목의 기본 개념도 세워 두지 않은 학생들이 고등 과목의 학습에 임하며 등급이 오르지 않는다고 속상해하는 것을 보면 이해가 안 됩니다.

공부는 자신이 누구이며 수준이 어느 정도인지를 깨닫는 과정이 수반되는 것입니다. 어떤 학생들은 "자신은 지금 고등학생인데 수준 떨어지게 어떻게 중학교 것을 공부하느냐?"라고 반문하는 이들이 있습니다. 이런 학생들을 보면 "진짜 개념 없다."라는 말이 절로 나옵니다. 모르면 내려가야 합니다. 무디어진 창(槍)은 다시 갈고 닦아야 합니다. "옛날에 다 배웠는데요?"라는 말하는 학생들에게 질문해 보면 입 다물고 있습니다. 중학교 때에 배웠으면 지금도 알고 있어야 합니다. 지금도 설명할 줄 알아야 합니다. 자신의 입으로 설명하지 못하는 것은 아는 게 아닙니다. 다 지워져 버린 것입니다. 아니 머리에 그려 넣지도 않은 것입니다. 이것은 배운 게 아니라 한 귀로 듣고 한 귀로 흘려버린 것입니다. 귀로만 들었다고 다 아는 게 아닙니다. 모르면 되돌아가 처음부터 스스로 숙지해 가는 게 가장 빠른 지름길입니다.

공부를 가장 재미있게 효율적으로 하는 가장 좋은 비법은 스스로 하는 것입니다. 나는 아직 이것보다 더 좋은 것을 발견하지 못했습니다.

너는 대학 가니?
나는 창직(創職)한다

    대한민국에는 대학교 입학을 꿈꾸는 수많은 학생이 있습니다. 대학을 나오면 무엇인가 될 줄 생각하고 열정을 다해 공부합니다. 대학의 인기가 높았던 시절이 있었습니다. 대학 졸업장만 있어도 우러러봐야 했던 시절이 있었습니다. 지금은 대학의 가치가 너무 많이 떨어졌습니다. 대학을 졸업해도 갈 곳이 없어지고 있기 때문입니다. 이는 비주류라는 곳을 말하는 것이 아니라 명문대를 나왔음에도 취업이 안 되는 경우를 말하는 것입니다. 그렇다고 대학을 안 나올 수도 없는 상황이 지금입니다. 진퇴양난(進退兩難)이라고 보면 맞는 듯합니다. 이러지도 저러지도 못하는 상황에서 대학이라도 나오고 봐야 한다는 심산입니다. 대학에 들어간 학생들도 모호합니다. 졸업하면 자신을 받아 주는 곳이 없으니 졸업 유예를 합니다. 끝까지 버티다가 안 되면 대학원으로 또는 유학으로 선회합니다. 이도 저도 안 되면 공무원 시험에 도전합니다. 시간을 벌어 보려고 각종 노력을 하지만 경쟁률이 낮은 담장은 한 곳도 없습니다. 분명 무엇인가가 잘못되어 가고 있는 것이 분명합니다.

앞으로의 대한민국의 미래는 어떻게 될까요? 분명한 것은 대학 졸업장을 명함으로 쓰기에는 가치가 하락하였다는 것입니다. 지금의 기업은 어떨까요? 일 잘하는 사람들도 명예퇴직을 권고 당합니다. 평생직장으로 생각하고 입사를 했을 것입니다. 권고사직이라는 것은 생각조차 안 했을 것입니다. 은퇴할 때까지 회사에 있을 줄 알았을 것입니다. 어제 함께 식사했던 동료의 얼굴을 이제 몇 주 후부터는 다시 볼 수 없게 되는 것입니다. 어디로 가야 할지 무엇을 해야 할지 막막하기만 할 것입니다. 자신에게 이런 일이 일어날 것이라고는 생각조차 못 했을 것입니다. 명문대학교를 나와 취업했기 때문에 자신은 예외라고 생각했을 것입니다. 상사가 조용히 자신의 사무실로 부릅니다. 오늘은 느낌이 이상합니다. 무엇인가 편안하지 않았습니다. 올 것이 오고 말았습니다. 사표를 권고 당한 것입니다. 말이 권고이지 나가라는 소리였습니다. 침묵의 살인이 자행되고 있습니다.

회사 내부 사정을 알지 못하는 사람들은 대학 졸업하면 장밋빛 미래가 펼쳐지는 줄 생각할 것입니다. 회사에 끝까지 버티고 싶은데 그렇게 되면 그나마 배려한다는 몇 년간의 월급이며 혜택을 누릴 수 없게 됩니다. 조용히 받고 물러나야 합니다. 이제 무엇을 해야 할까요? 아침에 일어나면 어디를 가야 할까요? 한 달 후에는 통장에 월급이 찍혀야 하는데 어떻게 해야 할까요? 오라는 데도 없고 갈 곳은 더욱더 없습니다. 오직 회사를 위해 살아온 세월 탓에 다른 일은 생각해 본 적도 준비한 적도 없습니다. 그렇다고 아무것이나 덤벼들 수 있는 것도 없습니다. 마음이 허전해집니다. 지금의 젊은이들은 자신들이 경험하지 못한 이 길에 들어서려고 불나방처럼 기를 쓰고 공부하고 있습니다. 아무리 말해 줘도 깨닫지 못할 것입니다. 저들도 나처럼 저렇게 회사에 입사한 후 소모품이 되어 자신의 인생을 다 허비한 후 토사구팽당하리라는 것을 모를 것입니다.

취업의 길을 들어서려고 대학을 가기 위해 공부하는 학생과 학부모에게 말하고 싶습니다. 이제 황금빛 미래는 없습니다. 자녀가 대학을 졸업해도 세상은 학부모의 자녀를 거부할 수 있습니다. 부모께서 자녀를 거부한 회사들을 향해 비난의 말을 쏟아낸다고 해도 회사는 눈 하나 꿈쩍하지 않습니다. 힘없이 무너지는 자녀의 뒷모습을 보며 부모의 마음도 무너져 내릴 수 있습니다. 이제는 다르게 세상을 읽는 법을 배워야 합니다. 변화를 준비해야 합니다. 달라지는 세상에 맞게 대비를 해야 합니다. 대학 가치의 하락이 시작되었고 취업의 빙하기가 오고 있기 때문입니다. 노인들의 고독사가 종종 매스컴을 통해 방송되면 섬뜩합니다. 이제는 남의 일이 아닌 지금의 학생이 청년이 되는 시점에서 청년 고독사가 온다고 합니다. 취업의 길이 막힘으로 자신의 한계 앞에 무력하게 무너져 내리는 것입니다. 사람은 사면초가(四面楚歌)라고 느껴질 때 하늘을 향해 날아오르려고 하는 것이 아니라 모든 것을 포기하는 경우가 더 많습니다.

대학을 가는 것을 목표로 삼아서는 장래가 어두울 수 있습니다. 이제는 창직(創職, 직업을 만들어 내는 것)을 위해 공부해야 합니다. 남의 밑에 들어가 언제 명예퇴직을 당할지 모르는 파리 목숨과 같은 직장생활을 꿈꾸기보다 창직(創職)을 계획하고 실행하도록 해야 합니다. 지금까지는 창업이 대세였습니다. 인구론 관점에서 보면 앞으로 2023년이 되면 1963년생들의 은퇴 인구수 90만 명 정도라고 합니다. 이는 창업인구가 급증하게 된다는 것이기도 합니다. 이들은 은퇴 후 100세 시대를 준비하기 위해 또다시 산업 현장으로 재진입을 시도할 것입니다. 무엇을 해야 할까? 아는 것보다 모르는 게 더 많습니다. 어떤 이들은 미리 창업하여 실패한 사람들의 사례를 듣고는 퇴직금을 움켜쥐고만 있는 이들이 있습니다. 그래도 창업해 보자 하는 이들은 개인의 취향에 맞는 프랜차이즈 업체에 문의합니다. 이들은 창업 시대가 지나가고 있음을 깨닫지 못하고 있습니다. 세상은 그렇게 빠르게 변화하고 있습니다. 읽는 자만이 살아남습니다. 읽어 내지 못하면 상대에게 읽힙니다. 상대가 나를 읽으면 나는 지워지는 것입니다. 상대가 나를 읽어 내지 못하도록 더 빠르게 더 강하게 무장해야 합니다. 취업하게 되면 상대는 매일 나를 읽어냅니다. 피고용자는 고용주의 생각을 읽어 내지 못합니다. 고용주의 생각을 읽으려 하면 쫓겨납니다. 누군가에 의해 선택받고 지시받지 않으려면 대학을 가는 것에만 급급히 하는 공부로서는 한계가 있습니다.

창직(創職)을 위해 공부해야 합니다. 고등학교 시절에 공부하면서 창직(創職)하면 큰일 날까요? 아닙니다. 창직(創職)은 나이 불문입니다. 대한민국에서는 착실하게 고등학교에서 공부 잘하면 명문대학에 들어가고 그 후 졸업을 하면 취업을 하든 창업을 하는 것으로 생각하는 경향이 있습니다. 이제 틀에 박힌 생각에서 벗어나는 것이 살실입니다. 나는 고등학생들에게 새로운 제안을 하고 싶습니다. "창직(創職)을 위해 공부하자."라고 말입니다. 공부를 위한 공부는 동력이 일어나지 않습니다. 이제는 취업을 위함이 아닌 창업도 어느 정도는 봐줄 만합니다. 하지만 이상을 향해 도전해야 한다고 주장하고 싶습니다. 창직(創職)은 남들도 아직 걸어가 본 적이 없는 길입니다. 자신이 선을 긋고 뛰는 곳이 시작점이기 때문입니다. 마치 눈 내린 넓은 들판을 처음 걷는 것과 같은 것입니다. 누구도 뛰어 본 적이 없는 길에서 시작해야 합니다. 이 길은 경쟁자가 없습니다. 이렇게 하려면 대학을 가기 위한 공부에서 창직을 위한 공부로 생각의 전환이 일어나야 합니다. 중·고등학교 때부터 '디자인적 사고'를 하고 'Moonshot Thinking'을 하도록 자극을 주고 토론 모임을 하고 프로젝트를 제안해야 합니다. 이렇게 하면 학생들의 공부 태도가 달라질 수밖에 없습니다. 공부가 실전처럼 되는 것입니다. 이런 관점에서 공부하게 되면 매일 9시간을 주도적으로 공부하는 것도 수월해집니다. 예비 대학생 제자는 내게 창직(創職)에 관한 이야기를 들은 후 매일 9시간 공부에 도전하고 있습니다. 자신의 삶이 달라진 것에 만족한다는 말을 하고 있습니다.

대학을 졸업하고 취업을 생각했다는 제자는 안일한 생각에서 벗어나고 있습니다. 창직(創職)을 위해 공부하는 학생들은 대학은 지나가는 관문에 불과합니다. 대학에 가치를 두지 않고 공부를 하므로 학문을 닦는다는 것이 즐거움이 됩니다. 누가 시켜서 하는 공부가 아니라 자신의 미래 사업을 꿈꾸며 공부를 하니 능률은 더욱 오르게 됩니다. 세상을 놀랍게 한 세계적인 사업가들의 공통점은 열정을 다해 도전한다는 것입니다. 이들은 공부를 위한 것에만 모든 시간을 쓰지 않고 창직(創職)을 향해 도전했고 이뤄냈습니다. 전 세계의 수많은 젊은이가 창직(創職)을 위해 공부하고 도전하고 있습니다. 나는 학생들에게 말합니다. "세상을 즐겁게 해 보자. 세상을 춤추게 해 보자." 그 시작은 창직(創職)을 향해 가는 것입니다.

우리의 자녀에게 창직(創職)의 꿈을 심어 주어야 합니다. "좋은 대학 가라."에서 "창직(創職)을 시도하라."라고 말해 주어야 합니다. "대학 가서 취업하면 안정적이다. 연봉 좋다."라고 말하는 것은 공부에 대한 동기가 약합니다. 말은 달콤하지만 결국에는 취업을 못 해 무너지는 자녀를 매일 볼 수도 있습니다. 상상하고 싶지 않지만 멀지 않아 다가올 현실입니다. 자녀를 강하게 길러내는 시작은 창직(創職)을 위해 공부하도록 독려하는 것입니다. 중·고등학교 시절부터 다르게 생각하는 법을 익히고 실천에 옮기도록 해야 합니다. 그 시작은 스스로 도전하도록 기회를 주어야 합니다. 대학 졸업 후에 사회에 진출해서는 늦습니다. 지금부터입니다. 이제부터 사업을 꿈꾸고 함께 생각을 나누고 실천하고 사업을 위해 공부하는 게 무엇인지를 알려 줘야 합니다. 젊은 학생들을 모아 세상을 다른 각도로 보고 문제점을 찾게 하고 해결점을 모색하는 훈련은 기본이요 실질적으로 수익을 창출하는 법을 알려 주고 경험하게 해야 합니다. 젊은 피는 두려움이 없습니다. 젊음은 망해도 재기할 수 있습니다. 젊음은 포기가 없습니다. 도전하지 못하는 것은 나이 문제가 아닌 생각의 문제입니다. 누구도 말해 주지 않기 때문에 인식조차 못 하는 것이 다반사입니다. 앞으로는 창업 학원이 아닌 창직(創職) 교육기관이 대세가 되는 세상이 올 것입니다.

　우리의 학생들이 사회 경험이라고 하는 것은 아르바이트입니다. 나는 학생들에게 말합니다. "아르바이트하다 보면 인생도 그렇게 될 수 있다." 긱(Gig) 경제가 오고 있습니다. 이것은 평생직장이 사라진 것에 대한 대안으로 만들어진 사회경제구조 논리에서 나온 신종 직업의 일종입니다. 이를 좋게 평가하는 사람들은 이제 자유롭게 일하며 자신이 원하는 것을 할 수 있다고 말을 합니다. 다르게 말하면 평생직장이 사라졌다는 것의 방증입니다. 이제라도 대학을 가기 위한 교육을 할 것이 아닙니다. 생각을 키워 내고 창직(創職) 구성원을 찾기 위해 대학을 가야 합니다. 창직(創職)하기 위해 대학(大學)을 공부해야 합니다. 지금의 세상은 성적만 높은 자를 원하는 것이 아니라 다르게 생각하는 자를 선호합니다. 생각이 다른 이들이 세상을 만들고 이끌고 있습니다. 생각은 모든 사람에게 계속 주어집니다. 생각은 창직(創職)의 원재료이기도 합니다. 자녀가 지속해서 생각하고 있다면 희망이 있습니다. 생각 없이 로봇처럼 시키는 공부만 잘한다면 훗날 문제가 될 수 있습니다. 생각하는 부모 밑에서 자란 자녀는 생각하는 인생을 살아가게 되어 있습니다. 미래를 예측하고 생각하는 부모라면 그 행위를 멈추지 말고 묵묵히 그 길을 걸으시길 바랍니다. 눈에 보이는 것만이 실체가 아니기 때문입니다.

공부, 믿는 대로 된다

 크리스마스가 되면 산타할아버지가 양말에 선물을 넣어 주고 가는 줄 알았습니다. 내게도 산타할아버지에 대한 환상적인 꿈은 있었습니다. 어린 시절 벽에 박힌 못에 양말을 걸어 놓고 잠을 자면 소원이 이루어지는 줄 알았습니다. 아침 일찍 일어나 못에 걸린 양말을 바라봤지만 아무런 일도 일어나지 않았습니다. 오히려 양말이 나를 향해 "뭘 봐?" 하고 말하는 듯했습니다. 아니 양말은 침묵하며 나를 물끄러미 바라보고 있었습니다. 그날 이후 나는 산타할아버지에 대한 기대감을 버렸습니다. 성탄절에 오면 귀하게 키우는 자녀에게는 어떻게 하셨나요? 산타할아버지에 대한 환상을 심어 주지 않았나요? 산타할아버지가 선물을 가져다줄 것이라는 소망까지 뿌려 주지 않았나요? 산타 할아버지가 아침이면 선물을 가져다준다는 소망과 기대감을 안고 잠든 자녀의 머리맡에 미리 준비한 선물을 놓곤 하지 않았나요?

 아침에 일어난 자녀 앞에서 모르는 척하며 "어, 산타할아버지가 다녀갔나 봐!"라고 말씀을 하신 않았나요? 이런 삭은 행동으로 자녀에게 기쁨을 주진 않았나요? 이때 자녀는 자라며 상상하면 무엇이든 다 되는 줄 생각했을 것이고 세상의 중심은 자신이라고 생각했을 것입니다.

유치원을 졸업하고 초등학교에 들어갔을 때부터 환상은 서서히 깨지기 시작했을 것입니다. 이때부터 알 수 없는 긴장감이 밀려왔을 것입니다. 아이는 자신보다 더 잘난 아이들이 더 많은 집단 속에서 살아남아야 한다는 생각에 어찌할 바를 몰라 서서히 작아지는 자신을 발견했을 것입니다. 이런 감정을 아무에게도 말하지 못하고 마음속에 담아두기 시작했을 것입니다. 자신이 꿈꾸던 상상의 세계는 유치한 놀이라는 것을 깨달았을 것입니다. 자신을 향한 믿음도 점점 희미해져 가고 있었을 것입니다. 자신은 할 수 있는 것보다 못하는 것이 더 많다는 생각이 커지고 있었을 것입니다. 지금은 어느 때보다 자신을 신뢰하는 힘이 있어야 합니다. "나는 불가능하다." "나는 안 된다." "나 같은 것이 무엇을 할 수 있을까?" 하는 부정적인 생각이 밀려 들어오면 좀 벌레가 멋진 옷을 망가트리게 하듯 아이의 마음을 망가지게 되는 것입니다. 망가진 마음이 남들에게 들킬까 봐 담벼락에 숨어 숨죽여 눈물을 꿀꺽 삼키는 날이 빈번해질 때마다 다시 결심했을 것입니다. "그래, 다시 해 보자. 나는 세상의 중심에 있었잖아."라고 말로 위로를 하면서 말입니다. 이 결심은 성적이라는 허들에 걸려 그대로 자빠지며 또 다른 절망감이 밀려들었을 것입니다. 아이는 며칠 전에 부모님께 들었던 한마디의 말이 떠오릅니다. "너는 그것밖에 못 하니?" "도대체 생각하고 사는 거니?" "어휴, 내가 너 때문에 못 산다. 못살아." "도대체 너는 왜 누구보다 공부를 못하니?" "이렇게 쉬운 문제도 못 푸니?"라는 말에 눌려 온몸에 기운이 쫙 빠집니다. 어린 시절부터 자신을 믿어 주고 무한으로 지지했던 부모님마저 믿어 주지 않고 있는 현실 앞에 앞으로 미래가 막막해짐을 경험합니다. 아이는 생긱합니다. "이제 니는 믿을 것이라고는 아무것도 없다." 이 작은 시작마저 자신도 믿지 않게 되는 쪽으로 밀려가게 됩니다.

자신을 불신하는 학생은 무엇도 해낼 수 없습니다. 무슨 일이든 믿음이 있는 사람과 없는 사람과의 차이는 하늘과 땅 차이입니다. 학생 중에는 성적이 높건 낮건 "나는 못 해." "나는 성적도 낮아." "내가 무엇을 할 수 있을까?" "내가 하는 것은 다 안 된다." 이런 생각 속에 사는 학생들이 의외로 많습니다. 이런 부정적인 생각에 지배를 받게 되면 학생은 자기 확신이 사라지게 됩니다. 세상은 믿는 대로 됩니다. 자신의 눈으로 믿고 도전하는 대로 그려집니다. 자신의 능력을 불신하면서 "나는 믿는다."라고 외쳐 봐야 세상이 바뀌지 않습니다. 나는 자기 확신이 없는 수없이 많은 학생을 만났습니다. 내가 학생들에게 스스로 학습하도록 힘을 주는 것은 자기 자신에 대한 확신을 일깨워 주기 위함입니다. 내가 아무리 학생에게 "넌 할 수 있어." "너는 무한한 가능성이 있어."라고 말을 해 줘도 그것은 아이스크림을 먹을 때의 달콤함과 입안에서 느껴지는 촉촉함과 시원함과 같은 것뿐입니다. 이내 좋은 감정은 아이스크림 녹듯 사라지고 갈증은 끊임없이 일어나게 되는 것입니다.

자신에 대해 확신을 하게 되는 시작은 스스로 작은 성취감을 경험해 봐야 합니다. 현실은 어떻습니까? 점점 작아지게 만듭니다. 성석이 높아도 마음은 기쁘지 않습니다. 알 수 없는 불안함이 지속해서 엄습해 옵니다. 유치원 다닐 때까지만 해도 이러지는 않았던 아이가 학교에 들어가고 학년이 올라가면서 웃음이 없어지고 있습니다. 미래에 대한 확신과 기대 그리고 즐겁고 밝음보다는 그 반대의 현상들이 마음속 깊이 파고드는 듯합니다. 학생들은 현실을 탈출하고 싶어 게임에 몰입하기도 하고 스마트폰에 얼굴을 묻어 보기도 하지만 부정적인 생각은 떨쳐 낼 수 없습니다. 점점 자신에 대한 믿음은 희미해지기만 합니다. 내가 누구인지 생각해 본 적도 없었으니 더 난감할 것입니다. 이런 고민은 사치처럼 느껴질지도 모르는 일입니다. 자아 정체감이 형성되기 전 자기 신뢰를 잃어버린 것은 아닐까요?

학생들은 이렇게 생각하고 있을지도 모릅니다. "이제는 나를 찾고 싶습니다." "다시 되돌려 놓고 싶습니다." "나는 무엇이든 다 할 수 있는 능력이 있음을 보여 주고 싶습니다." "내게도 기회가 올까요?" "나도 할 수 있을까요?" 매일 새로운 상상의 성을 쌓고 부수고 다시 세우는 과정을 계속 반복하고 있을 것입니다. 이런 자녀를 바라보며 부모들은 쓸데없이 넋 놓고 있지 말고 공부를 더 하라고 성화인 가정이 더 많습니다. 학생이 넋 놓는 것은 자신에 대해 성찰하는 시간인 것을 어른들은 모르는 듯합니다.

학생들은 생각합니다. "공부, 공부, 어휴 지겨워." 학부모들도 할 말은 없지 않게 많습니다. "나를 위해서 공부하라는 거니? 모두 다 너 잘되라고 공부하라고 하는 거야. 알기는 아니?" "너 지금 공부 안 해서 나중에 뭐 할래?" 이런 사소한 실랑이는 연속적으로 이어지고 있지는 않습니까? 이런 다툼은 부모와 자녀에게 전혀 도움이 되지 않습니다. 이는 자녀에게 이런 왜곡된 메시지로 각인될 수 있기 때문입니다. "도대체 너는 할 줄 아는 게 뭐니?"라는 말도 선달될 수 있게 됩니다. 부모의 선한 뜻이 담긴 말이 자녀의 귀에는 왜곡된 언어로 재해석이 될 수 있습니다. 말은 하고자 하는 화자의 관점에서 말하기보다는 청자의 관점에서 말하는 법을 익혀야 소통이 어렵지 않게 됩니다. 말하는 화자의 말을 그대로 받아들인 자녀들은 바르게 듣질 않아 이렇게 마음대로 해석을 할 수 있습니다. "그래요. 나는 못 해요. 할 줄 아는 게 없어요."

세상을 열어 가는 열쇠는 자신에 대한 믿음입니다. 자신에 대한 믿음이 있지 않은 한 세상은 바뀌지 않습니다. 더 나아가 반응하지 않습니다. 기회가 오기를 준비하며 한 걸음씩 도전하는 자들에게 열쇠가 생깁니다. 자신에 대한 확신이 있는 사람들은 세상을 이기는 힘이 있습니다. 세상을 거슬러 올라가는 힘은 내면에 자신에 대한 믿음으로 가능합니다. 믿음은 스스로 성취감을 맛본 자들에게 주어지는 선물입니다. 혼자 자립해 본 적이 없는 자는 늘 두려움이 내면 깊숙한 곳에 있게 되는 것입니다.

내가 읽지 않으면
상대가 먼저 읽습니다

　로버트 기요사키는 이런 말을 했습니다. "과거의 방식으로 새로운 문제를 해결하려 하면 오히려 문제가 더 커지고 더 많은 새로운 문제가 생겨날 뿐이다." 새 시대에는 새로운 것들로 무장되어야 합니다. 변화를 읽어 내는 자가 세상의 주도권을 잡게 되리라는 것은 자명한 사실입니다. 과거의 방식을 따르거나 그 자리에 머물며 어디로 가야 할지 주저주저하다 길을 잃을 수 있습니다. "우리는 우리가 읽는 것으로 만들어진다."라는 마틴 발저의 말을 기억하시기 바랍니다. 세상은 읽는 자와 읽히는 자로 구분이 된다고 생각합니다. 상대에게 읽히게 되면 굴복당하게 되어 있습니다. 얼마만큼 상대보다 빨리 깊게 읽느냐에 따라 주도권을 잡을 수 있는 것입니다. 과거의 방식으로 읽는 자는 미래를 읽어 내는 자를 따를 수 없습니다. 더욱 자녀들에게 과거의 방식으로 읽도록 가르치는 것은 위험한 일이 아닐 수 없습니다.

　과거의 방식만을 고집하게 되면 낡은 사고방식을 따르게 되어 문제 해결을 하기보다는 문제 속에 묻히게 될 것입니다. 과거의 것을 기준으로 미래를 좇는 사람은 자신이 아는 것만이 진실이고 최상의 길인 듯 새로운 것을 아무리 말을 해도 알지 못합니다. 같은 말을 하며 따르는 수많은 무리가 있습니다. 소경이 소경을 인도하게 되면 같이 멸망의 길을 가게 되는 것입니다. 지금은 시대가 달라졌습니다. 알고 있다고 말하며 움직이지 않거나 과거의 길에서 갈등하는 이들은 아직 경각심을 모르는 것은 아닌지 생각해야 합니다. 지금 깨닫게 되었다면 바로 과거의 열차에서 뛰어내려야 합니다. 과거의 열차는 멈추지 않을 것입니다. 승객들이 있는 한 그 열차는 절대 정차하지 않습니다.

미래사회는 어느 날 순간 오질 않습니다. 계속 오고 있다고 말하고 있습니다. 모르는 바가 아님을 알면서도 어디로 가야 할지 무엇을 준비해야 하는 게 바른 방향인지 모르는 분들이 적지 않게 많습니다. 길을 알고 있다면 과거에 머물거나 길이 아닌 길을 가지 않을 것입니다. 알면서도 과거의 길을 가고 있는 것을 보면 진정 모르는 것입니다. 세상을 읽는 자가 되어야 합니다. 상대보다 먼저 읽어야 합니다. 투자의 귀재 워런 버핏을 아실 것입니다. 워런 버핏은 책이 출판되기 전 출판사에 미리 연락하여 미리 원고를 읽는다고 합니다. 남들보다 더 먼저 읽어 내는 것입니다. 남들이 다 읽고 있는 정보로는 주도권을 잡지 못함을 알고 있는 것입니다. 지금의 시대는 정보력이 아닙니다. 정보력보다 지혜가 필요한 시대인 것이 분명합니다.

지혜를 얻는 방법을 자녀들에게 알려 주어야 합니다. 세상은 빠르게 변화하고 있습니다. 지혜 중에서도 가치가 있는 것을 구해야 합니다. 그것은 관점의 지혜입니다. 타인보다 나른 관섬에서 세상을 읽어 내는 지혜를 지니고 있어야 합니다. 남들도 다 보는 미래로는 선두에 설수 없습니다. 남들이 못 보는 통찰력을 길러야 합니다. 남들이 하는 공부를 뛰어넘는 것을 해야 합니다. 누구나 지닌 시야로는 세상을 읽고 싶어도 불가능합니다. 나는 20년 전에 미래 교육세미나와 행복한 대화 학교 강의를 할 때도 변화하는 세상을 읽어야 한다고 쉬지 않고 말해왔으나 아직 통하는 것을 보면 "우리는 지금 무엇을 보고 있는 것일까?" 하는 생각이 들곤 합니다. 더 나아가 '우리는 지금 무엇을 읽고 있을까?' 하는 생각이 듭니다.

　서울 강남의 초등학교 교사로 재직 중인 분을 만났습니다. 몇 차례의 만남에서 그분은 내게 이런 말씀을 해 주었습니다. "남편은 대학교수입니다. 저는 남편에게 이런 말을 했습니다. 우리가 날마다 꿈꾸는 교육을 실제하고 있는 분을 만났어요. 가능하다는 게 신기해요."라고 말입니다. 먼저 읽는 것만으로는 진짜 보석을 캐낼 수 없습니다. 보물이 담긴 땅을 보면 모든 것을 다 팔아 그 땅을 매입해야 합니다. 금맥을 찾으면 꼭꼭 숨겨 둘 것이 아니라 그 금맥을 캐내기 위해 뛰어들어야 합니다. 하루아침에 세상의 흐름이 보이는 것은 아닙니다. 아무리 말을 해 준다고 해서 눈이 열리는 것도 아닙니다. 먼저 본 자의 말을 듣고 그만큼은 본다고 자신도 볼 줄 안다고 착각해서는 더는 나갈 수 없습니다. 그들의 시각을 가져야 합니다. 그들의 눈을 가져야 합니다.

　사람들은 가끔 통찰력을 갖춘 각계각층의 전문가들이 쓴 책을 몇 권을 먼저 읽고 이제 자신들도 볼 수 있다고 큰소리를 치는 사람들이 있습니다. 그 사람들이 봤다고 기록한 글들은 세상을 읽은 자들은 벌써 본 것입니다. 이는 다시 원점으로 되돌아가게 되는 것입니다. 그들이 생각한 것을 읽어서는 그들을 능가할 수 없습니다. 그들이 생각하는 법을 읽어야 합니다. 그들이 보는 관점을 소유해야 합니다. 가르침을 받아서는 절대 위에 올라설 수 없게 됩니다. 나는 제자들에게 내가 본 것만 보게 하지 않습니다. 내가 본 것 이상의 것을 보는 눈을 기르도록 합니다. 나와 오랜 시간 함께 공부를 한 학생 중에는 나보다 더 멀리 깊게 보는 제자들이 나오기를 바라는 마음입니다. 이것이 내가 꿈꾸는 교육입니다. 나는 공교육 커리큘럼에 따른 교육보다 더 비중을 두고 마음에 두는 학문 분야가 있습니다.

내가 관심을 두는 분야는 미래학, 인구론, 변증학, 리더십, 비전학, 금융학, 한국과 세계문학, 인문학, 상담심리학, 경영학, 소통학, 전략학 등등의 다양한 학문입니다. 나는 이 다양한 학문으로 세상을 읽어 내는 교육을 나무미래자유인문학교에서 실행하고 있습니다. 현재는 창직(創職)반과 진학반으로 나뉘어 있고 학과는 인문학부, IT 융합학부, 음악 예술학부, 영상크리에이터학부, 조리학부로 나뉘어 있습니다. 내가 이 교육을 지향하는 이유는 미래사회에 맞는 인재를 양성하기 위함입니다. 학생들이 이러한 공부로 무장을 하게 되면 공교육에서 필요로 하는 학문은 식은 죽 먹기처럼 쉬워집니다. 대학에서도 맛보기처럼 다루는 학문을 깊이 있게 공부한 학생들의 입에서 이런 말이 터져 나올 때 내 안에서는 환희가 넘쳐납니다. "이제 사람이 보입니다. 세상이 읽어집니다." 자녀들에게 무엇을 공부시켜야 하는지 궁금하시다면 위의 목록들을 중심으로 강도 깊게 공부시켜 보기를 바랍니다. 단, 자발석으로 하도록 유도해야 합니다. 참고로, 서울대학교에서 선정한 인문고전 100선이라는 인문고전 만화책을 읽히는 경우는 절대 하지 않기를 바랍니다. 그리스 로마 신화라는 만화책을 100번도 넘게 읽었다는 제자를 만난 적이 있습니다. 참으로 안타까웠습니다. 만화는 쉽게 읽을 수 있지만 상상할 기회를 빼앗아 갈 수 있습니다.

영화보다 책이 더 긴장감이 있는 것은 영화는 감독의 시각에서 제작된 것이고 책은 독자의 시각에서 상상할수록 범위가 커지기 때문에 깊이가 달라질 수밖에 없습니다. 물론 만화나 영화로 보는 게 쉽고 편안할 것입니다. 편한 만큼 스릴은 없어지게 됩니다. 심은 대로 얻게 되어 있는 것은 진리입니다. 깊게 심어야 재목을 얻을 수 있는 것입니다. 큰 나무는 뿌리가 깊습니다. 자녀를 큰 나무로 키우고자 한다면 깊게 읽을 기회를 계속 주어야 합니다. 무엇을 읽힐 것인가를 고민하실 이유는 없습니다. 읽는 만큼 보이기 때문에 자녀가 읽는 것에 손뼉을 치기만 하면 됩니다. 읽다가 다 읽으면 다른 장르로 넘어가게 될 것입니다. 눈앞에 있는 것으로 인해 지금 읽고 있는 책을 빼앗고 "공부해."라고 하는 학부모의 이야기를 들으면 말문이 막힙니다.

책을 꾸준히 읽는 자녀에게 "이제부터는 학교 공부해야지."라는 말은 "이제 나와 함께 과거로 가자."라고 말하는 것과 다르지 않습니다. 빌 게이츠는 자신의 작은 마을도서관의 책을 다 읽었다고 했습니다. 소프트뱅크의 재일교포 손정의 회장은 병상에 있을 때 시한부 인생의 시간을 맞이한 적이 있습니다. 꿈도 많고 이뤄야 할 것이 많았던 손정의 회장에게는 충격적인 일이 아닐 수 없었을 것입니다. 그는 죽음 앞에서 4천여 권의 책을 읽기 시작했습니다. 자신의 미래를 알 수 없는 상황에서 책을 읽었다는 것은 대단한 투지가 아니면 될 수 없다고 생각합니다. 내 주관적 생각이지만 손정의 회장이 책을 읽으며 살아야 할 이유를 발견하지 않았을까 하는 생각이 듭니다. 이로 인해 병상에서 벗어나지 않았을까 하는 생각을 해 봅니다. 상대와 세상에 읽힐 것인가? 먼저 읽어낼 것인가? 선택은 언제나 자신의 몫입니다.

스스로
공부하는 게
진짜 실력이다

교육, 판의 이동이 시작되었다

초판 1쇄 발행 2021년 9월 17일

지은이   고기봉
펴낸이   이기봉
편집   좋은땅 편집팀
펴낸곳   도서출판 좋은땅
주소   서울 마포구 성지길 25 보광빌딩 2층
전화   02)374-8616~7
팩스   02)374-8614
이메일   gworldbook@naver.com
홈페이지   www.g-world.co.kr

ISBN 979-11-388-0184-3 (03370)